중국 사서(史書)로 보는
한국 고대사
고조선, 부여

중국 사서(史書)로 보는
한국 고대사
고조선, 부여

박준서 지음

간디서원

중국 사서(史書)로 보는 한국 고대사
- 고조선, 부여

초판인쇄일 | 2025년 11월 20일
초판발행일 | 2025년 11월 30일
지은이 | 박준서
펴낸곳 | 간디서원
펴낸이 | 최정수
주　소 | (03440) 서울시 은평구 가좌로 335, 2층
전　화 | 02)3477-7008
팩　스 | 02)3477-7066
등　록 | 제2022-000014호
E_mail | gandhib@naver.com
ISBN | 978-89-97533-61-9 (03910)

ⓒ 박준서, 2025

＊잘못된 책은 바꾸어 드립니다.

차례

1부 단군조선   15

1장 단군조선의 실재성(實在性)   17

2장 기자조선은 실재했는가?   69

3장 고조선(단군)과 연나라의 경계   89

2부 위만조선과 삼한   123

4장 고조선(단군)의 멸망과 위만조선의 건국   125

5장 조한(朝漢) 전쟁과 한사군   167

6장 위만조선과 진국 및 삼한의 관계   225

3부 부여   247

7장 부여의 기원과 건국 신화   249

8장 부여, 북부여, 동부여에 대한 개념   281

9장 부여, 고대국가의 성립과 변천   297

서문

우리가 인식하고 있던 그렇지 아니하던 역사는 중요하다. 영국의 저명한 역사학자 에드워드 카E. H. Carr(1892~1982)가 "역사란 과거와 현재의 대화"라고 정의했듯, 역사란 과거와 현재를 잇는 중요한 징검다리이기 때문이다. 하지만 우리는 지금까지 대륙으로 한 번도 진출해 보지 못하고, 한반도 안에서 지지고 볶고 싸우는 민족으로 도저히 자부심을 가질 수 없는 역사를 배워왔다. 일본 제국주의로부터 광복된 지 80년이 지났건만, 우리 사학계는 여전히 식민사학의 잔재를 떨쳐 내지 못하고 있으며 우리 역사에 대한 무관심과 몰이해가 계속되고 있다. 특히 중국의 중화사상과 일본의 식민사관, 서양의 실증사학에 의한 역사 왜곡에 심하게 휘둘리고 있다.

지금까지 한국 사학계는 조선사편수회에 몸담고 식민사학의 주구 노릇을 하던 학자와 그 후예들에게 잠식되었다. 그들은 일제가 주장한 식민사관을 실증사학이라는 가면 아래 교묘히 숨겨 그대로 수용하였다. 실증주의 사학은 발굴한 유골과 유물을 과학적으로 검증함으로써 문헌에 기록한 역사적 사실을 고증하려 한다는 주장하에 고증되지 않은 기록은 대부분 불신한다. 이들은 실증사학이란 명분하에 우리 역사의 많은 부분을 잘라버렸다.

한국 사학계를 관통하는 두 가지 사관이 있는데, 하나는 사대주의 노론 사관이고, 다른 하나는 식민사관이다. 노론 사관 역시 식민사관(植民史觀)과 다를 바 없는데, 영토(領土)적 개념(概念)이 똑같기 때문이다.

노론 사관은 1623년 광해군을 쫓아낸 서인들의 인조반정에서 시작됐다. 성리학을 받든 존명 반청의 쿠데타로 정권을 잡은 서인들은 이후 노론과 노론 벽파로 이어지면서 조선이 멸망할 때까지 300년간 나라를 말아먹었다. 일본 제국주의에 나라를 팔고 관작을 받아먹은 양반들 대다수는 노론이었고 그 후예들이 일제 조선사편수회에 가담했으며 광복 이후에도 사학계 주류가 됐다. 존명 사대주의에서 친일 사대주의로 이어지고 있다.

식민사관이란 한반도 평양 근처에 한나라가 한사군을 설치해 400년간이나 식민지를 경영했고, 또한 한반도 남부에서는 일본이 임나일본부를 설치해 식민지를 경영했다는 이론으로 역사 조작에 근거가 되었던 사관이다.

사대주의가 반영된 조선 후기 노론 사관과 이를 악용한 식민사관은 대륙을 호령한 우리 역사의 활동무대를 한반도 내로 축소 시켰다.

지금도 중국의 동북공정과 일본의 역사 왜곡은 계속되고 있다.

중국에서 동북 지방은 요녕성, 길림성, 흑룡강성 등을 일컫는 말이다. 이 지역의 역사는 그동안 공백으로 있었고, 그래서 이 지역의 역사를 중국 역사로 편입하려는 것이 바로 동북공정이다. 그러나 고조선과 부여의 역사만 올바로 서면 동북공정의 논리와 일본의 역사 왜곡은 저절로 무너진다.

역사는 소설이 아니다. 사료를 가지고 이야기하면 부정할 수 없다. 따라서 확실한 근거 사료를 통해 과거의 사실을 재구성해야 한다.

조선시대까지 한민족의 고대 사료가 상당수 남아있었다. 고조선 역사를 기록한 것으로 『단군고기』와 『신지비사』가 있었고, 고조선 역사서로 추정할 수 있는 것으로 『배달유기』, 안함로와 원동중의 『삼성기』, 표훈(表訓)의 『삼성밀기』, 『조대기』 등이 있었다. 특히 『신지비사』와 『배달유기』는 고조선 건국에 관련이 깊은 내용이 담겨 있던 책으로 조선 초까지 전승되어 서운관(書雲觀)에 보관하고 있었다.

조선은 개국 직후 『고려사』를 편찬했다가 다시 고쳐서 종래의 자주적인 내용을 제후국에 맞도록 편찬하였고, 특히 충렬왕 이후 사료를 완전히 고쳤다.

본격적인 역사 조작은 세조 때 이루어졌다. 조선판 분서갱유(焚書坑儒)가 있었다. 『조선왕조실록』을 보면, 1457년 세조는 역사서를 편찬한다는 명목으로 개인이나 사찰에서 소장해 오던 고기류(古記類) 사서를 모조리 수거하여 『삼국사절요』와 『동국통감』 편찬에 활용하거나 폐기하였다. 그 후 예종은 고서를 바친 자나 숨긴 것을 고발한 자에게 품계를 2등급 올려주거나 큰 상을 주겠다고 하면서, 고서를 숨긴 자는 참형에 처한다는 엄명을 내려 또 고서를 수거하였다.

단종 2년(1454년) 『세종실록지리지』가 편찬되었는데, 여기에는 단군의 조선 건국사(建國史)가 실렸다. 이어 성종 15년(1484년)에 『동국통감』이 편찬되었는데, 고조선에 관한 것은 겨우 50여 자로 된 한문에 불과하여 30여 년 전인 단종 2년(1454년)에 편찬한 『세종실록지리지』 내용과는 전혀 달랐다. 내용도 단군의 건국 과정과 역사를 엄청나게 축소하고 조작하였다.

조선시대에 수많은 단군조선과 관련된 사서를 없앴지만, 『세종실록지리지』의 평안도 평양부조에 실려있는 『단군고기(檀君古記)』에서는 천제 환인(桓因)의 아들 환웅(桓雄)이 태백산(太白山) 신단수(神檀樹)라는 성소(聖所)에 강림하여 홍익인간의 이념을 바탕으로 개국했다고 기록하였다.

즉 상제(上帝) 환인의 서자(庶子) 환웅이 세상에 내려가서 사람이 되고자 하여 천부인(天符印) 3개를 받아서 태백산 신단수 아래에 강림하였으니 곧 환웅천왕(桓雄天王)이다. 단수(檀樹)의 신(神)과 더불어 혼인해서 아들을 낳으니 이름이 단군(檀君)이다. 나라를 세우고 조선(朝鮮)이라 하니, 시라(尸羅), 고례(高禮), 남북옥저(南北沃沮), 예(濊)와 맥(貊)이 모두 단군의 후손이 다스린 지역이 되었다고 기록하여 부여와 고구려, 신라 등의 시조가 단군의 혈통임을 밝혔다.

일제는 조선을 침탈한 이후 악랄한 방법으로 조선의 정신을 없애려 했다. 그 작업의 한 축이 과거사에 대한 왜곡이었고 역사서의 분서갱유였다. 1910년 조선총독부는 모든 서적을 일제히 수색하여 1911년 말까지 1년 남짓 동안에 무려 20만 권의 서적을 강탈해 갔다. 조선총독부 관보에 의하면 당시 일제는 이 땅 곳곳에서 51종 20만 권 정도의 서적을 수거해 불태우거나 본국으로 가져갔다. 그때 사라진 책 가운데 『신정동국역사(新訂東國歷史)』나 『대동역사략(大東歷史略)』 등 귀중한 역사서가 대부분이었다.

이런 이유로 한국 고대사는 연구하기 위한 사료가 매우 부족하다. 하지만 중국 25사 및 관련된 사료를 연구하는 사학자들 덕분에 고조선과 부여가 실존의 역사임이 밝혀지고 있다. 중국 손작운(孫作雲)은 『산해경』을 동이 고서(古書)로 규정하였고, 해내경을 아예 조선기(朝鮮記)라고 부른다. 고조선이 은나라 이전 하북성 북경과 보정 근처에서 건국되었다는 중국 정사 기록이 많이 있다. 사마천의 『사기(史記)』 조선열전에도 만이(蠻夷) 세력이 옛 연(燕)과 제(濟)까지 미쳤다는 기록이 있고, 동시에 『사기(史記)』 화식열전(貨殖列傳)에서 연(燕)나라가 북쪽으로 오환(烏桓), 부여(夫餘)와 이웃하고 있고, 동쪽으로 예맥(穢貊), 조선(朝鮮), 진번(眞番)과 교역으로 인한 이익이 있다고 하였다. 화식열전은 기원전 403년 이후부터 기원전 221년 이전까지 기록이다. 이런 사서만 보더라도 고조선과 부여의 역사는 역사적 사실임이 명백히 드러나지만, 강단의 사학자들은 고조선과 부여에 대한 진실을 철저히 외면하고 있다. 이 외에도 중국 사서에 고조선과 부여에 대한 기록은 차고도 넘친다.

연암 박지원은 『열하일기』에서 요녕성에 있는 봉황성을 보고 다음과 같이 말하였다.

"원래 김부식은 『삼국사기』를 지으면서 다만 중국 사서를 무턱대고 베껴 이를 사실로 삼았을 뿐이다. 심지어는 유공권의 소설에서 황제가 포위당한 것까지 인용하여 입증하였는데, 이 사실이 통감에 기록이 없어 중국에서 꺼리는 줄 의심하고 조심하여 우리나라의 전설 구문들은 감히 한 구절도 싣지 않고 몽땅 빼고 말았다. 나는 여기서 감히 말할 수 있다. 당 태종이 안시성에서 눈알을 잃어버렸는지는 똑똑히 고증할 수 없다고 하더라도 이 성을 안시성이라고 하는 데는 분명히 아니라고 주장할 것이다."

역사에서 제일 중요한 기준은 계승의식이다. 다양한 사료에서 보이듯 우리 민족은 고조선과 부여에 대한 계승의식이 있었다. 하지만 『삼국사기』는 당나라와 신라 관점에서 썼다. 당시 김부식과 일연이 볼 수 없었던 다양한 국내외 사료를 지금은 볼 수 있다. 그 속에는 우리 사학계가 그렇게 부정하는 고조선과 부여에 대한 기록도 많이 있다.

역사는 유기적으로 이어진 땅과 지리의 관계 때문에 일부는 속일 수 있을지 몰라도 전부를 속일 수는 없다. 단순한 지명 연구만으로도 우리가 배웠던 고대 역사는 거짓임이 드러난다. 진실이라고 믿었던 것이 거짓이었으며, 거짓이라 치부했던 것이 진실이 되는 현상이 발생한다.

따라서 우리 민족의 형성 과정과 결부해서 다양한 국내외 사서와 관련된 땅의 조건과 지리 관계를 제대로 파악하면 당시의 생생하고 올바른 역사를 알 수 있다.

1부 단군조선

1장 단군조선의 실재성
2장 기자조선은 실재했는가?
3장 고조선과 연나라의 경계

1장 단군조선의 실재성(實在性)

1. 고조선의 뿌리인 요하문명

1만 3천 년 전 신석기시대에 농업혁명이 시작되면서 인류가 본격적인 문명 단계에 들어섰다. 도구가 발달하고 잉여생산물이 생긴 결과 인류는 노동에서 벗어날 수 있는 시간을 얻으면서 문명의 발전을 가져왔다. 인류의 모든 문명은 수렵에서 농경으로 넘어간 신석기시대로 이행, 그리고 농경에서 산업으로 넘어간 근대로 이행, 이 두 가지의 혁명적 사건과 맞물려 있다. 어떤 혁명도 인류 역사에서 이 두 가지 사건만큼 실질적이고도 근본적인 변화를 주지 못했다.

모든 문명은 큰 강을 끼고 태동하였다. 인류 4대 문명도 황하강, 인더스강, 나일강, 티그리스와 유프라테스강을 배경으로 성장하였다. 최근에 요하(遼河)를 배경으로 하였던 5번째 요하문명(遼河文明)이 모습을 드러내고 있다. 연구 결과에 따르면 요하문명은 신석기에서 청동기까지 이어지면서 동북아시아의 새로운 문명으로 자리 잡았다. 특징적인 유물은 거석, 채도, 빗살무늬 토기 등인데, 중국의 한족 문화가 융성한 지역은 이런 유적이 거의 발굴되지 않고, 채도 외에 별다른 공통점을 찾을 수 없다.

중국은 지금까지 황하 유역과 장강 유역을 중화 문명의 발상지로 주장하고 있었다. 하지만 요하문명에서 가장 이른 시기에 성립된 것으로 보이는 신락문화(新樂文化)와 소하서문화(小河西文化)는 기원전 8,000년부터 기원전 7,000년까지 소급되는 것으로 밝혀졌다. 이는 기원전 5,000년부터 기원전 4,500년에 시작된 황하문명(黃河文明)이나 장강문명(長江文明)보다 이른 시기여서 학계를 놀라게 하고 있다.

요하문명은 독자적인 문화권을 형성하였고, 중국과 상호 교류해 온 것으로 보인다. 또한 요하문명은 만주와 한반도를 거쳐 중앙아시아, 일본까지 영향을 미쳤다. 요하문명을 토대로 고조선은 형성되고 발전되었다. 이런 주장은 역사 기록과 함께 유물, 유적 등의 고고학적 증거가 받쳐 주어야 힘을 얻는다.

요하문명의 등장은 기존 정설을 완전히 붕괴시키는 결과를 초래하였다. 중국은 요하문명 발견 전까지 중원을 세계의 중심으로 생각하고, 중원에서 멀어질수록 미개한 오랑캐의 땅이라고 하는 중화사상(中華思想)을 보편적인 인식으로 받아들였다. 그런데 변방으로 간주했던 요하 지역에서 기원전 8,000년까지 올라가는 신석기시대 유적의 발견뿐만 아니라 기원전 3,500경에 초기 고대국가가 출현했다는 사실은 중국학계에 엄청난 충격을 주었다. 황하문명보다 먼저 요하 문명이 있었음이 확인되면서, 중화사상에 대해서 다시 검토하지 않으면 안 되는 상황에 이르게 되었다.

게다가 2021년 11월 11일 국제 학술지 『네이처』에 발표된 독일 막스-플랑크 인류사연구소의 연구 결과는 충격적이었다. 연구소의 마티너 로비츠Martine Robbeets 교수 연구팀을 중심으로 10개국의 학자들은 "언어학과 고고학, 유전학 연구 결과를 종합 분석한 결과 유럽에서 동아시아에 이르는 트랜스유라시아어족(語族)이 신석기시대에 중국 요하 일대에서 기장 농사를 짓던 농민들의 이주 결과임을 확인했다" 발표하고 곧 한국어는 투르크어, 몽골어, 일본어와 함께 9000년 전 신석기시대에 중국 동북부에 살던 농경민에서 비롯된 것으로 밝혔다. 이는 트랜스유라시아어족의 언어가 4000년 전을 기점으로 중앙아시아를 거처 들어온 유목-목축민들이 전파했다는 기존의 유목민 가설을 뒤집는 것이었다.

고고학적으로 요하문명이 시작되었던 요녕성 지역의 신석기와 청동기시대 문화의 연대[1]는 다음과 같이 추정한다.

1 신석기/청동기시대 요녕지역 문화와 주요 유적. - 출처: 위키백과

형성시기	한글	한자	위치
기원전 8000년~기원전 7000년	신석기시대(新石器時代) 신낙문화 유적	新樂文化(신러)	랴오닝성 선양시북부 지역
기원전 7000년~기원전 6500년	신석기시대 소하서 문화 유적	小河西文化	내몽골츠펑 시 아오한기 지역
기원전 6200년~기원전 5200년	신석기시대 흥륭와 문화 유적	興隆洼文化 (싱릉와)	내몽골 츠펑 시 아오한기 지역
기원전 5200년~기원전 5000년	신석기시대 부하문화 유적	富河文化	내몽골 츠펑 시 아오한기 부하 유역

1970년대 심양시 북쪽 신락숙사(新樂宿舍)에서 신석기시대 유물이 발견되었고, 또한 1987년 내몽고 적봉시에서 서북쪽으로 조금 떨어진 오한기(敖漢旗) 소하서(小河西)에서 신석기 유적이 발견되었다. 기원전 8,000년까지 올라가는 동북아시아 최고의 신석기문화 유적이다. 여기서 흙으로 만든 얼굴상(陶塑人面像)이 출토되고 반지혈식(半地穴式) 주거지가 발굴되었다. 황하 유역의 앙소문화(仰韶文化)보다 2500년 이상, 장강 하류의 하모도문화(河姆渡文化)보다는 2000년 이상 앞선다. 따라서 황하문명보다 수천 년 이전에 요하 일대에서 이미 독자적인 문명이 발생하고 있었음이 유적과 유물로 입증되었다.

　신락문화와 소하서문화는 이후 흥륭와문화(興隆洼文化), 사해문화(渣海文化), 부하문화(富河文化), 조보구문화(趙寶溝文化)를 거쳐 홍산문화(紅山文化)로 이어진다. 특히 기원전 6천 년부터 요하문명의 새벽을 열었던 흥륭와(興隆洼), 사해(渣海) 유적에선 한반도에서 흔히 발견되는 빗살무늬 토기와 옥 귀걸이가 출토됐다. 똑같은 모양의 귀걸이가 강원도 고성군 문암리에서도 출토되었다.

기원전 5000년~ 기원전 4400년	신석기시대 조보구 문화 유적	趙宝溝文化 (자오바오거우)	내몽골 난하 계곡과 요서 북부
기원전 4500년~ 기원전 3000년	신석기시대 홍산문화 유적	紅山文化 (홍산)	만주, 요동, 요서, 내몽골
기원전 3000년~ 기원전 2000년	동석병용시대(銅石併用時代) 소하연문화 유적	小河沿文化	내몽골 츠펑 시 아오한기 소하연 유역
기원전 2000년~ 기원전 1500년	초기 청동기시대 하가점 하층문화 유적	夏家店 下層文化	내몽골 츠펑 시 아오한기 맹극하(孟克河) 유역

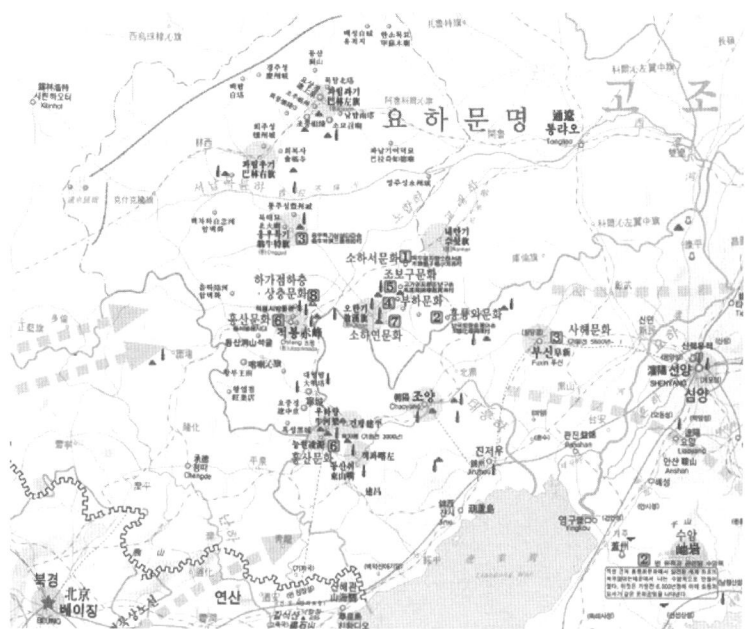

요하 문명 관련 유적지
하가점 하층문화(夏家店下層文化, BC. 2,200년~ BC. 1,600년경): 전기 청동기시대
하가점 상층문화(夏家店上層文化, BC. 1,000년~ BC. 600년경): 후기 청동기시대

　요하문명은 홍산문화에서 꽃을 피운다. 홍산문화는 거의 기원전 4,500년까지 소급한다. 홍산문화는 중국 한족 문화가 아니라 황하문명과 별개인 동이의 선진 문명이었다. 홍산문화를 발굴할수록 동이 문명이라는 사실이 확실해질 것이다. 홍산문화가 꽃핀 곳이 바로 우리 민족의 주무대였다. 홍산문화의 3대 특징은 여신을 모신 사당, 원형 제단(祭壇), 적석총(積石塚)이라고 할 수 있다. 대규모 능(陵)과 묘(廟), 제단 등은 원시 부락 단계에서는 볼 수 없는 고대국가의 상징물이다.

특히 홍산문화 만기(晚期, 기원전 3,500~3,000년)에 해당하는 요녕성 조양시 건평(建平)과 능원(凌源) 경계에 걸쳐있는 우하량(牛河梁) 유적은 거대한 제단, 여신묘(女神廟), 적석총 등 고대국가의 3요소를 갖추고 있다. 그리고 홍산문화에서 발굴된 용(龍)이 황화 지역에서 발굴된 용보다 연대가 앞서고, 봉황(鳳凰)도 최초로 나왔다.

홍산문화 발견으로 중국도 황하 중심의 문명전파론을 철회하고 다중심문화론(多中心文化論)을 인정하였다. 이는 산동반도에서 발견된 북신문화(北辛文化), 대문구문화(大汶口文化), 용산문화(龍山文化)가 홍산문화의 영향을 받았다는 연구 결과에 근거한 것이었다. 그래서 중국 학계는 동이의 요하문명과 한족의 황하문명이 조화를 이뤘으며, 여기에 남방과 서방 문화가 중원으로 집합해 문명이 완성됐다고 결론 내렸다. 즉 중국 문명을 황하문명 일원 일체에서 다원 문명으로 해석하였다.

청동기시대로 가면 내몽고 적봉(赤峰) 일대에서 처음으로 유물이 발견된다. 이들 문화는 홍산문화를 계승한 후속 문화이다. 고고학 발굴에서 유물이 나오는 지층이 여럿이나 둘일 때 아래층을 하층, 위층은 상층이라 한다.

하가점 하층문화 시대 유적은 내몽고와 요녕성 접경지역인 적봉, 조양(朝陽), 능원(陵源), 객좌(客左), 건평 등을 중심으로 유적지가 분포되어 있다. 특히 적봉 삼좌점(三座店)과 성자산(城子山)에서 확인한 엄청난 규모의 석성과 돌무덤 떼, 제단, 주거지 등도 이미 고대국가 형태를 띠고 있음을 시사해 준다. 또한 하가점 상층문화는 풍부한 청동기를 바탕으로 형성된 청동기 문화이며, 대표적인 유물이 비파형 동검이다. 비파형 청동검은 석관묘 안에서 출토되었다. 석관묘는 동이족의 대표적인 묘제이므로 하가점 상층문화에서 발견된 비파형 청동검의 주인공은 동이족으로 추정할 수 있다.

요녕성 대릉하 지역에서 멀지 않은 곳에 적봉이 있고, 홍산(紅山)은 적봉의 동북방에 있는 산 이름이다. 적봉과 홍산은 우리말 밝달, 밝산의 한자식 표기일 가능성이 높다. 아사달을 의미하는 조양, 밝달을 의미하는 홍산과 적봉 등의 지명이 대릉하 근처에서 전해지고 있다. 밝달과 아사달의 흔적을 집중적으로 보여주는 곳은 오직 요녕성 요하와 대릉하 지역뿐이다. 이곳이 고조선 발상지였다는 사실을 입증하는 중요한 근거가 된다.

2. 고조선(단군)과 홍산 및 하가점 하층문화와 연관성

홍산문화가 황하문명보다 앞서는 문명의 출발점이라는 사실이 밝혀졌다. 홍산문화는 국가의 전야(前夜) 단계라고 말한다. 국가 직전 단계에 진입했다는 의미이다. 중요한 사실은 홍산문화가 고조선과 연결될 수 있다는 점이다. 최근 홍산 우하량에서 여신묘와 두 눈을 푸른 옥으로 장식한 여신상이 함께 발굴되었고, 주변에선 수많은 적석총이 발견됐는데 한 변이 60m가 넘는 거대한 피라미드이다. 홍산에서 제단, 신전, 무덤이라는 삼위일체의 유적 발견과 정교한 옥기의 대량생산 등은 이미 고대국가 직전 단계에 접어들었음을 보여준다. 여신묘에서 곰의 턱뼈와 진흙으로 만든 곰의 발도 함께 출토되었고, 또한 제사장으로 보이는 인골은 곰의 얼굴을 형상화하였다. 이는 홍산 사람들이 여신과 함께 곰을 숭배하는 부족이었다는 확실한 증거다. 이에 따라 단군 신화와 연관성을 떠올릴 수밖에 없다. 그러나 아직도 학계에서는 단군을 신화로서만 인정할 뿐, 단군조선이라는 역사적 실체는 부정한다.

중국 저명한 학자들이 중국 문명의 서광(曙光)이 홍산문화에서 열렸다고 인정했다. 홍산문화가 황하문명과는 전혀 다르다는 사실을 공식적으로 천명한 것이다. 중국인들이 홍산문화를 중국의 역사로 인정했다는 것은 한국인에게 매우 중요한 사실을 알려준다. 이런 배경에서 1980년대부터 중국에서 등장한 새로운 이론이 통일적(統一的) 다민족국가론(多民族國家論)이다. 한마디로 중국 국경 안에 있는 모든 소수 민족과 역사는 고대부터 중화민족의 일원이고 중국사라고 주장한다. 동시에 동이족이 건설한 요하문명을 왜곡하기 위해 막대한 자금을 동원하여 동북공정을 주장한다. 그리하여 고조선과 후예인 부여, 고구려 등 모든 우리 고대국가를 중국 역사로 편입시키고, 동북 지역의 모든 고대 민족인 숙신, 동호, 선비 등을 황제의 후예로 보고 중화민족의 일부로 만들려고 한다. 하지만 요하 유역을 중국 문화의 일부라는 그들의 논리는 어떠한 객관적인 증거도 없을 뿐만 아니라 기존의 중국 역사관에 부합하지도 않는다.

현재 중국은 기원전 3,500년부터 3황 5제의 신화시대를 중국의 기원으로 보고 있다. 그리고 기원전 2000년경에 황하 하류의 하(夏)나라에서 시작해서 상(商), 주(周)로 이어지는 고대국가 단계를 설정하였다. 또 하나라의 존속 시기는 기원전 2070년부터 기원전 1600년까지라고 중국 사회과학원에서는 주장한다.

   기원전 2천 년경 무렵부터 홍산문화는 하가점 하층문화로 이어진다. 하가점 하층문화는 고대국가 초기 단계라고 평가되는데 기원전 2천 년경 요하 유역에 존재할 수 있는 국가는 사서를 아무리 뒤져봐도 고조선 외에는 없다. 즉 홍산문화의 전야 위에서 고조선이 건국되었다고 보아야 한다. 놀라운 사실은 하가점 하층문화 유적지에서 중국 하나라보다 800년 앞선 청동기들이 출토된다는 점이다. 이런 사실은 단군조선이 하나라에 앞서 건국되었다는 의미이다. 또한 하가점 하층문화에서 치를 갖춘 석성, 비파형 동검 등이 발견되는데 중원과는 확연히 구분된다. 치를 갖춘 석성은 고구려 성의 특징을 보여주며, 비파형 동검도 중원에서는 발견되지 않고 대부분 요하 유역과 한반도에서 발견된다. 이는 요하문명의 주도 세력이 중화민족과 다른 동이족 집단임을 의미한다.

   따라서 요하문명으로 입증되는 동아시아에서 최초의 고대국가는 바로 고조선이다. 고조선이라는 나라가 갑자기 땅에서 솟아 나올 수는 없다. 고조선은 홍산문화를 이은 하가점 하층 청동기 문화를 기반으로 성립하였고, 넓은 세력권을 통제할 만큼 강력한 나라였다. 고조선은 비파형 동검을 사용했고, 수준 높은 농경문화도 있었고, 작업의 분화도 이루어졌다. 8조 금법을 보면 고조선은 이미 노예가 존재하는 계급사회 단계에 이르렀음을 알 수 있다. 그리고 고조선 후기 철기문화 단계에 이르러서는 철제 기구를 사용하여 농업 생산력이 더욱 향상되고, 전투력이 증강함에 따라 국가의 체제를 확고하게 정비하여 고대국가가 되었다.

　인류학에서 청동기와 성(城)의 건축은 고대국가 발생의 기초로 보고 있다. 그런 측면에서 볼 때 요녕성 일대에서 기원전 30세기를 전후한 시점에서 청동기가 발견되고, 기원전 24세기경 성터가 발견된 것은 단군조선의 실재성을 나타내는 중요한 고고학적 사건이다. 예를 들면, 요하 서쪽에 있는 하가점 하층문화 지대에서 70여 개 성터와 3만 평에 이르는 거대 성터가 발견되었고, 이 지역에서 다양한 종류의 청동기가 발견되었다. 이런 사실은 서요하(西遼河) 지역에서 단군조선이 건국한 기원전 2,333년경부터 고대국가가 존재했다는 근거가 고고학적으로 밝혀졌다는 의미이다.

　그런데 하가점 하층문화와 동질성이 있는 유적이 요녕성에서 멀리 서쪽에 있는 하북성에서도 발굴되었다. 이는 『시경』에 나오는 연나라 부근에 있었다는 한성(韓城) 기록과도 일치한다. 서주(西周) 시대 이전에 있었던 대륙 한국의 존재를 문헌과 고고학이 동시에 증명한다.

　발굴된 유적과 유물들을 분석해 보면, 홍산문화는 『삼국유사(三國遺事)』에 언급된 신시(神市)이고, 홍산문화의 후속인 하가점 하층문화는 고조선시대로 비정하면 우리 고대사 연대가 말끔하게 정리된다. 결론적으로 홍산과 하가점 하층문화는 단군조선의 실체 여부를 확실하게 설명해 줄 수 있다. 특히 한국 학계를 곤혹스럽게 만들었던 단군의 건국연대인 기원전 2,333년은 청동기시대인 하가점 하층문화 연대와 거의 일치하고, 또한 출토 유물도 단군 신화의 내용과 유사하다. 따라서 단군조선의 발상지와 일치한다는 사실을 분명히 알 수 있다.

홍산과 하가점 하층문화 유적지에서 발굴된 도장, 비파형 동검, 지석묘(고인돌) 등으로 고조선 영역을 추정해 보면, 고조선의 세력 범위는 매우 넓었다고 추정된다.

1) 도장으로 추정하는 고조선 영역

고대에는 도장이 지도자의 징표로 여겨졌다. 중국에서 처음 도장을 사용했다는 증거가 은나라 유적지인 하남성 안양현(安陽縣) 소둔촌(小屯村)의 은허(殷墟)에서 발견됐다. 3천 년 전의 것으로 추정되는 동(銅)으로 만든 도장 세 개다. 중국은 이를 중화민족 제일인(中華民族第一印)으로 명명했다. 그런데 홍산 지역인 내몽골 자치구 나만기(奈曼旗)에서 옥으로 만든 도장 두 개가 출토되었다. 옥인장(玉印章)을 소유했다는 사실은 지배자임을 상징한다. 옥인장은 몸체에 구멍이 뚫려 있어 끈을 넣어 사용했던 것으로 보인다. 도장 면은 지금 도장과 같이 볼록하게 깎았는데(양각) 도장 면에는 붉은색 안료가 묻어 있었다. 당시에 종이가 없었으므로 천에다 찍었을 것으로 추정했다.

놀라운 사실은 옥인장 연대가 무려 기원전 6,500년 전에서 5,000년 전 사이로 올라간다는 점이다. 이들 도장은 은나라에서 발견된 도장보다 적어도 2,000년 이상을 상회하므로 은나라의 도장 문화 역시 청동기시대에 홍산의 도장 문화가 흘러갔음을 뜻한다. 따라서 홍산문화와 황하문명은 서로 섞이지 않았다가 청동기시대

내몽골 나만기에서 출토된 옥인장

에 교류한 것으로 추정된다.

또한 요하(遼河) 지역에서 발굴된 도장을 보면 채색도기에서 나오는 부호와 비슷한 기호가 나타난다. 이러한 기호들이 발전해 도장 문화가 발생했으리라고 보인다. 그리고 한자의 전서(篆書)는 도장에 새겨 넣던 기호에서 발전한 것으로 여겨진다.

2) 비파형 동검으로 추정하는 고조선 영역

『삼국유사』에서 환인이 환웅에게 천부인을 준다는 기록이 나온

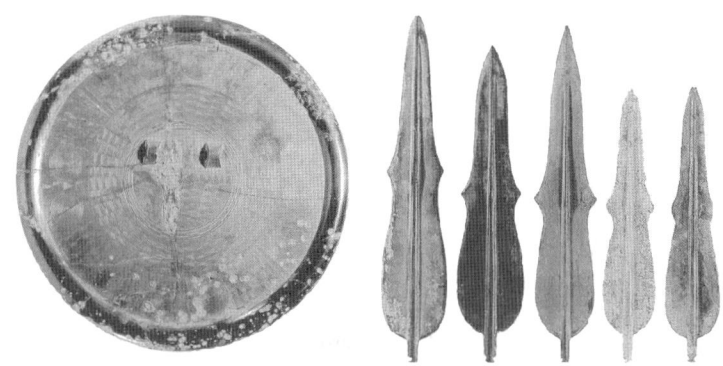

청동거울과 비파형 동검

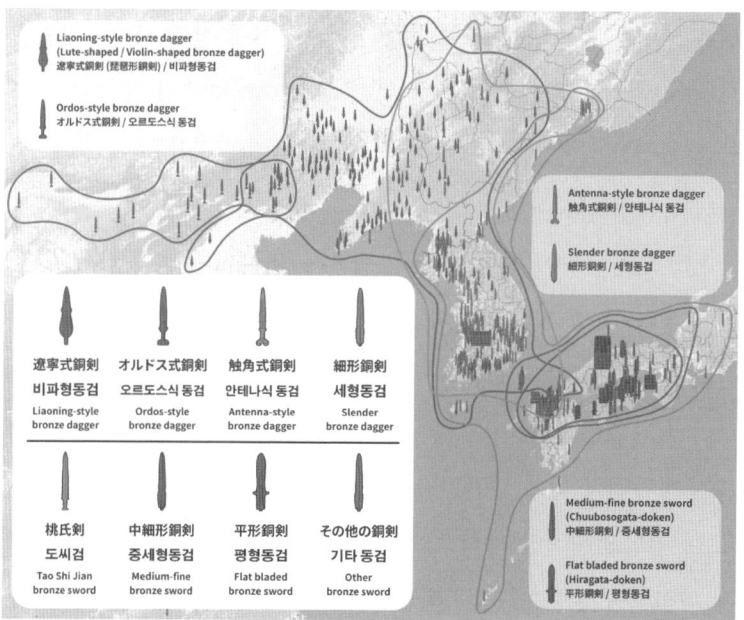

비파형 동검 분포도
- 출처: 위키백과

다. 천부인 또는 천부삼인(天符三印)은 천자의 직위를 나타내기 위한 물건으로 청동검, 청동거울, 청동방울을 말한다. 일본에서 왕위를 물려줄 때 전달하는 청동검, 청동거울, 곡옥(曲玉) 등의 삼종신기(三種神技)도 역시 천부인을 말한다.

고조선은 중국 하, 은, 주나라와 완전히 다른 독자적인 청동기를 사용했던 문명국이었다. 기원전 2천 년 중반에 접어들면서 요하 지역에서 발전된 청동주조 기술을 바탕으로 비파형 동검2이나 청동도끼와 같은 청동제 병기류와 함께 각종 도구류가 제작되었다. 특히 1990년대 북한은 평양 근처에서 고조선 유물인 화려한 청동 장식 마차를 발견하였다. 말 두 마리가 끄는 쌍두마차인데 수레 중앙에는 햇빛을 가릴 수 있는 우산도 있고, 마차를 장식하는 장식품들은 청동이나 금도금이 된 것도 있고 매우 화려하다. 청동으로 제작한 부속품으로 장식한 마차는 중국에서 발견된 적이 없는 고조선만의 특유한 방식이다.

청동검은 모양에 따라 북방식, 중국식, 비파형 동검 등의 세 가지로 구분할 수 있다. 그중에서 고조선 표지 유물이라 하는 비파형 동검의 분포를 통해 고조선의 세력범위를 알 수 있다. 특이하게 청동검이 발견되는 곳에 여지없이 동경(銅鏡, 구리거울)이 발견된다. 동경이 청동검과 함께 발견된다는 사실은 청동검이 군사적 목적뿐만이 아니라 의례적인 목적으로도 사용되었음을 추측할 수 있다. 제사 목적의 유물은 종족의 특징을 보여주므로 그 종족에게만 쓰였

---

2 비파형 동검(琵琶形銅劍, Lute-shaped Bronze Dagger) 청동기시대 칼의 일종으로 만주에서 한반도, 랴오닝성에 걸쳐 출토되고 있는 동검이다. 지배 계층과 집단의 출현을 상징하는 것으로 고조선의 표지 유물 가운데 하나로 추측된다. - 출처: 위키백과

을 가능성이 크다. 따라서 비파형 청동검이 쓰인 곳은 고조선과 어떤 연계를 맺고 있었다는 점이 분명하다.

비파형 동검은 만주 지역과 평양 근처에 집중적으로 분포한다. 비파형 동검의 발굴 지역을 보면, 서쪽으로 내몽골 지역, 북쪽으로 길림, 장춘 지역까지이다. 특히 하북성 승덕시(承德市)와 요령성(遼寧省) 적봉시(赤峰市)의 경계를 이루는 산맥은 칠로도산(七老圖山)이고, 또 내몽골 적봉시와 요령성 조양시(朝陽市) 경계를 이루는 산맥은 노로아호산(努魯兒虎山)인데 이 부근이 비파형 동검이 가장 많이 출토되는 곳이다. 그래서 중국 동북 3성과 하북성이 고조선 영토이었다는 추정이 가능해진다.

특히 칠로도산은 환인과 연관 있고, 노로아호산은 환웅과 연관 있다. 환인국은 7명의 환인이 대를 이어 나라를 다스렸는데, 칠로도산 이름에는 일곱 노인이 그림같이 노니는 산이라는 의미로 환인 설화가 새겨져 있다. 노로아호산은 어리석은 호랑이가 사람이 되어 보려고 노력한 산이라는 의미로서 환웅 설화가 이름에 들어 있다. 칠로도산과 노로아호산 이름이 우연이라 할 수 없다. 따라서 칠로도산과 노로아호산 부근이 환인 설화와 환웅 설화의 중심지로 보인다.

3) 탁자형 고인돌로 고조선 영역 추정

고인돌을 지석묘(支石墓)로 부르는데 고조선의 세력범위를 나타내는 중요한 표지 역할을 한다. 대형 고인돌의 경우 1,500~2,000

만주 길림의 북방식 고인돌

명의 노동력이 필요하며, 이는 정치적 집합체가 없으면 불가능하므로 권력자가 출현했음을 나타낸다. 고인돌 중에서 탁자식 고인돌의 경우는 상한이 신석기시대 후기로 올라갈 가능성이 있지만, 대부분은 청동기시대에 속한다. 따라서 지석묘의 편년을 기원전 17세기부터 기원전 10세기경으로 보고 있다.

비파형 동검과 마찬가지로 지석묘도 요녕성, 길림성, 흑룡강성, 산동성, 절강성 그리고 한반도 전역에 분포되어 있지만 중원에는 발견되지 않고 있다. 중국에서 가장 빠른 시기의 지석묘는 요녕성 보란점(普蘭店), 개평현(蓋坪縣) 허가둔(許家屯), 수암현(岫岩縣) 고수석(鼓水石) 등에서 발견되는데 상한 연도를 기원전 17, 18세기로 본다. 절강성과 산동성에서 나타나는 지석묘는 조금 늦게 나타난다.

산동반도와 절강성에서 지석묘가 등장한다는 사실은 같은 문화권이었다는 점을 의미한다.

지석묘는 북방식에서 남방식으로 영향을 준 것으로 보인다. 세계에서 지석묘가 가장 많은 곳이 한반도로 전체가 분포지에 속하는데 특히 대동강 일대에 주로 분포되어 있다. 대동강 유역에서 1만 기 이상의 고인돌이 발견되었다. 북방식도 한반도 남부에서 발견되지만, 남쪽으로 내려갈수록 북방식 형태가 사라진다. 중국에서는 길림성과 요녕성에 북방식 지석묘 약 100기가 발견되었고, 절강성에서 50기의 남방식 지석묘가 발견되었다. 절강성에서 남방식 지석묘가 발견되었다는 사실은 절강성도 동이족 관련이 있는 사람들이 정착하여 살았을 가능성을 보여준다. 또한 고조선의 대표적인 유물로 미송리식 토기도 있다. 미송리식 토기는 지석묘와 함께 발견되기 때문에 같은 시대로 본다. 미송리식 토기도 한반도와 만주 등에 대부분 분포되어 있다.

특히 대형 고인돌은 요녕성 개주(蓋州) 및 해성(海城) 지역과 한반도 대동강 일대만 분포하여 이 두 곳이 고조선 중심지였음을 추측할 수 있다. 상대적으로 만주 지역의 고인돌들은 평양 대동강 지역의 고인돌들보다 이른 시기에 제작되었다. 고조선의 중심지로 추측되는 두 곳 중에서 만주 지역의 고인돌이 먼저 제작되었으므로 만주 지역을 초기 고조선의 도읍지로 추정할 수 있다. 따라서 초기 고조선은 요동 반도를 중심으로 한반도 지역까지 다스렸다고 보인다.

3. 사서에 기록된 고조선(단군)

고조선(단군)은 『삼국유사』 고조선조에 처음 나타난다. 『삼국유사』에 고조선과 위만조선이 별도 항목으로 기록된 것으로 보아 두 왕조는 건국자의 성격이나 혈통이 다른 왕조임을 알 수 있다. 『삼국유사』는 『고기』를 인용하여 단군 왕검이 평양에 조선을 건국하였다가 백악산 아사달로 옮겨 1,500년을 다스렸다고 했다. 아사달에서 아사는 아침, 달은 땅을 뜻한다. 즉 빛나는 아침의 땅이라는 의미이다. 이후 주나라 초기 단군이 기자(箕子)를 피해 장당경(臧唐京)으로 옮겼다고 기록했다. 따라서 『삼국유사』를 따르면 고조선은 평양, 아사달, 장당경 순으로 도읍지가 되었다. 허목의 『미수기언(眉叟記言)』3에서 장당경을 당장경(唐臧京)이라 하면서 유주(幽州)에 있다고 하였다. 유주는 중국 하북성 보정시와 북경시 지역을 말한다.

또한 고려 때 이승휴는 『제왕운기(帝王韻紀)』4에서 고조선 역사를 전 조선과 후 조선으로 구분하였다. 전 조선은 『삼국유사』를 비롯

---

3 『미수기언』 조선 중기 우의정을 지낸 허목(許穆, 1595~1682년)이 편찬한 책이다. 미수(眉叟)는 허목의 호로서, 눈썹이 길어 눈을 덮었으므로 스스로 호를 지어 '미수'라 하였다. 기언(記言)이란 말의 중요함과 위험함을 두렵게 여겨, 말하면 반드시 써서 지키기에 힘쓰는 한편 날마다 반성한다는 뜻이다.

4 『제왕운기』 고려시대 이승휴(李承休)가 충렬왕 13년(1287년) 한국과 중국의 역사를 시로 쓴 역사책이다. 단군부터 고려 충렬왕까지의 역사를 상·하 2권으로 기술했다.

하여 『제왕운기』, 『조선왕조실록』에 실려있는데 단군조선으로 불리며 요임금과 같은 시기에 건국되어 약 일천 오백여 년을 지속했다고 기록했다. 후 조선은 『조선왕조실록』을 비롯하여 대부분 사서에서 기자조선이라고 기록하였다. 즉 『삼국유사』의 고조선을 『제왕운기』에서는 단군조선과 기자조선으로 구분하였다. 현재 우리 역사학회는 이러한 구분을 따르지 않고 있다.

그런데 일본은 식민사관을 통해 고조선을 비롯하여 우리 고대 역사의 길이를 단절하고, 역사의 무대를 축소하였다. 즉 단군조선은 신화(神話)라고 부정하고, 기자동래설(箕子東來說)은 거리가 멀어 말도 안 된다며 기자조선도 부정한다. 이런 논리로 위만조선부터 실제 역사로 보면서 우리 역사를 2천3백 년으로 만들었는데, 일본의 2천5백 년보다 짧다. 또 고조선 영역을 한반도 북부(대동강 이북)에서 만주 일부로 본다. 이것은 고조선 중심지를 대동강 유역으로 보기 때문이다. 즉 위만조선이 멸망한 후 한사군이 들어섰고, 그 지역은 위만조선의 도읍지인 평양(대동강 유역) 부근이므로 고조선 영역은 한반도 북부에서 만주 일부라는 논리를 내세운다.

해방 이후 고대사 체계를 보면, 고조선은 신화시대라 단정하여 상세한 설명이 없을 뿐 아니라 삼국시대 이전의 역사는 불확실한 것으로 보았다. 따라서 위만조선, 한사군 등에 대해서도 간략하게 소개만 하고 한국 고대사는 삼국시대부터 본격적으로 전개되는 것으로 기술하였다. 이에 따라 우리 사학계는 단군조선이 어떤 과정을 거쳐서 마지막 준왕까지 왕권이 이어졌는지 설명도 하지 않고 갑자기 준왕을 등장시키고, 어떠한 사료적 근거도 없이 준왕을 중국 망명객 기자의 후손으로 보았다. 마찬가지로 준왕 다음에 등장하는 위만도 『위략(魏略)』5에서 서한(西漢)6 초에 조선으로 망명하여 준왕의 정권을 빼앗아 위만조선을 건국했다는 기록을 근거로 중국 망명인으로 본다. 일부 재야 사학계에서 위만은 조선 계통 사람으로 보는 견해가 있지만, 이를 인정하지 않는다.

이어서 한 무제가 위만조선을 멸망시키고 그 지역에 낙랑군, 임둔군, 진번군, 현토군 등 한사군(漢四郡)을 설치했다고 주장한다. 이런 주장에 따르면, 위만조선 다음에 등장하는 한사군의 본질은 서한에 속한 행정구역에 불과하다. 한사군의 뒤를 이어 고구려, 옥저, 동예 등의 여러 나라가 일어났다면, 중국인 시각에서는 그 나라는 한사군을 계승한 나라로 볼 수밖에 없다. 중국은 이러한 논리로 부여, 고구려, 읍루, 발해 등은 한국사가 될 수 없다고 주장한다. 예를 들면 고구려도 현토군에서 건국되었으므로 중국 역사라는 논리를 펼 수가 있게 된다. 오늘날 통용되는 한국 고대사 체계는 중국이 이러한 주장을 할 수 있는 빌미를 제공하고 있다.

이렇게 우리가 배우는 한국 고대사 체계는 근본적인 문제점을 가지고 있다. 사학계 주장대로 단군조선의 존재가 의심스럽다면 한

---

5 『위략』 중국 삼국시대 조조의 위나라를 중심으로 쓰여진 역사서이다. 후에 책이 유실되었다. 저자는 어환(魚豢)인데, 형주의 유표(劉表)와는 서로 안면이 있는 관계였다고 하며 그 후 위나라의 신하가 되었다는 기록밖에 없다.

6 서한 항우(項羽)와 싸워 이긴 유방(劉邦)이 건국한 한(漢)나라(BC 202년 ~AD 8년)를 말하며 전한(前漢)이라고도 한다. 수도가 장안이었는데, 후에 세워진 후한(後漢)의 수도 낙양보다 서쪽에 있어서 서한이라고도 불린다.

국 역사는 처음부터 중국의 지배와 함께 시작되었다는 결과가 초래된다.

하지만 유적과 유물로 입증되는 고조선 건국은 청동기 출현 시기인 기원전 20세기로 본다. 늦게 보아도 지석묘 출현 시기인 기원전 18세기에는 건국되었다고 보아야 한다. 청동기 및 지석묘의 출현과 고조선 등장은 분명 관련이 있다. 특히 지석묘는 정치적 집합체가 없으면 불가능하고, 정치적 권력자의 등장은 평등사회가 깨졌다는 것을 뜻한다. 만약 한반도 내에서 고조선이 건국되었다면 고인돌 이외 다른 증거가 나와야 하는데 아무것도 나오지 않고 있다. 고인돌만을 가지고 고대국가의 건국을 증명할 수는 없다.

우리 역사는 고조선부터 고려시대까지 주요 무대가 중국 동북을 포함하였다. 한반도 쪽으로 역사의 영역이 축소된 것은 고려말 이후 조선왕조로 넘어오면서이다. 중국의 고대 문헌을 자세히 살펴보면, 고조선의 한반도 건국에 관한 주장은 전혀 타당하지 않다.

『시경(詩經)』[7] 한혁편(韓奕篇)과 『제왕운기』를 보면, 고조선은 많은 소국인 거수국(渠帥國)을 거느린 고대국가였음을 알 수 있다. 고조선 각 지역에는 부락 연맹체들이 있었고, 이들은 지역 정치집단

---

[7] 『시경』 중국 최초의 시가집이다. 서주의 말기로부터 동주에 걸쳐(기원전 9세기~기원전 7세기) 완성된 시집으로 305편이 수록되어 있으며 공자가 편집한 것으로 알려져 있다. 처음에는 시(詩), 또는 주나라 때 편찬되었다고 하여 주시(周詩)라고도 하다가 당나라 때 와서 오경의 하나에 포함되면서 『시경』이라고 불리게 되었다. - 출처: 위키백과

으로 거수국이라 불렀다. 거수국의 대부분은 고조선이 건국되기 전부터 각 지역에 있었던 부락 연맹체들이 성장한 것이었지만, 고조선이 건국된 후 필요에 따라 새로 건국된 것도 있었다. 당시에는 통치조직이 발달하지 못하였으므로 중앙에서 모든 백성을 직접 지배하지 못하고, 각 부락 연맹체의 우두머리를 거수(渠帥)로 삼아 자기의 봉지를 다스리도록 하고 단군은 거수들만을 다스렸다. 거수들 모두가 단군을 통치자로 받들면서 명령에 복종하고 동일법을 따르며 정치적, 경제적, 군사적으로 일정한 의무를 이행해야 했다.

따라서 거수국 분포는 고조선의 세력권을 알려준다. 한국과 중국의 옛 문헌에는 고조선과 동시대에 고조선의 영토 안에 있던 작은 나라 또는 종족들의 명칭이 많이 보인다. 바로 이들이 고조선에 속했던 거수국이었다. 같은 지역에 독립국이 겹쳐 있을 수는 없기 때문이다. 각종 문헌에 나오는 거수국을 살펴보면, 부여(夫餘), 고죽(孤竹), 고구려(高句麗), 예(濊), 맥, 추(追), 진번(眞番), 낙랑(樂浪), 임둔(臨屯), 현토(玄兎), 숙신(肅愼), 청구(靑丘), 양이(良夷), 발(發), 유(兪), 옥저(沃沮), 진(辰), 비류(沸流), 행인(荇人), 개마(蓋馬), 구다(句茶), 조나(藻那), 주나(侏那), 한(韓) 등이고, 문헌에 기록되지 않은 거수국도 있었을 것이다.

당연히 고조선의 거수국에는 부여와 고구려도 포함되어 있었다. 중국은 부여와 고구려 역사를 자국의 역사에 편입시키려 하고 있지만, 이들은 단군조선을 구성하고 있던 거수국으로 출발하여, 단군조선이 중앙통치력을 잃게 되자 독립한 나라였다.

4. 고조선(단군) 건국 주체로서 밝달(배달) 민족과 동이족의 관계

한민족(韓民族) 원류를 형성하는 고조선, 부여, 고구려, 백제, 동예, 옥저, 삼한 등이 모두 동이(東夷)로 불리었다. 고대에 동이는 특정 종족이 아니라 중국 동쪽에 존재한 여러 종족을 통칭하는 말이었다. 동이는 주나라 때 생긴 개념으로 중원 동쪽의 이(夷)를 칭한다. 그런데 전국시대 이후에 화(華)와 이(夷)가 분리되고, 만리장성으로 경계가 나뉘면서 현재는 동쪽의 오랑캐라는 비칭의 의미가 되었다.

중국 사서에 가장 빠르게 기록된 동이는 숙신, 맥, 산융(山戎), 고조선(古朝鮮), 고죽 등이었다. 이후로 실위(室韋), 고구려, 부여, 읍루(挹婁), 말갈(靺鞨) 등이 나오고, 가장 늦게 나온 종족은 몽골, 여진(女眞)이었다. 이들 모두 이(夷) 혹은 동이로 불렸다. 따라서 동이 전체를 한민족과 동일시하는 주장은 타당하지 않다.

동이 중에서 고조선을 대표하는 건국 세력은 한(韓), 예(濊), 맥(貊)의 종족이었다. 따라서 우리 민족의 형성에 대해서는 한, 예, 맥의 3개 종족 결합설이 타당하다. 이에 대한 근거로 단군 신화를 보면, 우리 민족은 한족(천신 숭배), 예족(호랑이 토템), 맥족(곰 토템)으로 구성되었다고 보인다. 그리고 『삼국유사』에서 고조선의 국조를 단군(檀君)이라고 했는데 단군은 밝달 단(檀), 임금 군(君)으로 밝달 임금이다. 지금까지 우리는 한(韓)민족으로 불러왔지만, 기원이 한(韓), 예(濊), 맥 3개 종족의 결합인 고조선 후예이므로 한민족이 아니라 밝달(배달) 민족으로 불러야 타당하다. 배달(倍達)은 우리말 밝달을 음차(音借)한 표기이다. 고조선은 밝달 즉 밝은 땅 위에 만들어진 나라이다.

특이하게 주나라 건국 이전인 기원전 17~18세기 지석묘의 출현 시기와 맞물려 갑골문에 동이가 출현한다. 갑골문에서 동이로 보는 시(尸)와 인(人)이 처음 등장한 시기는 은나라(기원전 1600년경~기원전 1046년경) 22대 왕인 무정(武丁) 때이다. 무정은 기원전 15세기 말~14세기 초의 인물로 보고 있다. 갑골문에는 무정이 시방(尸方)을 정벌하였다거나, 동시(東尸)가 점복용 뼈 두 짝을 바쳤거나, 인방(人方)이나 시방이 공격해 올 것을 우려하는 말이 있다. 어문학자들은 갑골문에 보이는 尸, 東尸, 人方, 尸方, 大方을 동이의 변형으로 보고, 시와 인으로 쓰인 종족들을 동이로 본다. 또한 시의 발견 위치가 대략 회수(淮水) 북쪽으로 동이에서 분파된 서이(徐夷), 회이(淮夷) 위치와 어느 정도 일치한다.

기원전 15세기 말~14세기 초에 군대를 출동시킬 수 있었다는 사실은 이미 동이가 소국의 형태를 갖추었다는 뜻이다. 그리고 소국들로 이루어져 있었다는 다른 근거는 무정이 대방(大方)을 정벌하여 20개의 성읍(城邑)을 빼앗았다는 갑골문 때문이다. 성과 읍이 있었다면 당시 동이가 성읍 국가의 형태를 갖출 조건을 가지고 있다는 의미이다. 이러한 근거로 판단해 보면, 기원전 15세기는 동이 출현 시기가 아닌 성장기로 볼 수밖에 없다.

중국에서 갑골문 이외에 동이라는 말이 최초로 등장한 사서는

『서경(書經)』8이다. 『서경』 주관편(周官篇)9에서 서주 성왕(成王)이 동이를 정벌하였다고 말한다. 성왕은 2대 왕으로 무왕(武王) 아들이다. 당시 서주는 사방에 퍼져 있는 이민족(夷民族)의 거센 도전에 직면하였다. 이에 서주는 자신들의 땅을 중원이라고 규정하면서, 서쪽에 있으면 서이(西夷) 후에는 창을 사용하는 흉포한 무리라 하여 서융(西戎)으로 바꾸었고, 남쪽에 있으면 남만(南蠻), 북쪽에 있으면 북적(北狄), 동쪽에 있으면 동이라 불렀는데 이것이 '동이'라는 용어가 출현한 배경임을 알 수 있다. 최후까지 서주에 저항한 대표적인 종족은 동이였고, 마침내 서주는 동쪽에 있던 동이 계통의 은(殷)나라를 멸망시킨다.

조그만 성읍 국가들로 이루어져 있었던 동이는 이후 여러 지역으로 분화되었고, 위치와 시대에 따라 다양하게 불렸다. 이(夷) 앞에

---

8 『상서(尙書)』, 『서경』 전국시대에는 공문서라는 의미로 『상서』라고 했다. 이후, 유학을 숭상하고 통치 이념으로 삼았던 한나라 시대에서, 당시의 유학자들은 존중하고 숭상해야 할 고대의 기록이라는 뜻에서 『상서』라고 하였다. 혹은 상(尙)은 상(上)을 뜻한다고 보아 "상고지서(上古之書, 상고시대의 공문서)"의 의미로 해석하기도 하였다. 송나라 시대에는 유교의 주요 경전인 5경(五經)에 속한다는 뜻에서 『서경』이라고 불렸다.

  * 『서경』은 요임금(堯, 기원전 2356년?~기원전 2255년?)부터 주나라(기원전 1046년?~기원전 256년) 시대까지 요(堯)·순(舜)의 2제와 우왕·탕왕(湯王)·문왕(文王) 또는 무왕의 3왕들이 신하에게 당부하는 훈계와 군왕이 백성에게 내린 포고와 명령, 군왕에게 올린 신하의 진언, 전쟁을 앞두고 백성과 장병들에게 한 훈시, 대신들 사이의 대화 등을 담고 있다. - 출처:위키백과

9 『서경』 주관편 성왕(成王)이 동이를 정벌하자 숙신이 와서 하례했다(成王旣伐東夷 肅愼來賀).

지역 명칭을 덧붙여 회하(淮河) 부근에 살면 회이, 산동 지방에 래이(萊夷)와 우이(嵎夷), 동쪽 연해와 부근 섬에 도이(島夷) 등으로 불렀다. 그리고 『죽서기년(竹書紀年)』10을 보면, 해(海) 지역, 즉 지금 산동성과 강소성 사이에 있었던 구이(九夷)에 견이(畎夷), 우이(于夷), 방이(方夷), 황이(黃夷), 백이(白夷), 적이(赤夷), 풍이(風夷), 양이(陽夷), 현이(玄夷)가 있었다. 종합적으로 보면, 거주지역을 근거로 명명된 것도 있었고, 혹은 토템이나 성씨의 칭호를 근거로 명명된 것도 있었다. 하지만 분포되어 있던 지방마다 부르는 명칭은 달랐으나 같은 문화권에 있었던 것으로 보인다.

전국시대 사서 『관자(管子)』11를 보면, 제(齊)나라가 고죽, 산융,

---

10 『죽서기년』 중국의 편년체 역사서. 기년(紀年), 급총기년(汲塚紀年)이라고도 한다. 『좌전』, 『사기』와 더불어 중국의 고대사를 연구하는 주요 사서 중 하나이다. 『죽서기년』은 모두 20편으로 황제의 시대로부터 하, 은, 서주, 전국시대 위 양왕 20년(기원전 299년)에 이르기까지의 일이 저술되어 있으며, 저자는 알려지지 않았다. 『죽서기년』은 한대에는 대체로 흩어져 있었으나 서진 시대인 279년 현재의 하남성에서 위나라 양왕의 무덤이 도굴되었는데 이로부터 문자가 기록된 많은 양의 죽간이 나와 나라에서 이를 옮겨 정리하였다. 대나무에 기록되어 있었기 때문에 '죽서기년'이라는 명칭이 붙여졌다. 『죽서기년』에는 『사기』 등에는 등장하지 않는 내용들이 있어서 이를 근거로 『사기』의 연표의 오류를 수정하기도 하였다. - 출처: 위키백과

11 『관자』 제환공이 북쪽으로는 고죽, 산융, 예맥에 이르렀다. 제환공이 북쪽으로 산융을 정벌하여 영지(泠支)를 제압하고 고죽의 군주를 참하자, 구이가 비로소 명령을 따랐다(北至於孤竹山戎穢貉 北伐山戎 制泠支 斬孤竹 而九夷始聽 海濱諸侯莫不來服).

영지(令支), 예맥(穢貊), 조선 등을 계속 공격하여 멸망시키거나 중원 밖으로 밀어내는 기록들이 등장한다. 그리고 산융, 영지, 고죽을 제압하자, 구이가 비로소 명령을 따랐다는 말은 이들이 모두 동이족(東夷族) 일파라는 의미이다. 또한 『사기』12와 『위략』13을 보면, 전국

* 『관자』 춘추시대(春秋時代) 제(齊)의 재상이던 관중(管仲)의 저작으로 알려졌으나 전국시대 제(齊)에 모인 사상가들의 언행을 전국시대부터 전한 때까지 편찬한 것이다. 관중의 이름은 이오(夷吾)이며, 환공(桓公)의 신하 포숙(鮑叔)의 추천에 의하여 환공의 신하로서 재상이 된 후 제를 춘추시대의 5대 강국 중 제일가는 강국으로 만든 공적을 세웠다. 원래 86편이었으나 10편은 분실되고 76편이 현존한다. 그 내용은 정치·법률·제도·경제·군사·교육·철학 등 다방면에 걸쳤고, 유가(儒家)·묵가(墨家)·병가(兵家)·농가(農家)·음양가(陰陽家) 등 여러 종류의 학설이 혼입되어 있는 것으로 보아 이 책이 한 학파의 저술이 아닌 것을 알 수 있다. - 출처: 위키백과

12 『사기』 흉노열전(匈奴列傳) 연의 북쪽에는 동호가 있었다. 그 이후에 연나라의 현명한 장수 진개(秦開)가 있었다. 동호가 그를 질로 삼았으나 호가 그를 심히 신뢰하여 돌려보냈으나 엄습하며 물리쳐서 동호를 달아나게 했다. 동호는 천리를 퇴각하였다(燕北有東胡 其後燕有賢將秦開 爲質於胡 胡甚信之 歸而襲破走東胡 東胡郤千餘里).

* 『사기』 중국 전한시대 사마천(司馬遷)이 저술한 중국의 역사서이며, 중국 이십사사의 하나이자 정사의 으뜸으로 꼽는다. 〈본기〉(本紀) 12권, 〈표〉(表) 10권, 〈서〉(書) 8권, 〈세가〉(世家) 30권, 〈열전〉(列傳) 70권으로 구성된 기전체 형식의 역사서로서, 그 서술 방식은 후대 중국의 역사서, 특히 정사를 기술하는 한 방식의 전범(典範)이 되었고, 유려한 필치와 문체로 역사서로서의 가치 외에 문학으로서도 큰 가치를 가진 서적으로 평가받고 있다. 『사기』의 편찬 시기는 기원전 109년에서 기원전 91년 사이로 추정되는데, 사마천은 사관이었던 아버지의 유언을 받들어 역사서를 편찬하고 있었다. 그런데 기원전 99년, 사마천은 흉노에 투항한 장수 이릉을 변호하다 한 무제의 노여

시대 연나라는 동호(東胡)와 조선을 공격하여 동쪽으로 계속 밀어내고 있다. 이런 기록은 제(齊)나라처럼 연나라가 동이족을 동쪽으로 계속 밀어내는 기록이다. 마침내 연나라와 진(秦)나라 시기에 장성을 쌓아 본격적으로 화(華)와 이(夷)를 구분하게 되었다.

이상하게 동이의 이러한 분포는 전국시대까지 이어지다가 진나라 때 대부분 사라진다. 아마도 진나라의 중국 통일 과정에서 점령당했거나 혹은 동이의 중심 국가로 부상한 고조선에 흡수된 것으로 생각할 수 있겠으나 어느 쪽인지 명확한 이유는 알 수 없다. 하지만 중요한 사실은 선진(先秦) 시대의 문헌에 나오는 래이(萊夷), 회이(淮夷) 등의 동이와 이후 『후한서(後漢書)』와 『삼국지』에 나오는 예맥, 삼한 등의 동이가 별개의 존재가 아니라 같은 계통이고, 따로 떼어서 생각할 수 없다는 점이다.

움을 사서 투옥되고, 이듬해에는 궁형에 처해졌다. 하지만 사마천은 옥중에서 『사기』 집필에 매진했고, 기원전 97년에 출옥한 뒤에도 집필에 몰두해 기원전 91년경 『사기』는 완성되었다. 사마천은 자신의 딸에게 이 『사기』를 맡겼는데, 무제의 심기를 거스를 만한 기술이 『사기』 안에 포함되어 있었기 때문이었고, 선제 시대에 이르러서야 사마천의 외손자 양운에 의해 널리 퍼지게 되었다고 한다. 당대(唐代)에 사마천의 후손 사마정이 『사기색은(史記索隱)』에서 『죽서기년』 등을 참조하여, 과거 사마천이 서술하지 않은 오제 이전의 삼황(三皇) 시대에 대해서도 〈삼황본기〉(三皇本紀)를 짓고 〈서〉(序)도 곁들였다. - 출처: 위키백과

13 『위략』 연(燕)은 장군 진개를 파견하여 조선의 서쪽 지방을 침공하고 2천여 리의 땅을 빼앗아 만번한에 이르는 지역을 경계로 삼았다. 마침내 조선의 세력은 약화되었다(燕乃遣將秦開 攻其西方 取地二千餘里 至滿番汗爲界 朝鮮遂弱).

그래서 『회남자(淮南子)』[14]는 조선이 동이라 하였고, 『양서(梁書)』[15]는 동이의 여러 나라 중에 조선이 제일 강대하다고 기록하였다.

5. 고조선(단군)과 한(韓)의 연관성

고조선과 한(韓)이 어떤 연관성이 있는지 살펴본다. 우리말에서 크다 혹은 높다는 뜻을 가진 단어가 한(韓)이다. 같은 언어권인 만몽어(滿蒙語)의 수장(首長)을 한(汗) 또는 가한(可汗)이라고 하는데 한(韓), 한(汗), 가한(可汗)이 모두 수장(首長)을 뜻하는 말로 이들 언어에서 뚜렷하게 인식하고 있다.

---

14 『회남자』 조선은 동이이다. 동방에는 대인의 나라가 있다고 하였다(朝鮮東夷 東方有大人之國也).
  *『회남자』 전한 회남왕(淮南王) 유안(劉安)이 편찬한 일종의 백과사전으로, 전 21권이다. 『여씨춘추(呂氏春秋)』와 함께 제자백가 중 잡가(雜家)의 대표작이다. 한편으로는 노자 사상을 중심으로 제자백가를 통합하려 한 전한 황로학(黃老學)의 결정체로 보기도 한다. – 출처: 위키백과
15 『양서』 동이의 나라 중에서 조선이 제일 강대하였는데, 기자의 교화를 입어 그 문물(文物)이 예악(禮樂)에 합당하였다고 한다(東夷之國 朝鮮爲大 得箕子之化 其器物猶有禮樂云).
  *『양서』 중국 남조 양나라(梁, 502~557년) 시대를 기록한 역사서. 전 56권으로 기전체(紀傳體)로 구성되어 있다. 629년에 진나라(陳) 사람인 요찰(姚察)이 편찬을 시작하여, 요찰 사후 아들인 요사렴(姚思廉)이 완성하였다. – 출처: 위키백과

놀랍게도 『시경』 한혁편16에 한(韓)이 나온다. 즉 한혁편에서 당시 한후(韓侯)가 연나라와 가까운 곳에 있다고 나온다. 한혁편에 나오는 한국(韓國)의 왕인 한후는 절대 중국 한족의 왕이 아니고, 시기적으로는 고조선에 연관된다.

중국 사서에 기록된 최초의 나라는 주나라이고, 당시 우리는 고조선시대였다. 주나라는 봉건제도를 실시하면서 유사시에 은(殷)나라처럼 고립무원에 빠지는 일은 없을 것이라 여겼다. 주나라는 서주와 동주(東周)로 구분된다.17

---

16 『시경』 한혁편
  높고 큰 양산(梁山)은 우임금이 다스렸도다(奕奕梁山 維禹甸之).
  밝으신 그 도를 한후가 명을 받았다(有倬其道 韓侯受命).
  커다란 저 한성은 연나라 백성들이 쌓은 것이라네(溥彼韓城 燕師所完).
  선조들의 명을 받들어 여러 오랑캐 나라들을 다스리신다(以先祖受命 因時百蠻).
  왕께서는 한후에 추와 맥을 내려주셨도다(王錫韓侯 其追其貊).
  엄(奄)과 북쪽 나라를 모두 맡아서 그곳의 최고 수장이 되었다(奄受北國 因以其伯).
  * 사서삼경 중의 하나인 『시경』은 주나라 초기 발간되었고, 한혁편은 윤길보(尹吉甫)가 서주 선왕(宣王, 기원전 827~기원전 782년) 시대에 왕실을 방문한 한후를 칭송하여 지은 작품으로 모두 6장으로 되어 있다.

17 동주와 서주   주나라의 12번째 임금인 유왕(幽王)은 천성이 난폭하고 주색(酒色)을 즐겼으며, 포사(褒姒)라는 미녀에 빠져 국정엔 관심이 없었다. 결국 유왕은 피살되어 주나라가 망하자, 제후들이 평왕(平王)을 옹립하고, 폐허가 된 호경(鎬京, 시안)을 대신하여 수도를 동쪽 낙양으로 옮겼다. 이를 동주라 부르고 그 이전 왕조를 서주라 불렀다. 하지만 이미 주 왕실의 권위는 땅에 떨어져 이때부터 춘추시대가 열리게 된다.
  춘추시대는 형식상으로나마 제후국들이 주나라를 상국으로 대했으나, 기서주시대(기원전 1,046년~기원전 770년)는 섬서성 서안(西安) 서쪽에 있었던 호경(鎬京)이 수도였다. 호경이 서쪽에 치우쳐 있었으므로 황하 중류에 있는 하남성 낙양 부근의 성주(成周)를 부도(副都)로 삼았다. 서주는 5국을 봉했는데 위(衛), 노(魯), 진(晋), 제(齊), 연(燕)이다. 무왕은 동생 당숙우(唐叔虞)를 산서성 태원의 땅에 진(晋)에 봉했고, 강숙을 은나라 옛 땅에 봉했는데 위(衛)다. 또한 주공 단(旦)을 산동성 서부의 노(魯)로 봉했고, 태공(太公)을 하남성 영구(營丘)의 제(齊)로 봉했고, 소공 석(奭)을 하남성 언성(鄾城)의 연(燕)에 봉했다. 변경에는 진(秦)과 초(楚)처럼 일찍부터 할거했던 다른 성씨의 국가도 주 왕실에 조공을 바치고 있었다.

이후 동주 시대(기원전 770년~기원전 221년)는 동쪽의 낙양(洛陽)이 수도였다. 흔히 동주 시대 전반기는 춘추시대(기원전 770년~기원전 403년), 후반기는 전국시대(기원전 403년~기원전 221년)로 부른다. 춘추시대만 해도 주 왕실의 권위가 인정되어 120여 제후국 중 패권을 차지한 나라가 권위에 굴복하는 형식을 취했으며 패권을 쥐더라도 스스로 왕이라 칭하지 않았다. 춘추 5패는 진(晉), 제(齊), 초(楚), 오(吳), 월(越)이다. 전국(戰國)시대는 전쟁이 빈번했던 시기로 진(晉)나라가 한(韓), 위(魏), 조(趙)의 세 나라로 분할되어 독립할 때인 기원전 403년부터 진(秦)나라에 멸망 당하는 기원전 221년까지

원전 400년에 이르러서는 제후가 천자의 권한을 침범하는 일이 발생하기 시작했고 사실상 주나라 봉건 제국은 붕괴했다. 이때부터를 소위 전국시대라 한다. 전국시대는 전국칠웅 중 가장 강한 군사력과 경제력을 자랑했던 진(秦)나라의 진시황에 기원전 221년 전국을 통일하면서 종결되었다.

를 말한다. 종주국 주의 권위는 무시되었으며, 제후들은 스스로 왕의 칭호를 사용하였다. 전국칠웅은 한(韓), 위(魏), 조(趙), 제(齊), 초(楚), 진(秦), 연(燕)이다.

전국칠웅이었던 한나라는 진(晉)에서 분리된 나라로 위(魏), 조(趙)와 더불어 삼진(三晉)이라 일컬어진다. 한나라는 전국칠웅 중에 첫 번째로 진왕 영정에게 멸망했다. 이후 진시황은 한(韓)나라 출신이었던 법가(法家) 한비자(韓非子)를 기용하여 부국강병을 하여 천하를 통일하였으며, 또한 한신 장군은 한나라 장수가 되어, 진(秦)나라를 멸망시키고 한나라 통일의 바탕을 닦았다.

『시경』에서 한후(韓候)를 중국 북쪽에서 동쪽에 이르는 백만(百蠻)을 거느린 대국으로 표현하였다. 동시에 한후를 주나라에서 작위를 받은 제후처럼 말하고 있지만, 이는 사실이 아니고 춘추필법(春秋筆法)[18]으로 왜곡하여 기록한 것이다.

또한 전국시대 위(魏)나라 편년체[19] 사서인 『죽서기년』[20]에도 한

---

18 **춘추필법** 『춘추』에서 비롯된 동양의 역사서술 수사법. 사건과 인물에 대한 정확한 묘사와 평가보다, 수사법 자체에서 비롯되는 일종의 완곡어법으로 평가를 대신한다. 예컨대 부정적으로 평가되는 사람은 실제보다 작위를 깎아서 기록하는 등의 방식이 그러하다. 이것은 『춘추』 자체가 원래 제대로 된 역사서가 아니라 공자의 사견이 담긴 주석서이기 때문에 발생하는 문제다. – 출처: 위키백과
19 **편년체** 연대순으로 기술한 역사 편찬의 한 체재로 기년체(紀年體)라고도 한다.
  * **기전체** 역사적 인물의 전기(傳記)를 중심으로 기술하는 역사 편찬의 체재. 본기(本紀)와 열전(列傳)이 그 중심이 되며, 사마천의 『사기』가 그 대

후가 나온다.『죽서기년』에서 성왕의 장수와 연나라 병사들이 한후의 성을 지었고, 또한 한후가 주나라에 온 것은 궤보(蹶父) 딸과 혼인했기 때문이라 말하였다.『죽서기년』과『시경』한혁편은 거의 같은 내용을 말하였으므로 한후는 동일 인물이다.

1) 한후는 고조선왕

문제는 이후 중국 사서에 동이 국가로 서주 시대에 등장했던 한(韓) 대신에 조선이 나온다는 점이다. 따라서『시경』과『죽서기년』에 나오는 서주시대에 있었던 한후(韓侯)가 왕이었던 한국(韓國)과 고조선이 어떤 관련성이 있는지를 살펴본다.

먼저 서주시대 한국(韓國)은 전국시대 주나라 제후국 한(韓)과 전혀 관련이 없다는 점을 알아야 한다. 중국 어떤 사서를 보아도 한(韓) 씨 왕조는 전국칠웅 가운데 하나인 한(韓)나라뿐이다. 서주 선왕(기원전 827~기원전 782년) 시대의 한후와 동주 전국시대 한(韓, 기원전 403년~기원전 230년) 나라는 연대가 전혀 다르고, 또한 위치도 한후는 하북성 고안현(固安縣) 동남에 있었고, 전국시대 한나라 도읍은 섬서성 한성에 있었다.

표적인 저작이다.
20 『죽서기년』 주나라 성왕 12년(기원전 1,100년경), 왕의 장수와 연나라 병사들이 한성을 지었다(王帥燕師城韓).
왕이 한후에 명하여 하사하였다(王錫韓侯命).
주 선왕(宣王) 4년(기원전 824년), 왕이 명하여 궤보(蹶父)를 한(韓)에 보냈다. 한후가 내조하였다(王命蹶父如韓 韓侯來朝).

정(鼎)
- 출처: 위키백과

　전국시대 한(韓)나라는 기원전 403년 건국하였다가, 각국의 침략에 시달리다가 기원전 230년 진(秦)나라에 멸망 당한다. 이상하게 한나라는 은나라 정(鼎)을 가지고 있었는데 청동으로 만든 제기(祭器)다. 정(鼎)은 고대 중국에서 왕실의 정통성을 상징하는 물건이다. 그래서 전국시대 한(韓)나라는 하남성에 있었던 동이족 은나라 후예가 섬서성으로 강제 이주하여 한이라는 국호를 사용했을 가능성이 있다. 그런데 사마천은 『사기』에서 한세가(韓世家)를 설정하고, 한의 국성이 주 왕조와 같다고 썼지만, 설명이 석연치 않다. 즉 한나라 왕성은 주 왕조와 동성인 희성(姬姓)이라고 설명했지만, 누구인지 특정하지 못하고 다만 그 후예가 진(晉)나라를 섬겨서 한원(韓原)에 봉해진 한무자(韓武子)인 한만(韓萬)이라고 설명했다.

특이하게 한후 이후로 중국 사서에 동이 국가로 한(韓)은 기록에 없고, 조선이라는 나라가 나온다. 기원전 7세기경 역사적 사실을 전하는 『관자』 대광(大匡) 편에서 처음으로 발조선(發朝鮮)이라고 나온다. 발조선이 바로 발과 조선을 표현한 것이다. 발(發)은 우리말 밝의 다른 표현이므로 발조선은 곧 밝달(배달) 조선과 같은 말이다. 『관자』에 조선이라는 국호가 최초로 나오고, 조선의 문피(文皮)를 7대 교역품으로 들고 있다. 조선의 특산물인 무늬 있는 짐승 가죽과 털옷을 후한 값으로 사준다면 팔천 리 떨어진 조선이라도 래조(來朝)할 것이라 말하여, 제(齊)나라와 조선이 무역하고 있음을 명확히 알 수 있다. 주목되는 사실은 조선이 주나라 및 제나라와 무역을 비롯한 외교적 교섭을 하고 있었다는 점이다. 이러한 외교적 교섭은 바로 고조선의 국가적 성장을 반영한다.

『사기』 화식열전(貨殖列傳)[21]에도 전한 초기에 조선 기록이 나온다. 즉 연나라가 진번, 조선 등과 교역함으로써 무역의 이익을 얻었다는 기록이다. 그리고 『삼국지(三國志)』[22]에서는 조선후(朝鮮侯)가

---

21 화식열전 춘추전국시대부터 한나라 시대까지 부(富)를 일군 10여 명의 인물을 다루고 있다.
22 『삼국지』 한전 옛 기자의 후예인 조선후는 주 나라가 쇠약해지자, 연나

기자 후예로 나온다. 연나라가 왕을 칭하자, 조선후도 스스로 왕호를 칭했다. 연을 쳐서 주 왕실을 받들려 했는데 대부 예(禮)가 간하므로 중지하고, 연을 설득하니 연도 전쟁을 멈추고 조선을 침략하지 않았다고 한다. 연나라가 왕을 칭한 시기는 소왕 때(기원전 311년)이다. 따라서 조선후는 기원전 311년경의 왕이지만 누구인지 명확한 기록이 없다. 주를 받들기 위해 연을 치려고 했다는 것은 중화 사관에 의한 후대의 윤색이라 보이지만, 고조선이 전국 7웅의 하나인 연과 각축할 정도로 강국이었으며 주나라도 이를 인정하였다는 사실이 주목된다.

또한 『방언(方言)』23에서 연나라 외곽지역(연지외교, 燕之外郊), 조

라가 스스로 높여 왕(王)이라 칭하고 동(東)쪽으로 침략하려는 것을 보고, 조선후도 역시 스스로 왕호를 칭하였다.
군사를 일으켜 연나라를 역습(逆擊)하여 주 왕실(王室)을 받들려 하였는데, 그의 대부(大夫) 예(禮)가 간(諫)하므로 중지하였다.

* 『삼국지』 서진의 진수(陳壽, 233~297년)가 쓰고 송나라의 배송지가 내용을 보충한 중국 삼국시대 역사서이다. 후한 말기부터 서진 초까지의 역사를 다루고 있으며, 『사기』, 『한서』, 『후한서』와 함께 중국 정통 이십사사(二十四史) 중의 하나이다. 위나라를 정통 왕조로 보고 있으며 『위서(魏書)』 30권, 『촉서(蜀書)』 15권, 『오서(吳書)』 20권 총 65권으로 이루어져 있다. - 출처: 위키백과

23 『방언』 전한 말기의 사상가인 양웅(楊雄, BC 53년~AD 18년)이 저술한 언어 사전으로, 서진 말과 동진 초기의 학자인 곽박(郭璞, AD 276~AD 324년)이 주석하였다. 『방언』을 보면, 전한(기원전 206년~8년) 황제가 다스리는 영역을 대략 12개 지역으로 구분하여 파악한 것으로 보인다. 12개 지역은 진시황 이후 중국인이 인식하는 강역으로 한무제가 정복한 지역까지 포함하고 있다.

선과 열수 사이(조선열수지간, 朝鮮洌水之間)에 발인(發人) 즉 고조선 사람이 거주한다고 하였다.『방언』에서 전한 시대 중국 각 지방의 언어 정보를 얻을 수 있는데, 특히 연나라 북쪽과 조선(북연조선, 北燕朝鮮) 지역의 방언을 소개하면서 고조선을 중국 언어권으로 인식하였다. 그러면서 연나라 바깥의 변방(연지외비, 燕之外鄙), 연나라 북쪽의 변방(연지북비, 燕之北鄙), 연나라 북쪽 교외(연지북교, 燕之北郊), 연, 북연의 동북쪽(북연동북, 北燕東北), 연나라 동북쪽(연지동북, 燕之東北), 조선과 열수(조선열수, 朝鮮洌水) 등 조선 지역에 사용되는 방언을 다수 소개하였다. 전체적인 문맥은 하나같이 연나라 동북쪽 경계와 조선의 열수 사이를 지칭하고 있음을 알 수 있다. 열수는 조선 삼수(三水)의 하나로 하북성 보정시 남쪽을 흐르는 강이다. 물론 연 동북 외곽이 모두 동일 언어권에 속하지는 않지만, 고조선과 연나라가 인접하였음은 분명하다.

분명히『관자』를 보면 기원전 7세기경에 조선이란 국호가 있고,『삼국지』에는 기원전 4세기 조선후라고 하였는데 어떤 이유로『시경』과『죽서기년』에서 기원전 9세기 주나라 선왕 시대에는 한후라고 했는지 의문점이 있어 그 이유를 찾아본다.

첫째, 조선은 중화권에서 한자 명칭으로서 국명이었고, 기원전 7세기 이전에는 순수한 우리 언어로 한(韓)이 국명으로 사용되었을 가능성이 있다. 고대 우리 언어에서 한(韓)은 정치적 대군장을 의미하는 알타이어 한(汗), 칸(干)과 통하는 말로 통치자에 대한 칭호였지만 때로는 국호처럼 사용되었던 것으로 보인다.

둘째, 당시 조선은 한조선(韓朝鮮)으로 불렀을 수도 있다. 단군조선이 제정일치 시대인 단군이란 군장 호칭으로 규정되는 바와 같이 한조선에서 한후는 강력한 왕권을 표현한 호칭이다.

문제는 한조선이 등장하는 이유가 단군조선이 요녕성에서 하북성 지역으로 영토적 확장인지 아니면 민족이동의 여파로 단군조선과 별개로 하북성에서 다른 왕조가 건국된 것인지 속단할 수 없다는 점이다. 그리고 군장 호칭의 변화와 예맥을 함께 통치하였다는 기록으로 보아 당시 한조선은 도시국가 단계를 벗어나 고대 왕국으로 발전하고 있었으리라 추정된다.

셋째, 조선이라는 국가에서 왕조 창업자의 성씨가 한(韓)이므로 한후라고 했다는 주장이 있다. 그래서 중국은 한씨 성과 후(侯)를 결합하여 한후라는 봉작을 만들어 사용했던 것으로 추정할 수 있다.

어느 주장이 옳은지 명확히 알 수 없지만, 왕부(王符)는 『잠부론(潛夫論)』[24]에서 위만(衛滿)에 망한 한후 후예가 준(準)이었다고 기록하여 준왕이 한씨 성이라고 하였다. 이런 기록을 보면 셋째 주장이 타당하다고 보인다.

이후 고조선이 멸망함에 따라 한(韓)이 종족 명칭으로 변화하였다. 그리고 한족이 세운 나라에 마한(馬韓), 진한(辰韓), 변한(弁韓) 등의 삼한(三韓)이 있었다. 논리적으로 볼 때 삼한이 있으면 근원이 되

---

[24] 『잠부론』 후한 시대 환관에 의해 정치가 사유화된 상황에서 관직에서 밀려나 은거하였던 왕부가 시국을 비판하면서 쓴 책으로 모두 10권 35편으로 되어 있다.

는 한(韓)이 먼저 있어야 한다.

2) 고조선의 주력은 한(韓)족, 예(濊)족, 맥(貊)족

우리 민족의 형성에 대해서는 한(韓), 예(濊), 맥(貊)의 3개 종족 결합설이 타당하다. 그러면 고조선의 주력 종족이었던 한(韓)족과 예맥(濊貊)족이 어느 시기에 어떻게 결합하여 밝달 민족이 되었는지 알아야 한다. 따라서『시경』한혁편에 나오는 한(韓), 추(追), 맥(貊)이 우리의 종족적 기원인 한, 예, 맥으로 볼 수 있는지 검토해 본다.

한혁편에 나오는 기추기맥25과 예, 맥이 연관 있다면, 예와 맥에 대한 가장 빠른 시기의 기록이다. 한혁편에서 한후에 추와 맥을 주셨다고 했으므로 추와 맥은 한후와 가까운 곳에 기거했고, 구별되는 별개의 존재라는 사실을 알 수 있다. 추는 다른 사서에 잘 보이지 않아 정확히 알기 어렵지만, 맥과 함께 동북방을 대표하는 예(穢)로 추정할 수 있다. 사서에는 주로 이예(夷濊)로 불렸는데, 예읍(濊邑), 예수(濊水), 예구(濊口) 등 예계(濊系) 지명이 현재 하북성 창주시 일대에 남아있다.

---

25 『시경』한혁편 왕께서 한후에게 추나라와 맥 땅까지 내리셨네(王錫韓侯, 其追其貊).

　* 한후 주나라 시기 고조선의 군주로 추정되는 인물로, 왕부(78~163)는『잠부론』에서 토착 고조선(단군조선)의 마지막 왕 준(準)왕이 한(韓)왕을 칭했다는 점에서 한후와의 연관성이 있다. 윤내현 교수는 한후의 한(韓)을 조선의 오기로 해석하였다.

또한 『일주서(逸周書)』 왕회해편(王會解篇)26은 기원전 12세기 서주시대 성주지회(成周之會)라고 불리는 회합 때 사방에 있는 종족들이 참여한 것을 기록하고 있다. 여기에 예인, 직신(稷愼), 발인(發人)의 존재가 보인다. 『일주서』27의 본래의 이름은 주서(周書)이지만 북주 역사책 주서와 구별하기 위해 『일주서』로 불린다. 『일주서』 이외에도 고대 예족과 맥족에 대해서 기록하고 있는 사서로는 『상서』,28 『주례(周禮)』 직방씨(職方氏),29 『관자』30가 있다.

---

26 『일주서』 왕회해편 직신(稷愼)은 큰 주(麈)를 바쳤다. '주'는 사슴을 뜻한다. 예인(穢人)은 전아를 바쳤는데, 전아는 원숭이처럼 서서 움직이고 목소리가 어린아이와 비슷했다. 해(解)는 유관을 바쳤다. 유관(隃冠)은 깃털로 장식된 관(冠)이다. 발인(發人)은 포(麃)를 바쳤는데, 포란 사슴처럼 빨리 달린다. 수인(俞人)은 수마를 바쳤다. 수마(雖馬)는 우수한 말을 뜻한다. 청구(青丘)는 구미호를 바쳤다. 구미호(九尾狐)는 (아홉 개의 꼬리를 가진) 여우를 뜻한다. 주두(周頭)는 휘저를 바쳤는데, 휘저란 양이다. 고죽은 거허를 바쳤다. 거허(距虛)는 신발이나 가죽제품으로 보인다. 불령지(不令支)는 검은 여우를 바쳤다. 부도하(不屠何)는 푸른 곰을 바쳤다. 동호는 누런 곰을 바쳤다. 산융은 융숙을 바쳤다. 융숙(戎菽)은 콩을 말한다(稷愼大麈 穢人前兒 前兒若獼猴立行 聲似小兒 解隃冠 發人麃 麃者 若鹿迅走 俞人雖馬 青丘狐九尾 周頭煇羝 煇羝者 羊也 孤竹距虛 不令支玄獏 不屠何青熊 東胡黃羆 山戎戎菽).

27 『일주서』 선진시대 문헌으로 주나라 문왕에서 경왕까지 역사가 기록된 사서로 본래 명칭은 『주서』이다. 『서경』의 『주서』나 남북조 시대의 사서인 『주서』와 구별하기 위해 『일주서』라고 부른다.

28 『상서』 주 무왕이 상을 정벌하자 화하와 만맥이 모두 다 복종하였다(王朝步 自周于征伐商 華夏蠻貊 罔不率俾).

29 『주례』 직방씨 하관(夏官) 직방씨는 구맥(九貉) 사람을 관장한다(職方氏 掌天下之圖 以掌天下之地 辨其邦國都鄙 四夷 八蠻 七閩 九貉 五戎 六狄之人民).

30 『관자』 제(齊) 환공이 승거(乘車)의 회합을 세 번 열고 병거(兵車)의 회합

이들 사서를 통해 몇 가지 결론을 도출할 수 있다.

첫째, 예(穢)와 맥(貊)은 따로 존재했다. 즉 예족과 맥족은 중국 동북방의 대표적인 별개 세력으로 있었다.

둘째, 기원전 12세기에 사방 종족의 대표로 서주에 왔다는 사실은 그 이전부터 예족과 맥족이 존재했으며, 중국에서도 큰 세력으로 인식하고 있었다.

셋째, 예(穢)족은 통일된 하나의 세력으로 볼 수 있으나, 맥족은 구맥(九貊)으로 기록된 바와 같이 여러 종류가 있었다.

사서에 나오는 예족과 맥족의 존재는 최소연대가 기원전 12세기로 보이므로 고조선과 몇백 년 정도 차이가 발생한다. 그러므로 예와 맥이 곧 고조선이라는 등식은 성립하지 않는다.

그런데 서주시대 『일주서』에 예인이 나온 이후 춘추시대 『관자』 대광 편에 예맥(穢貊)이란 이름으로 묶어(연칭, 連稱) 부른 사실이 처음 나타난다. 대광은 크게 바로 잡는다는 뜻이다. 대광 편에서 관중이 제나라 환공을 보좌할 때의 일을 기록하였는데 환공이 북으로 고죽, 산융, 예맥에 이르렀다는 기사가 연칭(連稱)으로 사용되었다. 하지만 예맥이 연칭으로 사용된 기록을 무조건 두 종족의 결합으로 볼 수는 없고, 두 종족의 영토가 가까웠기 때문에 그런 명칭이 사용된 것으로 보인다.

『관자』에서 예맥으로 사용되었지만, 예족과 맥족으로 따로 쓰이

을 여섯 번 열어 제후들과 아홉 번 회합하여 천하를 통일하였다. 북쪽으로는 고죽, 산융, 예(穢), 맥, 구진하(拘秦夏)까지 이르렀다(故兵車之會六 乘車之會三 九合諸侯 一匡天下 北至於孤竹 山戎 穢貉 拘秦夏).

는 사례도 많이 있었다. 기원전 3세기에 편찬된『여씨춘추(呂氏春秋)』[31]에 예족(穢族) 기록이 있다. 이예(夷穢)의 거주지인 비빈지동(非濱之東)을 문자 그대로 해석해 보면, 물가 아닌 동쪽이라는 이상한 해석이 된다. 그래서 비(非)를 북(北)의 오자(誤字)로 보고 북쪽 물가의 동쪽이라는 뜻으로 본다. 북빈(北濱)에 대해서는 이견이 있지만, 중국의 북방영토를 고려해서 발해만을 가장 가능성 있는 곳으로 본다. 따라서 기원전 3세기 이전에 예족(穢族)이 발해만 근처에 있었음을 알 수 있다.

또한 사마천은『사기』에서 예맥 역시 조선에 속하며, 예맥이 부여, 고구려 등의 시원(始原)이라고 했고, 진(秦)나라 승상 이사의 기사에서 진시황을 보필하여 북으로 호맥(胡貊)을 쫓았다고 나온다. 그리고 동한 허신(許愼)이 저술한『설문해자(說文解字)』[32]에 북방맥(北方貊)이라는 기록이 있어 한나라가 건국되었던 기원전 2세기경까지도 맥족이 북쪽의 대표적인 종족이었음을 보여주고 있다. 특히『한서』고제기(高帝紀)에는 북맥(北貉)[33]이 나오는데 한나라 건국에

---

31 『여씨춘추』 북쪽 물가의 동쪽인 이예(夷穢) 지방에서는 큰 게와 능어(陵魚)가 난다(非濱之東 夷穢之鄉 大解陵魚).
  * 『여씨춘추』 진(秦)의 재상이자 뛰어난 상인이었던 여불위(呂不韋)가 자신과 진나라의 명성을 드높이기 위해 전국의 논객과 식객 3천여 명을 모아 저술 및 편찬한 책. 기원전 239년, 즉 진시황 8년에 집필되었다. - 출처: 나무위키

32 『설문해자』 중국 후한 때의 유학자·문자학자 허신(許愼)이 지은 중국에서 가장 오래된 부수별 자전으로 서기 100년부터 집필하여 121년에 완성했다고 한다. - 출처: 나무위키

33 『한서』고제기 북맥과 연나라 사람이 와서 날래고 용맹한 기병으로 한을

도움을 주었다는 놀라운 기록이 있다. 안사고(顔師古)[34]는 동북방에 있는 삼한에 속하는 것(삼한지속, 三韓之屬)이 모두 맥(貊)의 부류라고 하였다.

사서 기록을 종합해 보면, 예(濊), 맥이라는 명칭은 서주시대 처음 나타났고, 고조선시대에도 예(濊)와 맥은 언제나 구분되는 존재로 중국인들이 인식했음을 알 수 있다. 진한(秦漢) 시대 이후에는 예맥이란 연칭이 보편적으로 사용되었지만, 위진남북조(魏晉南北朝) 시대에 이르러 예맥이 중국 사서에 보이지 않는다.

3) 『잠부론』에 나오는 고조선 왕은 한(韓)씨

동한(東漢) 시대 왕부가 지은 『잠부론』은 덕(德)에 의한 교화정치(教化政治)를 주장하고, 당시 사회와 정치를 비판한 명저에 꼽힌다. 특히 『잠부론』 시성편(施性編)은 모든 기록을 섭렵해 성씨의 기원과 유래를 기록했다. 시성편에서 한(韓) 씨는 세 부류가 나온다. 즉 『시경』 한혁편에 나오는 서주시대 한(韓) 씨, 전국시대 한(韓) 씨, 마지막은 『시경』에서 한후를 보충 설명하는 과정에 나오는 한(韓) 씨이다. 왕부는 세 부류의 한 씨가 종족적으로 관련이 있는지 명확하게 언급하지 않은 채 모두가 한 씨를 성으로 했음을 말하고 있다.

첫째, 『시경』 한혁편에 나오는 서주시대의 한후가 있다. 한후는

도왔다(北貊燕人來致梟騎助漢).
34 안사고(581~645년) 중국 당나라 초기의 학자로 반고가 지은 『한서』의 주석을 달았다.

추와 맥 등 북쪽 나라들을 모두 맡아 다스리는 강력한 통치자로 묘사되고 있다.

한혁편을 보면, 한후는 기원전 800년경 선왕(宣王) 때 주나라를 방문한다. 한후가 오자 선왕은 경계를 논하였으며 조카딸을 시켜 밤 시중을 들게 했다. 그리고 한후와 선왕 사이에 인척 관계가 맺어지는 사건이 벌어졌다. 즉 한후는 분왕(汾王)의 조카를 아내로 맞아 사위가 되었으며, 연의 병사들이 한후의 큰 성을 완성해 주었다고 하였다.[35] 11대 선왕은 10대 여왕(厲王)의 아들이다. 분왕은 여왕(厲王)의 별칭으로 성질이 잔악하며 사람의 도리에 어긋나 백성이 반란을 일으키자, 분수(汾水)가 흐르는 땅으로 도망하여 얻은 이름이다.

둘째, 전국시대의 한(韓)나라가 있다. 한(韓)이 들어간 국호는 전국시대 이후 중국 역사에 나타나지 않는다. 이상하게 한(韓)나라 멸망 이후에 나타나는 이름이 한(漢)이다.

전국 7웅인 한(韓)나라 조상은 주나라 왕실과 성이 같은 희(姬) 씨다. 후예들이 진(晉)을 섬겼으며, 진(晉) 목후(穆侯)의 아들인 곡옥(曲沃) 환숙(桓叔)의 아들뻘이 되는 한만(韓萬)이 한원(韓原)에 봉토를 받아 한(韓) 무자(武子)가 되었다. 무자(武子)의 삼대 후손 가운데 진(晉) 경공(景公) 시기(기원전 600~기원전 581년)에 활동한 한궐(韓厥)이 있었다. 이때부터 한(韓)씨 성을 사용했다고 하였고, 이후 환숙(桓叔)을

---

[35] 『시경』 한후가 장가를 들었는데 주 여왕(厲王)의 생질이다. 저 큰 한성은 연나라 군사가 완성하였다(韓侯取妻 汾王之甥 溥彼韓城 燕師所完).

조상으로 하는 여러 성씨가 출현했는데(韓氏, 言氏, 嬰氏, 禍餘氏, 公族氏, 張氏) 그들은 모두 희성(姬姓)이었다.

셋째, 왕부는 『잠부론』36에서 『시경』 한혁편에 나오는 한후의 서쪽에 있으면서, 한후 후예인 또 다른 한(韓) 씨를 설명하고 있다. 그러면서 한후 후예인 또 다른 한(韓) 씨가 고조선 왕인 준(準, 기원전 210년경~기원전 194년)과 어떤 관련이 있다고 하였다.

『잠부론』에 나오는 한(韓) 씨와 『시경』에 나오는 서주 선왕(기원전 827~기원전 782년) 시대 한후는 약 600년 시간 차이가 있지만, 왕부는 고조선 왕들이 한후의 후예라고 하였다. 즉 위만에 망한 한후 후예가 고조선 왕인 준(準)으로 한(韓)씨 성이라고 말한다. 따라서 준(準)왕의 본래 이름이 한준(韓準)이었다.

6. 고조선(단군)의 위치

중국 사서에 나오는 고조선과 삼한은 한반도 안에 있었던 게 아니라 하북성에 있었다. 고조선이 하북성에 있었다는 근거가 『산해경(山海經)』37에 나온다. 『산해경』은 서한 시대 유향의 아들 유흠(劉

---

36 『잠부론』 옛날 주나라 선왕 시기에 한후가 있었다. 그 나라는 연나라 부근에 있었다(昔周宣王亦有韓侯 其國也近燕).
차츰 한(韓)의 서쪽에서도 한씨 성을 갖게 되었는데, 그 후예는 위만에 정벌 당하여 바다를 건너갔다(其後韓西亦姓韓 爲衛滿所伐 遷居海中).
37 『산해경』 중국 선진 시대에 저술되었다고 추정되는 대표적인 신화집 및 지리서이다. 우(禹)의 협력자 백익(伯益)의 저서라고도 전하나 이것은 가

歆)이 전해져오던 내용에 덧붙여 편찬했는데, 유흠은 『산해경』을 하나라 우(禹)왕 혹은 백익(伯益)의 저작이라고 주장했지만, 기원전 4세기 전국시대 이후의 저작이라는 설이 대립하고 있다. 진(晉)나라 곽박이 최초로 주석을 달았다. 사마천(史馬遷) 『사기』에도 『산해경』이 인용된 사실을 보면 선진시대 사료인 것은 확실하다. 『산해경』은 동아시아에서 가장 오래된 지리서인데 모두 18권으로 구성되었다. 즉 산경(山經) 5권, 해경(海經, 8경으로 해외남, 서, 북, 동경, 해내남, 서, 북, 동경) 8권, 대황경(大荒經) 4권, 해내경(海內經) 1권이다. 『산해경』을 주해한 곽박이 조선은 지금 낙랑군이라고 하였다.

『산해경』의 해내경[38] 첫 장에 조선이 나오는데 조선이 동해의 안쪽과 북해의 모퉁이에 있다고 하였다. 중국 동해는 지금 황해로 안쪽은 현재 하북성, 산동성, 강소성, 절강성 등에 해당하고, 북해는

설이고, 춘추시대부터 한대(漢代) 초기까지 걸쳐서 호기심 많은 학자들이 한 가지씩 첨가한 것인데, 남산경(南山經)에서 시작하여 해내경으로 끝나는 총 18권으로 이루어져 있다.
진(晋)나라(AD 265~420)의 곽박(郭璞)이 기존의 자료를 모아 편찬하여 주(註)를 달았다. 본래 『산해경』은 인문지리지로 분류되었으나, 현대 신화학의 발전과 함께 신화집의 하나로 인식되고 연구되기도 한다. 『초사』의 〈천문〉과 함께 중국 신화를 기록한 귀한 고전이자, 고대 천문학의 개론서라고도 한다. 또 이 책에는 황제, 치우, 소호, 전욱, 고신씨, 예, 요임금, 순임금이나, 조선, 청구, 천독 등의 실제로 있었던 지명이 등장하기도 한다. - 출처: 위키백과

[38] 『산해경』 해내경 동해의 안쪽과 북해의 모퉁이에 나라가 있는데 조선이라 한다. 조선은 천독이다. 그 사람들은 물가에 살고 사람을 존중하며 사랑한다(東海之內 北海之隅 有國名曰朝鮮天毒 其人水居 偎人愛之).

발해를 말한다. 그러므로 조선은 중국 동해의 안쪽과 북해인 발해의 모퉁이 하북성에 있었다는 뜻이고 한반도가 될 수 없다.

또한 해경(海經) 가운데 해내북경(海內北經)39에서 조선은 열양의 동쪽에 있다고 하였다. 열양은 열수 북쪽이란 뜻이다. 즉 조선이 열수 북쪽에 있는 연나라와 인접했다고 말하고 있다. 곽박은 열양이 대방이라고 주석하였다. 연은 춘추전국시대(春秋戰國時代)에 하북성 서부에 있던 나라이다. 따라서 조선은 하북성 동북쪽에 위치하였다.

요약하면 해내경은 조선을 국(國)이라고 지칭하면서 조선이 동해의 안쪽과 북해의 모퉁이에 있다고 설명하였고, 해내북경에서 조선이 열수 북쪽에 있는 연나라와 인접했다고 지역의 특성을 설명하였다. 또한 『광주(廣註)』의 『산해경』에서 해내경과 대황경(大荒經)을 한마디로 조선기(朝鮮記)라고 했다. 『광주』는 청(淸)나라 오임신(吳任臣)이란 학자가 쓴 『산해경』 주석서이다.

7. 한후성(韓侯城)의 위치 비정

한후가 다스렸던 한후성(韓侯城)을 줄여서 한성 혹은 후성(侯城)이라고 부르기도 했다. 그리고 『잠부론』에 따르면 한성 서쪽에 조선

---

39 『산해경』 해내북경 조선은 열양(列陽) 동쪽에 있다. 바다 북쪽, 산의 남쪽에 있다. 열양은 연나라에 속한다(朝鮮在列陽東 海北山南 列陽屬燕).

이 있었다. 하지만 이병도는 조선 위치가 한후의 서쪽에 있다는 것은 말이 되지 않는다고 주장하면서 한서(韓西)를 한동(韓東)의 오기로 보았다. 조선의 위치가 한후가 있었던 한성의 서쪽에 있으리라고는 생각도 못하였다. 그래서 『잠부론』의 원래 의미와 정반대로 해석하였다.

중국 사서에 따라 한성이 구체적으로 어느 지역에 있었는지 살펴본다. 한성 위치에 대해서는 이설이 분분하나 대체로 두 가지 견해가 힘을 얻고 있다. 하나는 섬서성 한성현이 한성이라는 설이고, 다른 하나는 하북성 랑방시 고안현 대한채라는 설이다. 중국 학계는 한성을 지금 섬서성 한성시(韓城市) 경내에 있는 옛 한성현 서남쪽이라고 보고 있다. 『중국고금지명대사전』[40]에는 고한국(古韓國) 위치가 한원(韓原) 즉 지금 섬서성 한성시 경내라고 보면서, 고한국이 기원전 757년에 진국(晉國)에 의해 멸망했다고 주장한다. 하지만 한성 위치를 섬서성에 있는 한성으로 보면, 왕부『잠부론』에서 한성 서쪽에 있다고 했던 왕검성도 섬서성에 있는 것이 되므로 이는 역사적 사실과 부합하지 않는다.

여러 사서를 분석해 보면, 한성 위치는 옛 탁군(涿郡) 방성현(方城縣)으로 나온다. 따라서 『시경』 한혁편에 나오는 한성 위치는 명확하게 옛 탁군(涿郡) 방성현(方城縣)으로 현재 하북성 랑방시(廊坊市) 고안현(固安縣)에 있는 대한채(大韓寨)이다. 북경에서 남쪽으로 고안

---

40 『중국고금지명대사전』 춘추시대에 한(韓)이 있었는데 희씨 성의 한으로 무왕 때 수봉을 받았는데 섬서성(陝西省) 한성현(韓城縣) 남쪽에 있었고, 진국(晉國)에 병합되었다.

현이 있고, 여기에서 다시 남쪽으로 12km 떨어져 대한채 마을이 있다. 대한채는 다른 말로 대한성인데 현재 토성으로 남아있다. 고안현 향토지에 따르면, 주나라 성왕이 동생을 한후에 봉했으며, 성왕 12년(기원전 1052년) 연나라 병사에게 한후의 성을 짓도록 했고, 치소(治所)⁴¹가 현재 고안현 한채(韓寨)였고, 그 후로 이곳을 한후국(韓候國)이라고 불렀다고 기록되어 있다. 그러나 성왕이 동생을 한후에 봉했다는 문헌 기록은 하나도 없고 명백한 역사 왜곡이다.

역도원(酈道元)『수경주(水經注)』⁴²에 따르면, 탁군 방성현에 한성이 있고, 성수(聖水)⁴³가 한성 동쪽을 지나서 거마하(巨馬河)로 들어

---

41 치소 어떤 지역의 행정 사무를 맡아보는 기관이 있는 곳.
42 『수경주』 중국 남북조 시대에 저작된 30여만 자의 내용에 1,252개의 하천이 기록되어 있는 방대한 지리서이다. 곧 『수경(水經)』이란 책에 주석이 추가된 서적이다. 주석이 없는 원본 『수경』은 전한 시대에 상흠이라는 사람이 지었다고 전하나, 『구당서』와 『신당서』에는 진(晉)나라의 곽박이 저자라고 하였다. 『통전』에는 후한 순제 이후에 등장한 서적이고, 청나라 양수경(楊守敬)은 3국 시대 이후에 만들어졌다고 하였다.
『수경주』는 북위 시대에 역도원에 의해 편집되었으나 10세기 무렵 일부 내용이 유실되었다. 따라서 여러 복원 노력의 결과 가장 상세한 고증본은 1615년 명나라 주모위(朱謀㙔)의 『수경주소(水經注疏)』이며, 이를 토대로 하여 전조망과 대진 등이 문장을 추가한 『수경주』가 나왔다. - 출처: 위키백과
43 『수경주』 성수 성수는 또 동남쪽으로 한성 동쪽을 지난다(聖水又東南逕韓城東).
왕숙(王肅)이 말하기를 지금 탁군 방성현에 한후성(韓侯城)이 있다. 세상에서 한호성(寒號城)이라 이르는데 옳지 않다. 성수는 동남쪽으로 흘러 거마하로 들어가고 바다에는 이르지 못한다(王肅曰 今涿郡方城縣有韓侯城 世謂

간다고 하였다. 따라서 성수는 현재 하북성 보정시와 랑방시 경계를 흐르는 백구하(白溝河)를 말한다. 그리고 『오주연문장전산고(五洲衍文長箋散稿)』44에서 습수 줄기인 성수가 방성현 고성(故城) 북쪽을 경유한다고 하였다. 또한 『사기색은』45에서 습수와 산수가 합쳐져서 열수가 된다고 말하고 조선은 여기서 연유한다고 하였다.

결론적으로 현재 하북성 랑방시 고안현에 한성, 그 서쪽에 왕검성이 있었다. 그리고 한성과 왕검성 근처에 바로 고조선과 삼한이 있었다.

『중국고금지명대사전(中國古今地名大辭典)』46은 한(韓)에 대해 섬서성 한(韓)과 하북성 한(韓)을 언급하면서 『좌전(左傳)』을 인용하여

之寒號城 非也 又東南流注于巨馬河 而不達于海也).

44 『오주연문장전산고』 『수경주』에 의하면, 성수는 방성현의 고성(故城) 북쪽을 경유하고 또는 동남쪽으로 한성의 동쪽을 경유한다고 하였다. 『시경주(注)』에서 왕숙(王肅)이 말하기를 지금의 탁군 방성현에 한후성이 있다고 하였다.
구설(舊說)에 한국이 동주(同州)의 한성현(韓城縣)에 있다고 하였다.

45 『사기색은』 조선에는 습수, 열수, 산수가 있는데, 이 세 강이 합쳐져 열수가 된다. 아마도 낙랑이니 조선이니 하는 것은 여기에서 이름을 취한 듯하다.
*『사기색은』 당(唐, AD 618~907)나라 현종(玄宗, 재위 AD 712~756) 때 사마정(司馬貞)이 쓴 30권의 『사기』 주석서.

46 『중국고금지명대사전』 춘추시대에 한(韓)이 있었는데 희씨 성의 한(韓)으로 무왕 때 수봉을 받았는데 섬서성(陝西省) 한성현(韓城縣) 남쪽에 있었고, 진국(晉國)에 병합되었다.
한(韓)은 옛 국가명이다. 지금의 하북 고안현 동남의 위치이다. 한나라 시대 삼한의 땅이다. 『좌전(左傳)』에서 말하는 진(晉)나라 때 한(韓)이다(韓古國名 在今河北固安縣東南 漢之三韓 卽其後 左傳所謂 晉應韓).

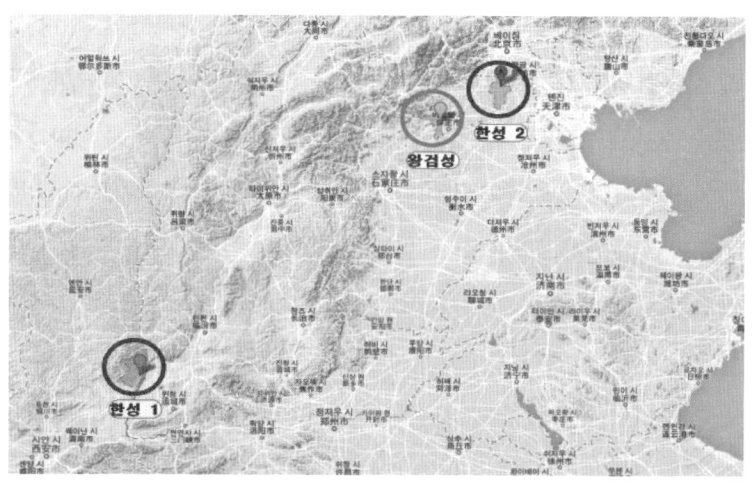

한성 1(섬서성 한성현)과 한성 2(하북성 랑방시 고안현)의 위치

하북성 한(韓)을 진(晉)나라 때 한(韓)의 땅이라고 말하지만, 이런 주장은 진(晉)이 당시 산서성에 있었으므로 역사적 사실과 다르다. 상당수 중국학자는 방성(方城)으로 표기한 곳의 남쪽이 삼한의 땅이라고 생각하였다. 그래서 하북성 고안현에 있던 한(韓)은 삼한의 땅으로 추정된다.

조선의 고종실록을 보면, 삼한을 잇는다는 취지로 대한제국(大韓帝國) 국호를 택한다고 하였다. 강단 사학의 주장에 따르면, 마한, 진한, 변한을 의미하는 삼한은 한반도 남부에 있으면서, 변변히 기록도 남기지 못하고 짧은 시간 존재하다가 백제, 신라, 가야에 병합되었다는 씨족 수준의 사회였다. 그렇다면 대한제국이 어디에 존재했는지도 분명하게 설명할 수 없는 삼한의 법통을 계승하겠다고 국호를 바꾸었다는 것인데, 이는 의구심을 가질 수밖에 없다.

고대의 국가 강역은 현재와 달리 고정된 것이 아니고 국력이 강하고 약함에 따라 영토 변동이 극심하였다. 따라서 고정된 영토 개념을 가지고 사서 해석을 하면 왜곡된 결과에 이를 수밖에 없다. 예를 들면, 튀르키예 강역인 아나톨리아 반도는 역사적으로 수많은 종족과 국가들이 흥망성쇠 하였던 문명의 요람이었다. 튀르크 사람 역시 이주민이었다. 그래서 튀르키예는 자기 민족의 역사와 지금 살고 있는 땅의 역사를 구분해서 역사를 서술한다.

고대 역사를 연구할 때 항상 국가 강역의 경계가 시대에 따라 달라졌던 사실을 염두에 두어야 한다. 그러므로 민족의 역사와 땅의 역사를 분명하게 구분해서 공부해야 왜곡되지 않은 사실에 입각한 역사를 파악할 수 있다.

2장 기자조선은 실재했는가?

기자조선은 실재성 여부를 비롯하여 건국 과정에 관한 논란이 많다. 상나라는 기원전 1046년 주나라에 의해 멸망한다. 기자조선은 상나라가 멸망한 후 기자가 동쪽으로 이주해서 조선의 왕이 되었다는 주장이다. 즉 상나라 왕실 혈통인 기자가 고조선 지역에서 책봉을 받아 개국했다고 전해지던 왕조이다. 하지만 사학계 일부에서 주장하는 기자동래설과 기자 후예가 단군조선을 이어 다스렸다는 기자조선 승계설은 어떠한 근거도 발견되지 않았다.

기자에 관련된 고대 사서로 진(秦)나라 이전의 선진 문헌인 『죽서기년』, 『상서』,[1] 『논어(論語)』 등에는 기자가 은(殷)나라 말기 현인(賢

---

1 『상서』, 『서경』 전국시대에는 공문서라는 의미로 서(書)를 사용했다. 이후 유학을 숭상하고 통치 이념으로 삼았던 한나라 시대에 당시 유학자들은 존중하고 숭상해야 할 고대 기록이라는 뜻에서 『상서』라고 하였다. 혹은 상(尙)은 상(上)을 뜻한다고 보아 상고지서(上古之書, 상고시대의 공문서) 의미로 해석하기도 하였다. 송나라 시대에는 유교의 주요 경전인 5경(五經)에 속한다는 뜻에서 『서경』이라고 불렀다. 서경은 요임금(堯. 기원전 2356년?~기원전 2255년?)부터 주나라(기원전 1046년? ~기원전 256년) 시

人)으로만 표현되어 있다. 그러나 한나라 이후 문헌인 『상서대전(尙書大傳)』,2 『은전(殷傳)』, 『사기』 송미자 세가(宋微子世家), 『한서』 등에서 기자는 은나라의 멸망을 전후해 조선으로 망명해 백성을 교화시켰으며, 이에 주나라는 기자를 조선의 제후에 봉했다고 함으로써 비로소 기자와 조선이 연결되었다.

이후 19세기까지 기자조선은 사실로 믿어졌지만, 현대적인 연구방법이 도입된 이래 고고학적 발굴과 배치되어 중국 학계와 달리 국내 학계에서는 그 실체를 부정하고 있다. 기자조선의 실재는 부정되지만, 위만조선 이전에 있었던 고조선의 실체가 없었다는 의미는 아니다. 왜냐면 위만이 왕위를 찬탈하기 이전 고조선 부왕(否王)과 준왕의 존재가 중국 사서에 기록되어 있었기 때문이다. 즉 『삼국지』 위서 동이전에 따르면, 진(秦)나라가 연나라를 멸망시키고 장수 몽염3을 시켜 요동까지 장성을 쌓자, 고조선의 부왕은 진나라가

  대까지 요(堯), 순(舜)의 2제와 하의 우왕, 은의 탕왕(湯王), 주의 문왕(文王) 또는 무왕의 3왕이 신하에게 당부하는 훈계와 군왕이 백성에게 내린 포고와 명령, 군왕에게 올린 신하의 진언, 전쟁을 앞두고 백성과 장병들에게 한 훈시, 대신들 사이의 대화 등을 담고 있다. - 출처:위키백과

2 『상서대전』 이미 소실된 『상서』에 주석을 단 주해서로 한 문제 때 복생 및 복생의 제자들이 구술하거나 편집했다고 전해진다. 특기 사항으로는 그 이전 시기에 『상서』에 보이지 않던 기자동래설이 추가되어 있다.

3 몽염(蒙恬, ? ~ 기원전 210년) 중국 전국시대 진나라의 관료이자 장군이다. 몽무의 아들이자 몽의의 형으로, 전국 통일 이후에 오르도스 일대의 흉노를 몰아내고 만리장성의 건축 및 북방의 수비를 감독하였다. 이 일로 인하여 진 시황제의 신임을 얻고 그의 측근이 되어 권세를 누렸으나, 진 시황 사후에 조고 등에 모함을 당하여 태자 부소와 함께 자살하였다. -

공격해 올 것이 두려워 짐짓 복종하며 따랐지만, 진나라 시황제를 알현하러 가지 않았다는 기록이 있다. 따라서 단군조선이 어떤 역사적 과정을 거쳤는지 확실하게 알 수 없더라도 단군왕검을 승계한 고조선의 실체를 부정할 수 없다.

사대를 중시하여 기자를 추앙하고 기자조선을 인정했던 조선과 다르게 고려시대의 기자조선에 대한 인식을 보면, 『삼국유사』[4]는 단군조선과 기자조선을 구분하지 않고 고조선에 포함하여 이해하고 있으며, 『제왕운기』[5]는 후조선(後朝鮮)으로 표현하여 기자에 대한 강조가 보이지 않는다.

1. 선진 시대의 문헌(文獻)에 처음 기록된 기자

기자는 비간(比干), 미자(微子)와 더불어 상나라의 삼현(三賢)이었다. 상나라 마지막 군주였던 주왕(紂王)[6]에게 바른 정치를 간하다가

출처: 위키백과
4 『삼국유사』 고려시대의 승려 일연(一然)이 고려 충렬왕 7년(1281년)에 인각사(麟角寺)에서 편찬한 삼국시대의 역사서 - 출처: 위키백과
5 『제왕운기』 고려시대 학자 이승휴가 충렬왕 13년(1287년) 한국과 중국의 역사를 시로 쓴 역사책이다. 상하 2권으로 출간되었으며, 단군부터 고려 충렬왕까지 역사를 기술했다. 공민왕 9년(1360년)과 조선 태종 13년(1413년)에 각각 다시 간행되었으며, 오늘날 유포된 책은 이 3간본을 영인(影印)한 것이다. 강원도 삼척시 미로면 내미로리 두타산 아래의 천은사(天恩寺)에서 저술된 것으로 알려져 있다. - 출처: 위키백과
6 주왕 중국에서 포악한 정치의 대명사는 걸주(桀紂)다. 걸(桀)은 기원전

비간은 사형되었고, 미자는 비간의 죽음을 보고 멀리 도망쳤고, 기자는 거짓으로 미친 척하다가 왕의 미움을 사 감금되었다.

기자에 관한 기사는 선진 시대의 문헌인 『죽서기년』과 삼경(三經) 중의 하나인 『서경(書經)』으로 불리는 『상서』 등에 처음으로 나타난다. 『죽서기년』에서는 기자가 상나라 마지막 왕인 주왕의 폭정을 간하다가 감옥에 들어갔으나 주나라 무왕에 의해 풀려났고, 기자의 학식과 덕이 뛰어나다는 점만이 전해질 뿐이다. 『상서』에는 기자가 주나라 지배를 거부하고 은둔하였던 사실만 기록하고 있다. 양 사서 사이에 내용의 차이는 있지만, 주 무왕이 상나라를 정벌한 이후 기자를 감옥에서 풀어주자, 무왕에게 하나라 우왕(禹王)이 정했다는 정치 도덕의 아홉 가지 원칙인 『홍범구주(洪範九疇)』7를 설파했다고 되어 있다.

어디에도 기자가 동쪽으로 이주해서 조선의 왕이 되었다는 구절은 보이지 않는다. 따라서 강단사학계가 주장하는 기자동래설의 근거가 의문시된다. 강단사학계는 고조선이 한반도에 있다고 생각했

1600년 하나라(BC 2070~BC 1600년) 마지막 왕이고, 주(紂)는 기원전 1046년 상나라 즉 은(殷, BC 1600~BC 1046년) 마지막 왕이다. 걸은 애첩 말희(抹嬉)에 빠져 백성들을 돌보지 않고 가렴주구(苛斂誅求)를 일삼은 폭군의 대명사로 명재상 이윤(伊尹)의 보필을 받은 성탕에 의해 하나라를 멸망에 이르게 한 왕이다. 그리고 상나라 마지막 왕 주는 희대의 요녀 달기(妲己)에 빠진 후 가렴주구(苛斂誅求)를 일삼다가 주나라 무왕에게 멸망당한다.

7 **『홍범구주』** 중국 상고(上古)시대에 하나라 우(禹)왕이 요순(堯舜) 이래의 사상을 집대성(集大成)한 천지의 대법(大法)으로 알려진 정치 도덕의 기본적 아홉 법칙을 말한다.

기 때문에 아무런 근거도 없이 기자가 중국 동쪽으로 이동했다고 말하였다.

하지만 중국 고대사학자 하광악(何光岳)의 『염황원류사(炎黃源流史)』[8]를 보면, 기자가 황하를 건너서 북쪽으로 이동했다고 말한다. 즉 기자가 동쪽이 아니고 북으로 이동했고, 조선이 아니라 선우국을 세웠다고 주장한다.

기자가 동쪽으로 조선 땅에 와서 왕조를 세웠다면 그는 일단의 무리를 이끌고 왔을 것이다. 그리고 고조선 땅에 정착하여 토착민과 융합해 갔다면, 이 지역에서 출토되는 청동기 유물에서 상나라 계통의 영향이 작용했던 흔적이 있어야 한다. 하지만 어디에도 그런 흔적은 확인되지 않고 있다. 당시 고조선의 청동기 문화는 비파형 동검 문화에서 세형동검 문화로 이어졌고, 상나라의 청동기 문화와 계통이 전혀 다르다.

---

[8] 『염황원류사』 역림(易林)
기자가 하북(河北)으로 이동하여 선우국(鮮于國)을 세웠다(箕子北遷河北 建立鮮于國).
염황원류사에서 하광학은 요(堯), 순(舜), 신농(神農), 복희는 동이족이며 중국 역사가 아니라고 밝히고 있다.

2. 『상서대전(尙書大全)』과 『사기』에 처음 나타난 기자조선

기자에 관한 기사는 선진시대 이후 거의 800년 동안 문헌에 나타나지 않고 있다가, 한나라 이후 문헌에서 갑자기 기자조선(箕子朝鮮)에 대한 기록으로 바뀌어서 등장한다. 즉 기원전 2세기 후반 『상서대전』[9]과 『사기』에서 기자가 아닌 기자조선에 대한 기록이 처음으로 나온다. 800여 년 동안 기자에 대한 기록이 없다가 어떤 근거로 800여 년 뒤에 편찬된 『상서대전』과 『사기』에 기자조선이 추가되었는지 그 이유는 정확히 알 수 없다.

『상서대전』에서 한 가지 주목할 것은 기자가 조선으로 도망쳤다는 구절이다. 기자가 망해 버린 고국을 떠나 이웃 나라 조선으로 망명할 수 있었던 것은 오래전부터 고조선이 존재하였음을 알았기 때문이다. 결정적으로 상나라 위쪽에 이미 고조선이 존재하고 있었다는 사실을 명확하게 입증해 주고 있다. 이후 『사기』 송미자(宋微子) 세가(世家)[10]에도 기자조선 기록이 나온다.

『상서대전』에 다음과 같이 기록되어 있다.

---

[9] 『상서대전』 한나라 5대 문제(文帝) 때 복생이 유교의 경전인 『서경』을 풀이한 『상서대전』은 『상서』에 주석을 추가한 해설서이다. 사마천의 『사기』보다 먼저 만들어진 역사서이다.

[10] 『사기』 송미자 세가 무왕은 기자를 조선 왕에 봉했지만, 신하로 여기지 않았다(封箕子於朝鮮 而不臣也).

"무왕은 은(殷)을 멸망시키고, 공자 녹보(祿父)에 은을 계승하도록 하였고, 기자를 감옥에서 풀어주었다. 기자는 주나라에 의해 석방된 것을 참을 수 없어 조선으로 도망쳤다. 무왕은 그 소식을 듣고 기자를 조선에 봉하였다. 기자는 주나라에서 봉함을 받았으므로 신하의 예를 지키지 않을 수 없어서, 무왕 13년 내조하였는데 무왕은 알현 과정에서 홍범(鴻範)에 관해 물었다"(武王勝殷 繼公子祿父 釋箕子之囚 箕子不忍爲周之釋 走之朝鮮 武王聞之 因以朝鮮封之 箕子旣受周之封 不得無臣禮 故於十三祀來朝 武王因其朝而問鴻範).

논리적으로 기자가 주나라에서 봉한 조선의 왕이라면 당연히 신하가 되어야 한다. 그런데 송미자 세가에서 신하로 삼지 않았다는 기록은 명백하게 모순이다. 이는 주나라가 기자를 조선에 봉하지 않았다는 사실을 사마천이 의도하지 않게 고백한 것이다. 한나라 때 갑자기 기자조선이 사서에 나타난 것은 명백한 역사 왜곡이라고 의심하지 않을 수 없다. 역설적이지만 기자조선을 내세워 단군조선 존재를 숨기려 하였으나, 오히려 더 드러내는 결과를 초래하였다.

결론적으로 기자조선은 한민족사를 중국에 예속된 역사로 만들기 위해 한나라 때 날조한 것에 지나지 않는다. 기자를 조선의 왕에 봉하였으나 주나라 신하로 삼지는 않았다고 말하는 점에서 역사 왜곡의 단서를 찾을 수 있다. 당시 시대적 배경은 한나라가 동쪽으로 팽창해 감에 따라 고조선에 관한 관심이 고조되었고, 그 지역에 대한 역사적 연고권을 만들려는 의도가 작용하여 왜곡이 만들어졌을 개연성이 크다. 이후 고조선과 한나라 사이에 전쟁이 일어났다는 역사적 사실이 유력한 근거가 될 수 있다.

『상서대전』과 『사기』에서 기자조선에 관한 기사는 기자가 주나라의 제후국으로 조선을 세웠는지를 놓고 치열한 논쟁이 벌어지는 원인이 되었다. 사마천이 왜곡한 기자조선은 이후 중국 사서인 『위략』, 『한서』, 『삼국지』 등에서 계속 기록하여 역사적 사실로 굳어진 것으로 보인다. 특히 『한서』[11]를 보면, 기자는 조선으로 망명하여

---

11 『한서』 현토와 낙랑은 무제(武帝) 시기에 설치되었는데, 모두 조선(鮮滅), 예맥(濊貊), 구려(句驪) 등의 만이가 사는 곳이다. 은나라의 도가 쇠하자, 기자는 조선으로 가서 그 백성들을 예의, 농사, 누에치기, 길쌈 짜기를 가르쳤다(玄菟樂浪 武帝時置 皆朝鮮濊貊句驪蠻夷 殷道衰 箕子去之朝鮮 教其民以禮義田蠶織作).

낙랑조선(樂浪朝鮮) 백성에게는 범금(犯禁) 8조가 있다. 남을 죽이면 죽음으로 갚고, 남을 상처 주면 곡식으로 배상하며, 남의 물건을 훔친 자가 남자이면 집의 종으로 삼아 들이고 여자이면 비로 삼는데, 스스로 속죄하고자 하면 1인당 50만 전이었다. 비록 죄를 사면받아 민이 되어도 풍속에서는 오히려 이를 꺼리고 결혼하려고 할 때 짝을 취할 곳이 없었다. 이 때문에 그 백성들은 끝내 도둑질하지 않아 집 문을 닫아놓지 않았다. 부인들은 모두 정조를 지키고 신용이 있어 음란하고 편벽된 행동을 하지 않았다. 그 농민들은 대나무 그릇에 밥을 먹고 도시에서는 관리나 장사꾼들을 매우 본받아 왕왕 술잔과 같은 그릇으로 음식을 먹는다(樂浪朝鮮民犯禁八條 相殺以當時償殺 相傷以穀償 相盜者男沒入爲家奴 女子爲婢 欲自贖者 人五十萬 雖免爲民 俗猶羞之 嫁取無所讎 是以其民終不相盜 無門戶之閉 婦人貞信不淫辟 其田民飮食以籩豆 都邑頗放效吏及內郡賈人 往往以杯器食).

군(郡)에서는 처음 요동(遼東)에 가서 관리를 데려왔는데 그 관리들은 백성들이 물건을 숨기거나 감추어 두는 것이 없음을 보았다. 장사꾼들이 오자 밤에 도둑질하여 풍속이 차츰 각박해졌다. 지금에는 법으로 금하는 것이 많아져서 60여 조목에 이르렀다(郡初取吏於遼東 吏見民無閉藏 及賈人

왕이 된 후 조선의 백성들에게 문명을 가르쳤다고 기록하였다.

다른 중국 사서에서도 기자는 조선으로 망명하여 왕이 된 후 조선의 백성들에게 정전제를 실시하고 농사짓는 법과 누에치는 법을 가르쳐 문명을 전달하여 백성들이 기뻐했다고 전하고 있다. 하지만 신라 박제상이 지은 『부도지(符都志)』¹²는 기자에 대하여 전혀 다른

往者 夜則爲盜 俗稍益薄 今於犯禁浸多 至六十餘條).

12 『부도지』 신라 눌지왕 때 박제상이 저술했다는 사서인 『징심록(澄心錄)』의 일부이다. 『징심록』은 3교(敎) 15지(誌)로 구성되어 있는데, 상교, 중교, 하교 중 상교의 첫 편이 부도지(符都誌)이다. 박제상의 55세 후손이며 동아일보 기자로 활동한 박금(朴錦)이 1953년 발표하여 일반에 공개되었고, 조선시대에 생육신 김시습에 의해 번역되었다 한다. - 출처: 위키백과

* **당우의 법** 당은 요임금, 우는 순임금으로 당우는 요순시대(堯舜時代)를 말한다. - 출처: 위키백과
* **홍범무함** 홍범구주라고도 한다. 하나라 우(禹)왕이 남겼다는 정치 이념으로 9개 조항의 큰 법이라는 뜻이다.- 출처: 좋은마음, 부도지로 보는 고조선의 비밀(마지막 회), 2024. 3. 7.
* **오행** 음양오행(陰陽五行) 중 오행을 말하며, 동양에서 우주 만물의 변화를 나무[木], 불[火], 흙[土], 쇠[金], 물[水]의 다섯 가지 기운으로 압축해 설명하려고 했던 사상. - 출처: 위키백과
* **삼정** 자(子), 축(丑), 인(寅)을 정월로 삼는 역법을 말한다. 부도지 제22장을 보면 부도(아사달)에서는 10월을 상달이라 하여 정월로 삼고 조상에 제사를 올리며 하늘의 백성이 되기를 기원하였다. 이러한 전통은 10월 3일을 개천절로 삼아 지금까지 전해지고 있다. 반면 중화족들은 왕조가 바뀔 때마다 정월을 자월, 축월, 인월로 역을 바꾸면서 왕조의 정통성을 부여하려고 했다.- 출처: 좋은마음, 부도지로 보는 고조선의 비밀(마지막 회), 2024. 3. 7.

내용을 전하고 있다. 『부도지』에서 기자는 은나라의 왕족으로 처음에는 기국(箕國)을 다스렸으며, 은나라가 주 무왕에 의해 멸망하자 기자는 난민을 이끌고 북쪽에 있던 부도(符都)로 망명하였다고 기록하였다. 기자는 조선으로 망명한 후 기존 부도의 법과 다른 당우(唐虞)의 법을 시행하며, 오행(五行)과 삼정(三正)을 사용하고, 홍범무함(洪範巫咸)을 시행하여 고조선의 민중들과 많은 마찰을 일으켜서 고조선의 민중들은 기자를 피하여 동해지빈(東海之濱)[13]으로 이주하게 된다고 하였다. 기자가 망명한 곳은 부도로 왕검성이 위치한 하북성 보정시 근처이다. 그리고 부도의 민중들이 피난한 동해지빈은 중요한 역사적 의미가 있는데 동해지빈을 중심으로 동부여와 삼한이 건설되기 때문이다.

『부도지』에서 기자가 세운 나라의 위치와 실체에 대하여 많은 정보를 전하고 있는데, 최근 중국 하북성에서 고고학적 유물이 발굴됨에 따라서 기자 후예가 건국한 나라가 기자조선이 아니라 선우국과 중산국(中山國)이었음이 알려짐에 따라 부도지 기록에 대한 타당성이 상당 부분 입증되었다.

---

13 동해지빈 고대 중국인들은 사방의 끝에 바다가 있어 이를 사해(四海)라고 하였다. 또한 해내(海內)는 국내(國內)를 지칭하기도 한다. 즉, 해(海)는 국경의 바깥 먼 곳을 의미하는 것으로도 활용되었다. 그러므로 동해지빈은 동쪽 바닷가라는 개념이 아니라, 동쪽 경계선을 의미하는 개념으로 풀이해야 한다. 곧 동쪽 경계선이란 뜻이다. 출처-박노석, 「동해지빈 가섭원(迦葉原)'의 의미에 대한 고찰」, 『전북사학』 pp. 5~22.

3. 기자 후예가 건국한 선우국과 중산국

기자는 본래 상나라 왕족으로, 성은 자(子), 이름은 서여(胥餘)이다. 기(箕)는 나라 이름이고, 기후(箕侯)는 상나라 제후국인 기국의 왕을 뜻한다. 기국이 산동성에 있었다고 볼만한 근거로 『한서』 지리지를 보면 산동성 동남부에 낭야군(琅邪郡)이 있었고, 속현으로 기현(箕縣)이 있기 때문이다. 그리고 산동성 황현에서 1951년 기기(箕器) 등의 유물이 발굴되어서 기국 존재가 입증되었다. 기국의 후(侯)였던 기자가 조선 근처로 피난 온 일은 여러 사서에 기록하여 사실로 보인다. 즉 기원전 11세기 기자는 은나라 주왕에게 직간하다가 투옥되었고, 이후 주나라 무왕에 의해 풀려난 후 고조선 근처로 이주하였고, 이곳에서 살다가 무왕 13년 하남성 서화(西華)로 돌아가 생을 마감하였다. 그리고 산동성 조현(曹縣)에서 서남쪽으로 약 15km에 있는 왕성두촌 들판에 기자묘가 있다.

사서와 유물로 입증되는 기자 후예가 세운 나라가 선우국(BC 530~BC 489년) 및 중산국(BC 414~BC 296년)이다. 춘추시대에 선우국, 전국시대에는 중산국으로 존재하였다. 『회남자』[14]에 의하면, 기자는 조선에 봉해지고 이후 둘째 아들 중(仲)을 우(于)에 봉했

---

14 『회남자』 전한 회남왕 유안이 전국의 빈객과 방술가(方術家)를 모아서 편찬한 일종의 백과사전으로 현재는 이 중 내서 21권만 전하고 있다. 『여씨춘추』와 함께 제자백가 중 잡가의 대표작이다. 노자 사상을 중심으로 제자백가를 통합하려 한 전한 황로학의 결정체로 보기도 한다. - 출처: 위키백과

고, 자손들은 조선의 선(鮮), 봉지 우(于)를 따서 선우씨(鮮于氏)라 했다. 속한지(續漢志)에서 선우(鮮于)는 자성(子姓)이라 했다. 자성은 은나라 왕의 성씨이다. 즉 선우(鮮虞, 鮮于)는 은나라 후예라는 뜻이다. 선우란 이름이 사서에 처음 나온 시기는 기원전 530년이다. 따라서 기자가 조선 근처로 도망갔다는 상나라 멸망 연대 1046년과 후손이 선우국을 건국한 시대는 시간상으로 약 500년 간격이 있다. 사서를 보면 춘추시대 초기 기자 후손 선우씨(鮮于氏)가 산서성 태원 동북쪽 오대산 자락의 선우수(鮮虞水) 부근에 있었다. 그래서 선우수(鮮虞水) 이름을 따라 선우로 성씨를 정했다는 주장도 있다. 선우씨는 진(晉)나라 압박으로 산서성 오대산 근처에서 태항산맥을 넘어 하북성으로 이주하여 선우국을 건국한다.

선우국은 강대국 진(秦)과 진(晉)의 틈바구니에서 패권 경쟁에 휘말리며 고난의 역사를 견딜 수밖에 없었다. 특히 선우국은 기원전 489년 멸망할 때까지 41년 동안 진(晉)나라와 무려 8차례나 전쟁을 치렀다. 사서에 선우국은 옛 곡양(曲陽), 선우국 남쪽에 있던 비국(肥國)은 옛 하곡양(下曲陽)으로 나온다. 선우국 왕도 곡양이 어디에 있었는지 살펴보면, 『청국지지(淸國地誌)』에 수록된 춘추전국도(春秋戰國圖)에서 선우국 위치가 하북성 보정시 백석산(白石山) 근처 부(阜)로 나타나고 있다. 부(阜)는 진(秦)이 점령하여 항산군(恒山郡) 곡양현(曲陽縣)이 되었고, 한나라 상산군(常山郡), 청나라 강희 20년 부평현으로 변경되고, 현재는 하북성 보정시 부평현이다.

그런데 비국의 수도 하곡양에 유명한 석양정과 석양성(昔陽城)이 있었다. 두예(杜預)[15]가 말하길 기주(冀州) 거록군(鉅鹿郡) 하곡양에 석양정과 석양성이 있다고 하였다. 하곡양은 지금 하북성 진주시(晉州市) 근처로 정주시(定州市) 정남에 있다.

비국이 먼저 진(晉)나라에 멸망한다. 『후한서』[16]를 보면 진(晉)은 비국을 정벌하기 위해 선우에게 길을 비켜달라고 하고 산서성에서 석양으로 가서 공격하여 기원전 530년 비(肥)를 멸한다. 비국이 멸망하자 선우국이 기원전 530년 건국된 것으로 보인다. 이후 선우국은 비국 지역을 점령했고, 그래서 선우국은 선우씨(鮮虞氏), 비씨

---

15 두예(222~285년) 삼국시대 위나라의 정치가. 사마의 딸이자 사마소 여동생 고륙공주(高陸公主)와 결혼해 부마가 된 이후 서진의 장군이 되어 동오를 정벌하고 중국 재통일에 기여했다. 춘추의 문장을 『좌전』과 묶고 주석을 달아 『춘추좌전집해』를 저술했고, 이에서 오늘날 『춘추좌씨전』 형식이 만들어졌다. - 출처: 위키백과

16 『후한서』 『춘추좌전(春秋左傳)』에서 소공 12년(기원전 530년) 6월 정(鄭)나라 간공을 장사 지냈다. 진(晉)의 순오(荀吳)가 회합을 가장하여 제(齊) 군사를 만나고, 선우(鮮虞)에 길을 비켜달라고 해서 석양(昔陽)으로 갔다. 8월 비(肥)를 멸하고, 면고를 데려왔다. 10월 원(原)의 사람들이 교(絞)를 폐하고 공자 궤(跪)를 세웠다. 교는 분으로 달아났다(左傳 昭公十二年 六月 葬鄭簡公 晉荀吳僞會齊師者 假道于鮮虞 遂入昔陽 秋八月壬午 滅肥 以肥子緜皋歸 周原伯絞虐 其輿臣使曹逃 冬十月壬申朔 原輿人逐絞 而立公子跪尋絞奔郊).
기주 거록군은 진(秦)나라 때 설치했다. 낙양 북쪽 1,100리에 있다. 하곡양에 고취(鼓聚)가 있다. 옛 곽고자국(翟鼓子國)이다(冀州 鉅鹿郡 秦置 建武十三年 省廣平國以其縣屬 雒陽北千一百里 十五城 戶十萬九千五百一十七 口六十萬二千九十六 下曲陽有鼓聚 故翟鼓子國).
두예가 말하길 하곡양 서남쪽에 비루성(肥累城)이 있는데 옛 비국이다. 백적(白狄)의 별종이다. 하곡양에 석양정(昔陽亭)이 있다. 『춘추좌전』에서 전하길 진(晉)의 순오가 석양에 들어왔다. 두예가 말하길 첨현(沽縣) 동쪽에 석양성이 있다(杜預曰 縣西南有肥累城 古肥國 白狄別種 有昔陽亭 左傳 昭十二年 晉荀吳入昔陽 杜預曰 沽縣東有昔陽城).

(肥氏), 고씨(鼓氏), 구유씨(仇由氏)의 4개 씨족 국가를 거느렸다고 보인다.

하곡양이 있었던 하북성 진주시는 옆으로 호타하와 청장수가 흘러 교통의 요지였다. 그래서 『후한서』 임이만비유경(任李萬邳劉耿) 열전(列傳)에서 23년 광무제(光武帝)가 하곡양을 순행할 때 왕망(王莽)[17]의 신(新)나라 치하에 있던 화성군 졸정(卒正)[18] 비동(邳肜)이 투항하자, 광무제는 비동을 졸정과 동격인 태수(太守)로 삼고 며칠을 하곡양에서 머물다가 북쪽으로 이동하여 광양국(廣陽國) 계현(鮚縣) 즉 지금 당현(唐縣)에 도달했다는 기사가 있다. 그리고 『수경주』[19]는 『회남자』를 인용하여 알루산(謁戾山)에서 흘러나온 청장수(清漳水)가 석양성을 지난다고 하였고, 고유(高誘) 말을 인용하여 알루산은 첨현에 있다고 하였다. 고유는 후한 사람으로 『회남자』에 대한 주(注)를 썼다.

---

17 왕망 전한 말기의 권신이자 신(新)나라를 건국한 초대 황제이자 마지막 황제. 제위 찬탈 이전까지 완벽하게 스스로 관리하며 사람들의 마음을 얻었고, 황제를 폐위하여 한나라를 멸망시키고 신나라를 건국했으나 폭정과 실정을 반복한 탓에 여러 지역에서 대규모 반란이 일어나 결국 멸망하고 자신도 끔찍하게 처형당했다. - 출처: 나무위키

18 졸정 보병부대의 지휘관에 해당하는 관직명.

19 『수경주』『회남자』는 청장수가 알루산에서 나온다고 하였다. 고유가 알루산은 첨현에 있다고 하였다(淮南子曰 清漳出謁戾山 高誘云山在沾縣).
지금의 청장수는 첨현 옛 성 동북에서 나오는데 세속에서 첨산이라 부른다. 또 청장수는 남쪽으로 흘러 석양성을 지난다(今清漳出沾縣故城東北 俗謂之沾山 又南逕昔陽城).

선우국이 연나라에 이른 시간에 멸망하고 중산국으로 다시 건국되었다. 전국시대인 기원전 414년에 백적 선우부(鮮于部)가 하북성 곡양에서 동남쪽 정주로 이주하여 중산국을 만든다.『사기색은(索隱)』에서 중산(中山)은 옛 선우국이라 했다. 중산국의 건국연대에 대해서『사기』조세가(趙世家)는 기원전 414년 중산국 무공(武公)이 현재 하북성(河北省) 정주(定州)에서 초립(初立)했다고 기록했다. 선우국처럼 중산국도 전국 7웅 중에서 위(魏), 조(趙), 제(齊), 연에 둘러싸여 있어서 주변국과 수많은 전쟁을 치렀다. 이런 이유로 선우국과 중산국은 동이족 계열로 추정된다. 기원전 408년 위(魏)나라가 정주에 있던 중산국을 공격하여 병합하였다. 그렇지만 중산국은 다시 남쪽으로 이주하여 기원전 380년 현재 하북성 석가장시(石家莊市) 평산(平山)에서 재건된 이후 조(趙)나라와 연나라를 거의 멸망시킬 정도로 세력을 떨친 적도 있었지만, 결국 기원전 296년 조나라 무령왕에게 멸망 당했다. 중산국은 중국 한족이 세운 나라들에 끊임없이 전쟁으로 시달렸지만, 다른 강대국과 함께 왕호를 칭할 정도로 작지만 강한 나라였다.

중산국도 고조선과 인접하였던 국가였다. 기원전 296년 조나라가 중산국을 정벌할 즈음 연나라가 고조선을 공격하였는데 거의 같은 시기에 전쟁을 치른 것으로 분석된다. 그 결과 중산국은 조나라에 멸망하고 고조선은 연나라 진개에 밀려 잠시이지만 국경을 수천 리 퇴각해야만 했다.

역사를 복원할 때 문헌은 아주 중요한 사료이지만 금석학 자료와는 결코 견줄 수 없다. 왜냐면 문헌은 전해 내려오면서 조작이나

선우황 비문

왜곡, 오류의 위험성을 지니고 있지만, 금석문은 당대인들이 직접 쓴 기록이기 때문이다.

사서에 희미하게 남아있던 선우국과 중산국 실체가 1973년과 1974년 두 차례의 발굴에 따라 고고학적으로 완벽하게 입증되었다. 1973년 5월 하북성 천진시(天津市) 무청현(武淸縣)에서 827자가 새겨진 동한 시대의 비석이 발굴되었다. 비석에는 전서로 고안문태수(故雁門太守) 선우황비(鮮于璜碑)라고 새겨져 있었다. 선우황(鮮于

璜)은 107~113년 사이 산서성(山西省) 대현(代縣) 부근을 관할하는 안문(雁門) 태수가 되었고, 125년 81살을 일기로 죽는다. 비석은 그가 죽은 지 40년 뒤인 165년 무청현에서 손자가 세운 것이다. 선우황 비문[20]에는 동한 환제 때인 165년임을 뜻하는 연호가 새겨져 있었고, 선우 조상이 은나라 기자임을 밝히고 있다. 선우황 비가 발견됨으로써 선우의 성씨 논란은 종지부를 찍었다.

그리고 1974년 11월 중산국의 후기 수도였던 하북성 석가장시 평산현(平山縣)에서 전성기에 해당하는 중산왕(中山王) 착(錯)의 무덤과 동시에 3기의 왕릉이 석곽묘의 형태로 발견되었다. 특히 중산왕 착의 유물 가운데 정(鼎), 즉 제기로 쓰인 솥에는 명문이 새겨져 있었는데 중산국이 조나라와 연나라 등 강대국들을 물리쳤다는 내용이 담겨있다. 유적이 발굴된 평산현은 석가장시 서북부 태항산(太行山) 기슭의 호타하(虖陀河) 상류에 있다. 동쪽으로 녹천구, 남쪽으로 정형현(井陘縣), 북쪽으로 영수현(靈守縣), 서쪽으로 산서성과 접하고 있다. 호타하 남안의 남양장(南楊莊) 앙소(仰韶)문화 유적지는 석가장시가 세계 문명사에 이정표를 세우게 만든 곳이다.

중산왕릉 발굴은 중국의 100대 발굴 중 하나로 평가할 정도로 중요한 사건이었다. 중산왕릉은 석곽에 판축 봉분의 형태로 조성된 묘제로 고구려, 발해 문명권의 전형적인 묘제이다. 또한 왕릉의 중(中) 자형 대묘와 조주분(鳥柱盆) 즉 새 모양의 기둥을 박은 그릇, 그

---

20 **고안문태수 선우황비** 군의 이름은 황이며, 자는 백겸이다. 그 조상은 은나라 기자의 후예이다(君諱璜 字伯謙 其先祖出于殷箕子之苗裔).

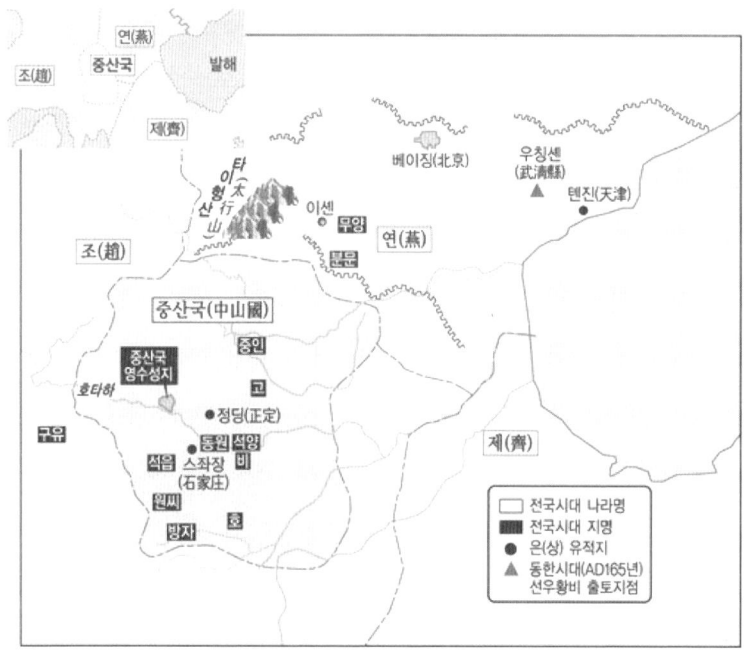

중산국 강역의 추정

리고 옥기 문화 등은 은(상)나라 문화와 놀라운 일치를 보였다. 또한 4마리 용과 4마리 봉황을 금은으로 상감한 책상은 정교하고 아름다운 예술 작품으로 평가된다. 여기에 표현된 용과 봉은 동이족의 사상을 표현하고 있다. 중원에서 출토된 유물들과 품격이 다르고, 매우 세련되어 중원과 무관한 동이족의 작품이라는 사실을 보여준다.

    중산국 왕도였던 석가장시 평산현에서 발굴된 중산왕 묘와 천진시 무청현에서 발견된 선우황 비는 은(상)나라, 선우국, 중산국, 기자의 관계를 풀 결정적인 열쇠가 되었다.

전국시대 이후 한나라 때에도 중산국이라는 명칭이 사용되었지만, 기자 후예가 세운 중산국과 전혀 다른 한나라 제후국이었다. 즉 한나라 경제 3년(기원전 154년) 유승(劉勝)을 처음 제후국 중산왕으로 봉했으며, 치소는 노노현(盧奴縣)으로 현재 하북성 정주시이다. 한나라 이후 모용수가 384년 후연을 세우고 도읍을 지금 정주시인 중산에 정했고, 후연이 융성할 때는 중산과 업(鄴)을 중심으로 화북평야(華北平野) 일대를 장악하였다.

유승은 43년 동안 중산왕으로 있으면서 자손이 역사 기록으로 독보적인 무려 120여 명이 넘었다고 한다. 유승은 촉한 소열제 유비의 조상이라고 하지만 후손이 너무 많아서 확실하지 않다. 1968년 하북성 보정시 만성현에서 왕릉이 발굴되었는데, 기록으로만 남아있던 금루옥의(金縷玉衣) 등 수많은 부장품이 쏟아져 나왔다. 중국에서는 중산정왕(中山靖王) 유승의 능이라고 주장하지만, 만성현은 중산국 영토가 아니었으므로 능을 만들 수 없고, 제후는 수의로 금루옥의를 사용할 수 없다.

결론적으로 산동성 기국에서 기자가 도망간 곳은 동쪽이 아니라 북쪽으로 고조선이 있었던 하북성 보정시(保定市) 일대이다. 그리고 기자의 후예가 세운 나라는 기자조선이 아니고 춘추시대는 선우국으로 처음은 산서성 오대산 근처에 있다가 이주하여 하북성 보정시 부평현(阜平縣)에 왕도가 있었으며, 전국시대에는 중산국으로 처음은 하북성 정주시에 왕도가 있었고, 재건하여 석가장시 평산현에 왕도가 있었다.

3장 고조선(단군)과 연나라의 경계

　　고조선 핵심 강역이었던 낙랑(樂浪)은 가장 치열했던 우리 역사의 현장이었다. 고조선의 왕검성 및 고구려 평양성이 낙랑에 있었기 때문이다. 고조선은 낙랑의 지리적 이점을 활용하여 강력한 힘을 지닌 국가가 되었다. 낙랑은 서쪽으로 태항산맥(太行山脈)의 머리인 갈석산(碣石山)이 지키고 있으며, 동쪽으로 발해가 있고, 그리고 남쪽과 북쪽으로 조선 외곽을 둘러싼 세 겹의 큰 강물[三水]인 산수(汕水), 습수(濕水), 열수(洌水)가 보호하는 자연적인 요새였다. 또한 안쪽으로 거마하(拒馬河), 역수(易水), 당하(唐河)가 낙랑의 중심지인 왕검성을 감싸고 있었다. 동한 시대 장안(張晏)은 『사기』 조선열전에 대한 주석에서 조선에는 산수, 습수, 열수의 삼수가 있는데, 합쳐져 열수를 이룬다고 하였다. 산수는 북경 동쪽의 조하(潮河), 습수는 북경 남쪽의 영정하(永定河), 열수는 보정시 남쪽을 흐르는 당하와 대청하(大淸河)로 추정되는데 일설에는 열수가 호타하(滹沱河)라는 주장도 있다.

　　결정적으로 『산해경』 해내경[1]에서 동해의 안쪽, 북해의 모퉁이 즉 지금 발해만(渤海灣) 안쪽 하북성에 조선이 위치한다고 말해 낙랑 위치가 어디인지 정확히 알 수 있다.

1. 연나라 연혁

연나라는 고조선과 국경을 맞대면서 흥망을 거듭하였다. 연나라 바로 동쪽에 조선이 있었다는 것이 역사적 사실이다. 따라서 연나라 정확한 위치는 고조선 강역의 비밀을 풀어줄 수 있는 열쇠이다.

『사기』 연소공세가(燕召公世家)[2]에 따르면, 기원전 1,046년경 주나라 무왕 희발(姬發)이 은나라를 멸망시키고, 동생 소공(召公) 석(奭)을 연의 제후에 봉하여 연나라 시조(始祖)가 되었다. 이후 연나라는 춘추시대 주나라 제후국이자, 전국시대의 전국 칠웅 가운데 하나로 강국이 되었던 시기도 있었다. 특이하게 연나라는 중국에서 여러 지역을 이동하였다. 연나라의 이동 경로를 보면 하남성, 산서성, 하북성 일대를 두루 돌아다니었다.

첫째, 연나라가 처음 건국했던 위치는 은나라와 가까운 하남성 낙양시(洛陽市) 동남쪽 탑하(漯河) 근처의 언성(郾城)이다.

---

[1] 『산해경』 해내경 조선이 동해의 안쪽, 북해의 모퉁이에 있어 이르기를 천독(天毒)이라 한다. 그 사람들은 물에 살고 남을 사랑한다(東海之內北海之隅 有國名曰朝鮮天毒 其人水居他人愛之).

[2] 『사기』 연소공세가 소공 석(奭)은 주와 같은 성(姓)으로 희씨(姬氏)다. 주 무왕이 은나라 주왕을 멸망시키고 소공을 북쪽의 연에 봉했다(召公奭與周同姓姓姬氏 周武王之滅紂 封召公於北燕).

둘째, 『춘추좌전』과 『사기』에 의하면, 기원전 770년경 견융의 침입으로 주나라가 섬서성 서안 근처 호경에서 하남성 낙양 근처 낙읍으로 도읍을 옮긴다. 이에 따라 연나라는 주나라에 밀려 하남성 언성에서 북쪽 황하(黃河) 방향으로 이주하였다. 즉 기원전 675년경에 연나라는 하남성 탑하(溹河) 근처의 언성(鄢城)에서 북쪽으로 안(安) 즉 지금 하북성 가장 남쪽에 있는 한단(邯鄲)까지 북진한다. 하지만 고조선 세력의 강력한 저항에 부딪혀 더는 북상하지 못하였다. 그리고 『사기』 제세가(齊世家)에서 기원전 663년 제(齊)나라 환공이 연나라와 함께 산융을 정벌하고 고죽국(孤竹國)까지 이르렀다고 하였다. 이 기록으로 보아 연나라가 일시적으로 황하를 넘어 하북성 당하 부근까지 진출한 것으로 보인다.

셋째, 기원전 530년 연나라는 내부 반란을 계기로 하북성 안(安)에서 서쪽으로 산서성 태원(太原) 근처 당(唐)으로 이동하여 조(趙)나라에 인접하였다. 전국시대 진(晉)나라가 분열하여 삼진(三晉) 즉 한(韓), 위(魏), 조(趙)나라가 된다. 당시 조나라 강역이 산서성 대(代), 병(竝) 지역에 있었다. 『사기』 흉노열전을 보면, 진(秦)나라가 장성을 쌓아서 오랑캐를 막았고, 조나라 무령왕(武靈王)도 역시 장성을 쌓아서 대(代), 병(竝), 음산(陰山) 아래부터 하투(오르도스) 지역의 고궐(高闕)에 이르기까지 새(塞)[3]를 만들었다. 이후 진시황이 황하 가장자리를 따라 장성을 쌓고, 진나라 장성과 조나라 장성을 연결하여 초기 만리장성이 된다.

---

3 새(塞) 적으로부터 방어하기 위해 쌓은 성곽이나 요새를 뜻한다.

넷째, 연나라는 산서성 당(唐)에서 다시 조(趙)나라에 밀려 기원전 414년경 하북성 중부지역으로 진입하게 된다. 당시 도읍은 계(薊)로 현재 하북성 보정시 당현이었다. 이 과정에서 연나라가 선우국을 밀어내어 드디어 고조선과 국경을 접하게 된다. 이때부터 연나라는 고조선과 하북 지역의 패권을 놓고 치열하게 대립하였다. 그리고 연나라에 의하여 백적 선우부(鮮虞部)가 세웠던 선우국(鮮虞國)이 멸망하자, 선우씨는 지금 하북성 부평현 동남쪽 정주시로 이주하여 중산국으로 이름을 바꾸어 재건한다.

다섯째, 연나라는 전국 칠웅 가운데 가장 약소국이었으나, 기원전 300년을 전후한 소왕(昭王)[4] 시대에 이르러 국력이 크게 확장되어 짧은 기간 전성기를 맞는다. 당시 연나라 장수 진개[5]가 동호를 정벌하였고, 이어서 고조선과 연나라 사이에 전쟁이 벌어졌다. 연

---

4 연 소양왕(昭襄王) 희직(姬職, ?~기원전 279년, 재위: 기원전 311년~기원전 279년) 전국시대 연나라의 제41대 군주이다. 악의(樂毅)와 곽외(郭隗) 등 유능한 인재를 등용하여 제나라의 침공으로 인하여 멸망 직전인 연나라를 재건하였다. 줄여서 연 소왕 또는 양왕(襄王)이라고도 한다. - 출처: 위키백과

5 진개(秦開, ?~?) 동호와 고조선을 정벌하여 많은 영토를 획득한 중국 전국시대 연나라 장군이다. 동호에 인질로 보내져서 그 사람들로부터 신임을 얻어 연나라로 돌아간 진개는 군대를 거느리고 동호를 습격하여 패주시켰는데, 동호는 1천 리나 물러갔다. 이후 연나라는 조양에서 양평(襄平)에 이르는 지역에 장성을 쌓고 상곡, 어양(漁陽), 우북평(右北平), 요서(遼西), 요동(遼東) 등에 군을 설치하여 호(胡, 북방 이민족)의 공격을 방어했다. 또 조선의 왕과 연나라 사이의 관계가 악화되자, 연나라는 진개를 파견하여 조선의 서방(西方)을 공격하여 2천 리에 이르는 땅을 취하였고, 조선과 연나라는 만번한(滿番汗)을 경계로 삼았다. - 출처: 위키백과

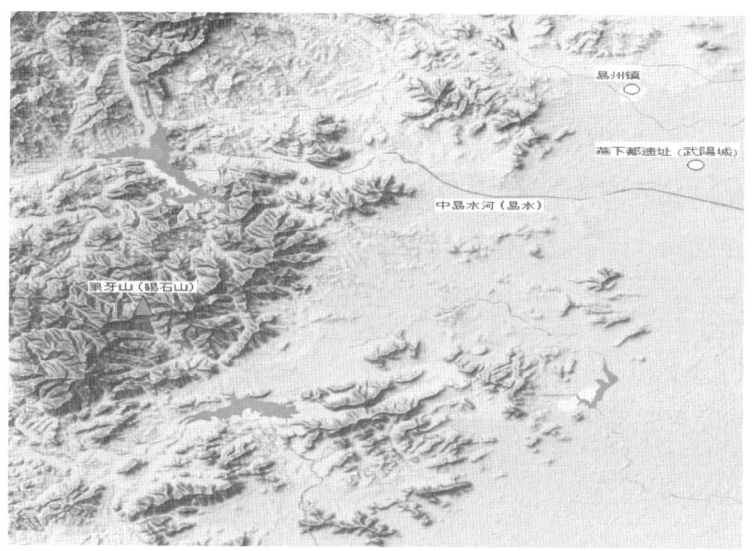

낭아산(狼牙山, 갈석산)과 역수 및 연하도(燕下都)

나라가 영토를 크게 확장함에 따라 도읍을 계(薊)에서 북쪽 역(易)으로 이전하여 연하도(燕下都)로 삼으면서 양도제(兩都制)를 채택하였다. 즉 남쪽 계(薊)를 상도(上都)라 하고, 북쪽 역(易)을 하도(下都)라 하였다. 연나라 상도 계(薊)는 하북성 보정시 당현(唐縣)으로 도성 계(薊)는 시대에 따라 계성(薊城), 당성(唐城), 유주성(幽州城) 등으로 다르게 불렀다. 북쪽 연하도 무양성(武陽城)은 지금 북역수(北易水)와 중역수(中易水) 사이로 보정시 역현(易縣) 고맥향(高陌鄉) 일대에 해당하는데 성벽과 대형 건물터 등이 남아있다. 연하도에 있는 황금대(黃金臺)는 춘추후어(春秋後語)에서 역수 건너편에 있는 갈석산을 염두에 두고 그 앞에 세워졌다는 기록에 정확히 부합한다. 그리고 동호에 이어서 고조선과 연나라 사이에 전쟁이 벌어졌다.

1부 단군조선 93

여섯째, 기원전 222년 연나라는 진(秦)나라에 멸망된다. 기원전 227년 연나라 태자(太子) 단(丹)이 형가(荊軻)를 자객으로 보내 진왕(秦王) 정(政)을 암살하려 했으나 실패했다. 분노한 진왕이 왕전(王翦)6에게 연을 공격하도록 명령하여 진군(秦軍)은 연나라로 진격한다. 국경에는 연이 구축한 장성이 연결되어 있지만, 왕전은 장성을 넘어서 연나라 수도 계(薊)를 포위한다. 연왕(燕王) 희(喜)는 태자 단(丹)을 죽여 화의(和議)를 요청하였지만, 기원전 222년 진(秦)나라 왕전의 아들 왕분(王賁)에게 사로잡혀 죽는다.

2. 진개의 침략 이전 고조선과 연나라 경계

연나라가 하북성 중부지역으로 진출하여 고조선과 국경을 맞댄 기원전 414년경부터 진개의 고조선 침략(대략 기원전 300년) 이전 강역을 살펴본다. 진개는 사마천이 태어나기 150여 년 전 사람이다. 진시황을 암살하려 했던 형가의 수행원 진무양(秦舞陽)의 조부이다.

첫째, 『사기』화식열전에 연나라 강역이 나온다. 화식열전은 경제활동의 대강을 기록한 것으로 당시 각 나라의 풍속과 지리를 나

6 　왕전(?~?) 백기와 더불어 전국시대 진나라의 대표적인 명장으로 평가받는 인물로, 시황제 때에 조나라, 연나라, 초나라 등의 나라들을 공격해서 차례로 멸망시키며 중국의 통일에 크게 기여하였다. 그의 아들인 왕분과 손자인 왕리 또한 3대에 걸쳐 명장으로 이름을 떨쳤다. - 출처: 위키백과

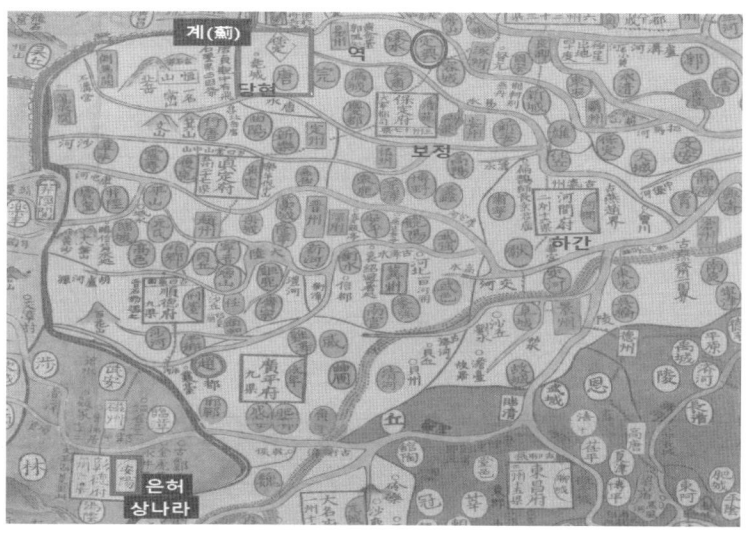

진개의 침략 이전 연나라와 고조선의 경계(349쪽 지도 참고)
* 연나라 계(薊)와 역(易州) 우측에 위치한 고조선 왕검성인 보정 정흥현(定興縣)

타내고 있다. 여기에 조선, 연, 조(趙), 제, 부여 등의 배치가 구체적으로 기록되어 있다.

"연 역시 발해와 갈석산 사이에 있는 도회지다. 남쪽으로 제(齊)와 조(趙)에 통하고, 동북쪽으로 흉노와 경계를 접하고 있다. 상곡에서 요동에 이르는 지역은 아득히 멀어 인구가 적고 자주 침략을 당하였다. 조와 대(代) 지역의 풍속은 대체로 비슷하다. 백성은 독수리처럼 사납지만, 생각이 부족하다. 물고기, 소금, 대추, 밤이 많이 생산된다 (夫燕亦勃碣之間一都會也 南通齊趙 東北邊胡 上谷至遼東 地踔遠 人民希 數被寇 大與趙代俗相類 而民雕捍少慮 有魚鹽棗栗之饒).

또 북쪽으로 오환(烏桓), 부여와 이웃하고 있고, 동쪽으로 예맥, 조선, 진번과 교역으로 이익을 독점하고 있다(北鄰烏桓 夫餘 東綰穢貉 朝鮮 眞番之利)."

화식열전은 기원전 403년 이후부터 기원전 221년 이전까지 기록이다. 즉 기원전 403년 진(晉)나라가 한위조(韓魏趙) 3개국으로 갈라졌으므로, 조(趙) 나라가 있다는 것은 기원전 403년 이후 상황임을 알 수 있다. 또한 연나라가 기원전 221년 멸망했으므로 기원전 221년 이전 상황임을 알 수 있다.

당시 연나라 북쪽에 오환, 부여가 있었고, 동쪽으로 예맥, 조선, 진번이 있었고, 남쪽으로 제(齊)와 조(趙)에 통한다고 하였다. 따라서 동이 국가인 부여, 예맥, 조선, 진번 등은 연나라가 멸망했던 기원전 221년 이전 이미 존재했었다는 사실을 분명하게 입증한다. 또한 연나라 동쪽에 조선이 자리 잡고 있었으므로 연나라는 북경까지 이르지 못했다는 점도 확실하다. 여기에 나오는 부여, 예맥, 진번 등은 고조선의 제후국 즉 거수국으로 추정된다.

둘째, 『염철론(鹽鐵論)』과 『전국책(戰國策)』은 기원전 300년경 연나라 장수 진개의 고조선 침략 이전에 고조선과 연나라 경계가 태항산맥의 갈석산과 요수(遼水) 근방이었음을 분명히 알려주고 있다. 『염철론』7에 따르면, 연나라 근처에 갈석산과 요수가 있었다. 또한

---

7 『염철론』 연나라는 갈석산에 의해 막히고, 사곡(邪谷)에 끊겼으며, 요수에 의해 둘러싸였다. 나라를 굳게 지킬 수 있는 산천은 사직의 보배이다 (燕塞碣石 絶邪谷 繞援遼水 邦國之固 而山川社稷之寶也).
  * 『염철론』은 기원전 81년 전한 조정에서 있었던 논쟁을 기록한 책으로

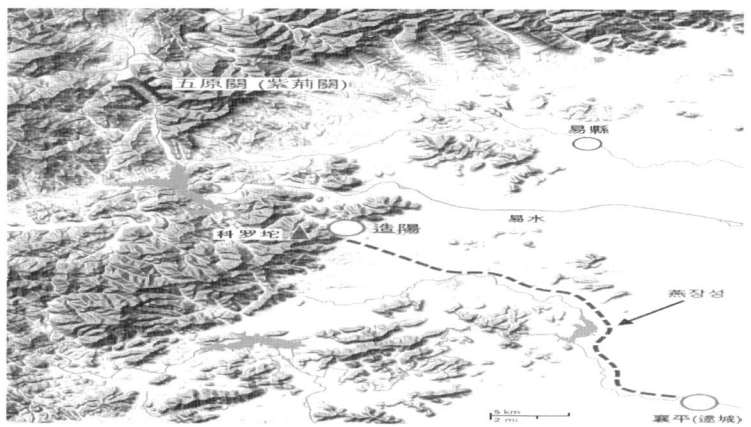

진개의 연장성(燕長城)

* 오원관(五原關) 자형관(紫荊關) 과라타(科羅坨) 역수(易水) 조양(造陽) 양평(襄平) 역현(易縣) 연장성(燕長城)

전국시대(기원전 475~기원전 222년) 소진(蘇秦)의 활약을 기록한 『전국책』에서 연나라 사방 경계를 언급하였다. 『전국책』 연책(燕策)8을

    10권 60책이며, 저자는 환관(桓寬)이다. 『염철론』이 저술되기 전의 황제인 한무제는 철과 소금을 국가에서 독점하는 염철전매(鹽鐵專賣) 정책을 펼쳤는데, 이 정책을 계속할 것인지가 논쟁의 주제였다. 무제가 죽고 나서 소제의 섭정인 곽광은 전국의 학자들을 수도 장안으로 불러서 경제정책에 관해 토론하게 했다. - 출처: 위키백과

8 『전국책』 연책 연나라 동쪽에 조선과 요동이 있고, 북쪽에 임호(林胡)와 누번(樓煩)이 있으며, 서쪽에 운중(雲中)과 구원(九原)이 있고, 남쪽에 녹타(菉沱)와 역수가 있다. 땅은 사방 이천여 리이다(燕東有朝鮮遼東 北有林胡樓煩 西有雲中九原 南有菉沱易水 地方二千餘里).

남쪽에 갈석과 안문의 풍요로움이 있고 북쪽에 대추와 밤의 이로움이 있다. 백성들이 비록 농사짓지 않아도 대추와 밤이 넉넉하므로 이것이 이른바 천부이다(南有碣石鴈門之饒 北有棗栗之利 民雖不佃作而足於棗栗矣 此所謂

1부 단군조선 **97**

보면, 당시 연나라 동쪽에 조선과 요동이 있었고, 남쪽으로 갈석(碣石)과 지금 산서성에 있는 안문(鴈門)을 언급한다. 따라서 갈석산이 연나라에도 속하고 조선에도 속했으므로 갈석산이 연나라와 조선의 경계였음을 알 수 있다.

셋째,『전국책』과『사기』소진열전(蘇秦列傳)에서는 연나라 동쪽에 조선과 요동이 있다고 기록하였고, 이런 배치에 따라『사기』조선열전(朝鮮列傳)은 연나라가 동쪽으로 진번과 조선을 침략하여 복속했다고 말하였다.

따라서『전국책』과『사기』소진열전에서 말한 요동과『사기』조선열전의 진번은 대응 관계에 있음을 알 수 있다. 당시 요동에 진번이라는 정치 세력이 존재했었고, 일부에서 주장하는 진번과 조선을 연칭하여 진번조선(眞番朝鮮)이란 의미가 아니었다. 이러한 사실은『사기』에서 위만이 진번, 임둔(臨屯) 등의 이웃 소국들을 복속시켰다는 기록을 통해 입증된다. 그리고『사기색은』을 보면 진번, 임둔 등의 존재가 명확해지는데, 동방의 작은 나라들이 후에 군(郡)이 되었다고 했다. 즉 한사군 설치와 관련하여 진번, 임둔 등이 처음 나

天府者也).

천부(天府) 땅이 매우 기름져 온갖 산물이 많이 나는 땅 또는 자연적으로 요새를 이룬 땅을 뜻한다.

*『전국책』은 전국시대 유세가(종횡가)의 언설(言說), 국책(國策), 헌책(獻策), 그 외의 일화를 나라별로 편집하여, 정리한 서적이다. 원래는 국책, 국사(國事), 사어(事語), 단장(短長), 장서(長書), 수서(修書)라는 서적이 있었지만, 이것을 전한의 유향(劉向)이 33편을 모아서 정리했다. 전국시대라는 말도 이 책에서 유래한다. - 출처: 위키백과

타난 것으로 이해하면 잘못이며, 상당한 정치체로 성장해 있는 여러 소국이 이미 존재했음을 알아야 한다.

장성(長城)은 국가 사이의 강역(疆域)을 알 수 있는 가장 유력한 지표 유물이다. 특히 연(燕)나라 장성(長城) 위치를 통하여 고조선과 연(燕)나라 국경 위치를 추정할 수 있다. 역사 기록으로 보면 연나라는 장성 2개를 쌓았는데 소왕(昭王) 이전의 연장성(燕長城)과 소왕 때 만든 진개(秦開)의 연장성(燕長城)이었다. 『수경주(水經注)』에 의하면 소왕 이전의 연장성은 보정시 역현(易縣) 서쪽 산지 일대의 북역수(北易水)에 인접한 곳에서 시작되었고, 『사기(史記)』 장의열전(張儀列傳)에 따르면 건축 시기는 소왕(昭王) 원년인 기원전 311년 이전으로 보인다. 진개(秦開)의 연장성은 전국시대 말기 소왕 때에 수축한 장성으로 『사기(史記)』 흉노열전(匈奴列傳)에서는 진개의 동호 침략 이후 연나라가 조양(造陽)에서 양평(襄平)까지 장성을 쌓았다고 하였다.

3. 진개의 동호와 고조선 침략 이후 연나라 경계

연 소왕 때 장수 진개의 고조선 침략에 관한 진실은 우리 상고사를 왜곡하고 있는 중요한 난제이다. 진개의 침입으로 고조선은 일시적으로 강역 일부를 상실하게 된다. 하지만 연나라가 전쟁에서 승리하여 고조선 강역이었던 하북성 일부 지역을 점유했던 시기는 길게 잡아도 기원전 300년경 진개의 침략부터 진시황에 의하여 멸망하는 기원전 222년까지 80년을 넘지 못한다.

진개의 동호와 고조선 침략은 『사기』 흉노열전, 『사기』 조선열전, 『삼국지』 위지(魏志) 동이전(東夷傳) 등의 사서 3곳에 기록되어 있다. 3가지 사료는 모두 연나라 장수 진개의 침략 사건을 기록하였지만, 구체적 내용은 조금씩 다르다. 중요한 사실은 사마천이 흉노열전과 조선열전을 구별하여 기록했다는 점이다. 분명 어떤 이유가 있어서 구분했을 것이다.

사료 ①: 『사기』 흉노열전

"그 후 연나라에 현명한 장수 진개가 있어 동호(東胡)에 볼모로 갔는데 호가 매우 신임했다. 돌아와 동호를 습격해 격파하니 동호가 1천여 리를 물러났다. 형가와 함께 진시황을 암살하려 했던 진무양이 진개의 손자이다(其後燕有賢將秦開 爲質於胡 胡甚信之 歸而襲破走東胡 東胡卻千餘里 與荊軻刺秦王秦舞陽者 開之孫也).

연나라 또한 장성을 쌓았는데 조양에서 양평까지이다. 상곡, 어양, 우북평, 요서, 요동군을 설치하여 호(胡)를 막았다(燕亦築長城 自造陽至襄平 置上谷漁陽右北平遼西遼東郡以拒胡)."

진개의 정확한 동호 침략 시기는 알기 어렵지만, 흉노열전에서는 진개가 조나라 무령왕이 운중, 안문, 대(代) 등의 3군을 설치한 후에 활동했다고 하였는데, 이는 대략 무령왕 재위 26년(기원전 300년) 운중을 차지한 이후 일에 해당한다. 또한 흉노열전을 보면, 진개는 동호에 볼모로 갔는데 호(胡)가 그를 매우 믿었지만, 고국으로 복귀한 뒤 동호를 기습했다. 즉 기원전 300년경 진개는 동호를 침략하여 1

천여 리 땅을 점령했고, 이후 동호를 막기 위해 장성을 쌓았고, 동시에 연 5군을 설치했다.

사료 ②: 『사기』 조선열전

"조선왕(朝鮮王) 만(滿)은 옛날 연나라 사람이다. 연 전성기부터 일찍이 진번과 조선을 침략하여 복속시키고, 관리를 두어 국경에 장새(鄣塞)를 설치했다. 진(秦)이 연을 멸한 뒤에는 그곳을 요동외요(遼東外徼)에 소속시켰는데, 한이 일어나서는 그곳이 멀어 지키기 어려우므로, 다시 요동의 옛 요새[遼東故塞]를 수리하고 패수(浿水)에 이르는 곳을 경계로 하여 연에 복속시켰다(朝鮮王滿者 故燕人也 自始全燕時 嘗略屬眞番朝鮮 爲置吏 築鄣塞 秦滅燕 屬遼東外徼 漢興 爲其遠難守 復修遼東故塞 至浿水爲界 屬燕).

연을 복속했으나 연왕 노관(盧綰)이 배반하여 흉노(匈奴)로 들어갔고, 위만은 조선으로 망명하였다. 천여 명을 모아 무리를 지어 상투를 틀고 만이 복장을 하여 동쪽으로 달아나 새(塞)를 나와 패수를 건넌 후에 옛 진(秦)의 공터인 상하장(上下鄣)에 살았다. 점차 진번, 조선, 만이들을 복속하여 거느리고 연과 제(齊)의 망명자의 왕이 되어 왕험(王險)에 도읍하였다(屬燕 燕王盧綰反 入匈奴 滿亡命 聚黨千餘人 魋結蠻夷服而東走出塞 渡浿水 居秦故空地上下鄣 稍役屬眞番朝鮮蠻夷 及故燕齊亡命者王之 都王險)."

진개의 고조선 침략 시기는 동호 정벌 이후 기원전 300~279년 사이로 보인다. 이상하게 조선열전에서 연나라의 고조선 침략은 구체적 내용이 없고 단지 공격 기사만 나온다. 즉 진개가 진번과 조선을 침략하여 복속시키고, 국경에 장성이 아니라 요새를 설치했다.

사료 ③: 『삼국지』 위지 동이전

"『위략』에서 말하기를, 옛 기자의 후예인 조선후는 주나라가 쇠약해지자 연나라가 스스로 높여 왕이라 칭하고 동쪽으로 침략하려는 것을 보고, 조선후도 역시 스스로 왕호를 칭하고 군사를 일으켜 연나라를 역격하여 주 왕실을 받들려 하였다. 대부 예(禮)가 간하므로 중지하였다. 그리하여 대부 예를 서쪽에 파견하여 연나라를 설득하게 하니, 연나라도 전쟁을 멈추고 침공하지 않았다(魏略曰 昔箕子之後朝鮮侯 見周衰 燕自尊爲王 欲東略地 朝鮮侯亦自稱爲王 欲興兵逆擊燕以尊周室 其大夫禮諫之 乃止 使禮西說燕 燕止之不攻).

그 뒤에 자손이 점점 교만하고 포악해지자, 연나라는 장군 진개를 파견하여 조선의 서쪽 지방을 침공하고 2천여 리의 땅을 빼앗아 만번한에 이르는 지역을 경계로 삼았다. 마침내 조선의 세력은 약화되었다(後子孫稍驕虐 燕乃遣將秦開 攻其西方 取地二千餘里 至滿番汗爲界 朝鮮遂弱)."

『삼국지』는 『위략』을 인용하여, 연 소왕이 장수 진개를 보내 조선 서쪽 변방을 치고 2천여 리의 땅을 차지하고 만번한을 경계로 삼았다고 하였다. 즉 진개가 조선을 침략하여 2천여 리의 땅을 빼앗아 만번한에 이르는 지역을 경계로 삼았다. 하지만 우리 사서 『삼국사기』, 『삼국유사』는 만번한에 대한 기록은 없다.

그런데 진수(陳壽)[9]의 『삼국지』와 『위략』[10]은 동호와 조선을 구분하지 않고 기록하여, 사마천 『사기』와 내용이 달라지는 중대한 문제가 발생했다. 특히 서진(265~316년) 시대 『위략』을 저술한 어환은 사마천보다 300년 이후 사람이고, 사건이 발생한 지 5백 년이 지나 태어났다. 따라서 『위략』에 진개가 조선 영토를 2천여 리나 정복한 기록이 갑자기 나타나는 점은 의심이 갈만한 기록이다.

이들 사료에 대한 해석에 따라서 고조선 강역에 미치는 영향이 지대하다. 즉 진개의 침략이 1번인가 아니면 2번인가 혹은 진개가 빼앗은 땅이 1천여 리, 2천여 리, 3천여 리 가운데 어느 것인가에 따라 한민족 상고사가 지각변동을 일으킬 수밖에 없다. 핵심은 3가지 사서 기록이 동일 사건인가 아니면 별개의 사건인가 하는 점이다. 크게 2가지 견해로 나누어지며, 이에 따라 우리 상고사 해석이 전혀 달라진다.

---

9 진수(233~297년) 중국 삼국시대 촉한과 사마염이 천하통일 이후엔 서진(西晉)의 관료로, 삼국시대의 인물들을 다룬 정사 『삼국지』를 저술했다. 『삼국지』는 『사기』, 『한서』, 『후한서』와 함께 4대 정사(四大 正史)로 분류된다. - 출처: 위키백과

10 『위략』 중국 삼국시대 위(魏)나라를 중심으로 쓰여진 역사서이다. 후에 책이 유실되어서, 청나라 때 왕인후(王仁俊)가 잔존하여 전해진 글을 모아 집본을 펴냈지만, 매우 간략했기 때문에 장붕일(張鵬一)이 민국(民國) 11년 다시 편집했다. 저자는 어환이다. 어환의 행적은 전해지지 않고, 『위략』의 저자인 것 이외는 알려지지 않았다. 『삼국지』의 배송지(裵松之) 주석에 인용된 기록에 의하면, 유표와 안면이 있는 관계였다고 한다. 그 후에는 위나라 신하가 되었다는 기록밖에 없다. - 출처: 위키백과

첫째, 사료 ①, ②, ③이 동일 사건을 기록한 것이면, 진개가 공격한 동호는 바로 조선이 된다. 따라서 연나라가 조선 일부 지역을 차지하고 그곳에 연 장성을 쌓고, 상곡(上谷), 어양(漁陽), 우북평(右北平), 요서(遼西), 요동군(遼東郡) 등 연 5군을 설치한 결과가 된다.

둘째, 사료 ①과 ②, ③이 다른 사건이면, 진개가 공격한 동호와 조선은 별개 나라이다. 따라서 진개가 1차로 동호를 공격하여 1천여 리 땅을 차지하고, 이어서 2차로 조선을 공격하여 추가로 1천여 리 혹은 2천여 리 땅을 차지한 결과가 된다.

1) 동호가 조선이며, ①, ②, ③은 모두 같은 사건 기록이다

동호가 바로 조선이라는 주장은 사료 ①, ②, ③이 같은 사건을 기록했다고 보기 때문이다. 이에 대한 근거로 세 가지를 든다.

첫째, 사료 ①, ②, ③이 다른 사건을 기록한 것이면, 기원전 300년경 진개가 동호를 공격하기 전에 조선과 연나라 사이에 최소 1천여 리의 동호가 존재해야 한다. 그래야 진개가 동호로부터 1천여 리 땅을 빼앗고, 다시 동쪽으로 조선을 공격할 수 있다.

그런데 『삼국지』에서 인용한 『위략』에 따르면, 연나라가 스스로 높여 왕이라 칭하고 동쪽으로 침략하려는 것을 보고, 조선후도 스스로 왕호를 칭하고 군사를 일으켜 연나라를 역격하여 주 왕실을 받들려 하였으나 대부 예(禮)가 간하므로 중지했다는 구절이 있다. 『전국책』에 의하면 연나라가 왕호를 칭한 것은 기원전 323년의 일이다. 그러므로 기원전 300년경 진개가 동호를 공격하기 20여 년 전부터 연나라는 동쪽으로 조선과 국경을 맞대고 있었다. 이를 통하여 진개가 동쪽으로 공격한 동호는 바로 조선이라고 주장한다.

둘째, ①에 따르면 진개의 동호 침략 이후 연나라는 연 5군을 설치하였다. 요동군이 제일 동쪽에 설치되었으므로 이때 연나라 동쪽 국경선은 요동군에 있었다. 그리고 ③의 사건 후에 요동군 만번한에 이르는 지역을 경계로 삼았다. 그런데 ①과 ③의 사건 후에도 연나라의 동쪽 국경선이 요동군 일대로 같다는 것은 ①과 ③이 동일 사건의 기록이라고 주장한다.

셋째, 사마천은 『사기』에서 전국시대에 축성된 조(趙) 장성, 연(燕) 장성과 진(秦)나라 시기에 만든 진(秦) 장성 등 중국 동북 지역의 주요 장성을 빠짐없이 기록하였다. 만약 연나라가 동호를 1천여 리 물리친 후 장성을 쌓고, 또 조선을 2천여 리 물리치고 쌓은 별도의 장성이 있었다면 당연히 기록하였을 것이다. 그러나 연나라가 쌓은 장성은 동호를 1천여 리 물리친 후 쌓은 장성에 대한 기록뿐이다.

이상의 근거로 진개의 침략을 기록한 ①, ②, ③은 모두 같은 사건의 기록이고, 진개가 공격한 동호는 조선이라고 보는 주장이다.

동호가 조선이라는 주장에 대한 첫째 반론으로 진개가 빼앗은 강역이 다르다는 점이다. 즉 ①, ②, ③이 모두 동일 사건을 기록한 것이라면 논리적으로 진개가 빼앗은 땅의 크기가 다르게 기술될 수 없다. 그런데 ①은 진개가 동호를 1천여 리 물리쳤다고 하고, ③은 진개가 조선 땅 2천여 리를 빼앗았다고 하여 점령한 땅에 차이가 있다. 특히 고조선을 침공하기 반세기 전에 소진이 당시 연나라 땅이 사방 2천여 리라고 말하였는데, 자국보다 큰 지역을 연나라가 단기간에 장악해서 점령했다고 판단하기는 어렵다.

둘째 반론으로 ①은 진개가 동호를 물리친 동서 거리인 1천여 리를 기술한 것이고, ③은 진개가 조선의 서쪽 지방을 침공하고 빼앗은 땅의 면적을 나타냈다고 주장하지만, 사료 어디에도 빼앗은 땅이 거리가 아니라 면적이라고 기술하지 않았다.

셋째 반론으로 『사기』는 진개의 공격으로 동호 즉 조선이 물러난 동서 간의 거리인 1천여 리를 기록하였고, 『삼국지』 위지 동이전은 조선 1천여 리와 진번 1천여 리를 합하여 2천여 리의 땅을 빼앗았다고 주장하지만, 마찬가지로 조선이 아니라 진번이 빼앗긴 땅이 1천여 리였다는 어떤 기록도 없다.

따라서 어떠한 주장도 사료에 근거 없는 억지에 불과하므로 사료 ①, ②, ③은 같은 사건을 기록한 것으로 볼 수 없다.

2) 강단사학계와 중국 일부 사학자의 절충적인 입장

강단사학계는 동호가 조선이라고 보지만, 진개가 공격하여 빼앗은 땅의 크기에 대해서 절충적인 입장이다. 즉 ①과 ②는 별개 사건이며, ①과 ②의 사건을 종합한 기록이 ③이라고 주장한다. 요약하면 진개가 1차로 공격하여 1천여 리 물리치고, 2차로 공격하여 1천여 리의 땅을 빼앗아, 결국 『위략』처럼 진개가 동쪽으로 2천여 리의 땅을 점령하여 조선과 연나라 국경이 요동군 만번한이라는 견해이다. 이 경우 요동군 만번한은 연하도가 있었던 하북성 상곡군부터 동쪽으로 2천여 리 되는 곳이 될 수밖에 없다. 따라서 만번한을 지금 요동반도에 있는 천산산맥(千山山脈) 일대에서 찾는다.

이런 주장은 다음과 같은 문제점을 가지고 있다. 『사기』 흉노열전에서 연나라가 동호를 1천여 리 물리친 후 연 5군을 설치했다는 기록과 전혀 맞지 않는다. 요동군이 제일 동쪽에 설치된 군이므로 연나라의 동쪽 국경선은 반드시 요동군이어야 한다. 그러므로 요동군은 상곡군부터 동쪽으로 1천여 리 이내에 있어야 한다.

또 다른 절충적인 입장을 따르는 중국 일부 사학자는 ①은 별개 사건이며, ②와 ③이 서로 대응되는 사건이라고 주장한다. 즉 『사기』 흉노열전에서 진개가 동호를 1천여 리 물리쳤다는 기록과 『위략』에서 진개가 조선의 서방 2천여 리를 빼앗았다는 기록을 다른 사건으로 보고 있다. 따라서 진개가 1차로 동호를 공격하여 1천여 리 물리쳤고, 2차로 조선을 공격하여 2천여 리의 땅을 점령해서 결국 진개가 상곡부터 동쪽으로 3천여 리의 땅을 점령했다는 주장이다. 결국 진개가 동호를 1천여 리 물리치고, 다시 조선으로부터 2천여 리를 빼앗아 조선과 연나라 국경인 만번한은 한반도의 청천강 일대까지 이르렀다. 중국은 이에 따라 역사지도에서 연 장성을 한반도 청천강까지 그리고 있다.

하지만 중국 주장에 따라 『사기』 흉노열전과 『위략』의 기록을 다른 사건으로 보려면, 1차로 진개가 동호를 1천여 리 물리쳐서 하북성 지역을 차지했고, 2차로 조선을 공격하여 2천여 리를 차지하여 연나라 국경이 한반도 청천강 일대까지 이르렀다고 주장해야 옳다. 중국 주장의 약점은 동호를 물리치고 설치한 5군 중에서 요동군(遼東郡)은 하북성 지역이 되어야 하는데, 그러면 당연히 한사군도 하북성에 있게 된다. 그 이유는 연나라 동쪽 국경선은 요동군이고, 상곡군부터 1천여 리 이내에 있어야 하므로 하북성을 벗어날 수 없기 때문이다. 한사군을 한반도로 끌어들이려는 의도와는 정반대가 되는 결과가 초래되어 중국 동북공정은 물거품이 된다.

3) 동호와 조선은 별개이며, 연나라의 조선 점령은 일시적이었다

동호와 조선이 별개라는 주장이 있다. 흉노 분파인 동호는 분명히 동이족인 조선과 다른 종족이다. 『사기』에 따르면, 동호는 오환과 선비(鮮卑)의 선조이다. 후한 때에 오환이 장성 안쪽에 들어와 국경 수비를 하는 용병 역할을 하였고, 비워둔 지역은 선비가 장악한다. 흔히 동호 위치가 연나라 동쪽에 있다고 말한다. 그런데 『사기』에서 기원전 206년 흉노가 동호를 공격해 왕을 죽였다고 한다. 하투(오르도스) 지역을 근거지로 하는 흉노와 동호가 전투를 벌였으므로 동호는 지리적으로 연과 조선의 북쪽에 위치해야 한다. 동호가 중간에 있어서 흉노와 조선의 전쟁 기록은 전혀 없다. 하투(河套)는 황하가 투구 모양으로 흐르는 지역인데 지금 감숙성과 내몽골 자치구 서쪽 변경을 말한다. 시황제는 몽염(蒙恬)을 시켜 10만의 군사로 흉노를 공격하여 하투의 남쪽 지역을 모두 진나라 땅으로 만들고 여기서부터 만리장성을 쌓았다.

또한 『염철론』11에서도 연나라는 동호와 전쟁 다음으로 요동을 지나서 조선을 공격했다고 분명히 밝히고 있다. 즉 『염철론』에 따른 배치는 연의 동쪽에 요동이 있고, 다음이 조선이다. 『염철론』은 기원전 81년 중국 전한 조정에서 있었던 논쟁을 환관이 기록한 책이다. 그리고 『사기』 소진열전(蘇秦列傳)12에서도 연나라 동쪽에는 조선과 요동이 있었고, 북쪽으로 흉노의 일종인 임호가 있었다. 분명히 동호와 조선은 서로 다른 곳에 있었던 별개의 나라였다.

따라서 동호와 조선은 서로 다른 국가였고, 이런 관점에서 사서 ①, ②, ③ 기록을 합리적으로 재해석해 본다.

첫째, 동호가 1천여 리를 물러났다고 했지만, 연나라가 어느 방향으로 공격했는지는 말하지 않았다. 『전국책』 연책13에서 연의 북

---

11 『염철론』 연이 기습(襲)하니 동호가 천 리를 물러났다. 요동을 지나서 조선을 공격하였다(燕襲走東胡却地千里 度遼東而攻朝鮮).
12 『사기』 소진열전 연으로 가서 떠돌다 1년이 지나서야 만날 수 있었는데 연 문후(文侯)에 이렇게 유세했다. 연나라 동쪽으로 조선과 요동, 북쪽으로 임호와 누번, 서쪽으로 운중과 구원, 남쪽으로 호타하(嘑沱河)와 역수가 있습니다(去遊燕 歲餘而後得見 說燕文侯曰 燕東有朝鮮遼東 北有林胡 樓煩 西有雲中 九原 南有嘑沱 易水).
땅은 사방 2천여 리에 갑옷을 두른 병사가 수십만, 전차가 600승, 전투마가 6,000필, 비축된 식량은 몇 년을 먹을 수 있습니다. 남으로 갈석과 안문의 풍요로움이 있고, 북으로는 대추와 밤이 풍족합니다. 이것이 이른바 하늘이 내려준 창고라는 것입니다(地方二千餘里 帶甲數十萬 車六百乘 騎六千匹 粟支數年 南有碣石 鴈門之饒 北有棗栗之利 民雖不佃作而足於棗栗矣 此所謂天府者也).
13 『전국책』 연책 연나라 동쪽에는 조선과 요동이 있고, 북쪽에 임호와 누번이 있으며, 서쪽에 운중과 구원이 있고, 남쪽에는 녹타와 역수가 있다. 지

쪽에 동호로 보이는 임호가 있다. 따라서 연나라 침공 방향이 북쪽이라면 합리적인 설명이 가능하다. 즉 전쟁에서 패하여 동호가 북쪽으로 천 리를 물러났고, 동호가 떠난 자리에 연나라가 조양에서 양평까지 동서로 장성을 쌓았다는 해석이 타당하다. 지금도 하북성 보정시 서수구 수성진에 유적이 남아있다.

둘째, ①과 ②, ③이 다른 사건이라면, 진개가 1차로 동호를 공격하여 1천여 리를 차지하고,『위략』에 따라 2차로 조선을 공격하여 추가로 2천여 리 땅을 차지해야 한다. 그런데『사기』흉노열전에 연나라가 동호를 1천 리나 물리치고 장성을 쌓았다고 하였지만, 조선열전에서는 연나라가 진번과 조선을 침략하고 뺏은 지역에 장새(障塞)[14]를 쌓아 관리를 배치했다고 한다. 동호를 물리치고 쌓은 장성과 조선에서 뺏은 초소와 같은 장새는 구조뿐만 아니라 방어 개념도 전혀 다르다.

또한『삼국지』는『사기』와 달리 동호와 진번이 없고, 장성과 장새를 쌓았다는 말도 없다. 전혀 다른 내용을 기술하고 있다. 다만 진개가 조선을 침략한 후 만번한을 경계로 삼았고, 진시황이 천하를 병합하여 장성을 쌓아서 요동에 이르렀다고 했다. 즉 연나라의 조선 침략 이후에도 국경선은 여전히 요동군 만번한에 있었다.

방이 2천여 리다. 남쪽에는 갈석과 안문의 풍요로움이 있고 북쪽에는 대추와 밤의 이로움이 있다. 백성들이 비록 농사짓지 않아도 대추와 밤이 넉넉하므로 이것이 이른바 천부이다(燕東有朝鮮遼東 北有林胡樓煩 西有雲中九原 南有滹沱易水 地方二千餘里 南有碣石鴈門之饒 北有棗栗之利 民雖不佃作而足於棗栗矣 此所謂天府者也).

14 장새 요새와 보루를 아울러 이르는 말.

그렇다면 『위략』 기록처럼 진개가 조선을 침략해서 일시적으로 2천여 리 땅을 점유했을 수 있지만, 실질적으로 조선 땅을 획득하지는 못했다고 본다. 그래서 『사기』는 조선에서 뺏은 땅에 초소와 같은 장새만 설치했다고 하였다. 이에 대한 근거로 『염철론』 비호 편을 보면, 고조선이 요동에 있던 요(徼)를 넘어 연나라의 동부 지역을 탈취한 일이 있음을 말하고 있다. 요동에 있었던 연나라의 요(徼)는 『사기』 조선열전에 나오는 요동외요[15]를 지칭한다고 추정된다. 따라서 『염철론』은 진개가 고조선을 침략한 이후에 오히려 고조선이 연나라를 침공한 사실이 있음을 전하고 있다.

그리고 『염철론』 벌공 편에서는 연나라는 동호를 물리치고 1,000리의 땅을 넓혔으며 요동을 지나 조선을 침공했다고 전하는데, 이는 『사기』 흉노열전과 『위략』에 보이는 진개의 침략을 가리키는 것으로 보인다. 그런데 만약 진개가 고조선의 영토를 침공해 그것을 확보하고 있었다면 연나라 국경은 동쪽으로 크게 이동되어 있어야 한다. 그럼에도 『염철론』 험고(險固) 편에서 연나라 국경은 갈석, 사곡, 요수였다고 밝히고 있다. 진개의 전쟁이 일시적인 침략에 불과했고 강역이 다시 후퇴했음을 의미한다. 결국 진개의 침략전쟁 이후에도 고조선과 연나라 경계는 크게 변동하지 않았다.

셋째, 『위략』에서 진개의 고조선 침략전쟁 이후에 연나라와 고조선의 국경이 만번한까지로 되어 있다. 따라서 만번한의 위치가 확인되면 국경선이 어디인지를 알 수 있게 된다. 『한서』 지리지 기록

---

15 요동외요(遼東外徼) 진(秦)나라 때에 요동 바깥에 세운 요새.

을 통하여 만번한 위치를 추정할 수 있다. 『한서』 지리지 요동군 조에서 문(文), 번한(番汗)의 두 현명(縣名)이 보인다. 문현(文縣)과 번한현(番汗縣)이 항상 나란히 기록된 것으로 보아 이들은 연접되어 있었던 지역 명칭임을 알 수 있다. 따라서 문번한(文番汗)은 『위략』에 보이는 만번한이라는데 이론이 없는데, 동한 시대에 이르면 문현은 문현(汶縣)으로 바뀐다. 문(文), 문(汶), 만(滿)의 세 문자는 고대에 비슷한 음을 지니고 있었을 것으로 생각된다. 그런데 번한현의 반고 주석에는 그곳에 패수가 있다고 하였다. 따라서 패수가 고조선과 연나라 국경으로 추정되고, 인근에 문현과 번한현이 있었다.

4. 연 5군

한국사를 조작하기 위해 가장 심하게 날조된 부분은 연나라 위치이다. 따라서 연나라가 동호를 침략하여 설치했다는 연 5군의 위치는 고조선 서쪽 변경을 파악할 때 매우 유용하다. 연나라는 북쪽으로 만맥(蠻貊)의 압력을 받았고, 동서로 제(齊)나라, 진(秦)나라와 국경을 함께하며 강국들 사이에 끼어 있던 변방의 약하고 작은 나라로서, 사마천『사기』에 따르면 여러 번 멸망할 위험을 겪었다고 하였다.

주 무왕이 은(殷)나라를 멸망시킨 이후 동생 소공을 연의 제후에 봉했다. 전국시대(戰國時代) 연은 한(韓), 위(魏), 조(趙), 제(齊), 진(秦), 초(楚) 등 6개국(國)과 더불어 왕(王)을 칭했다. 하지만 연 소왕 원년

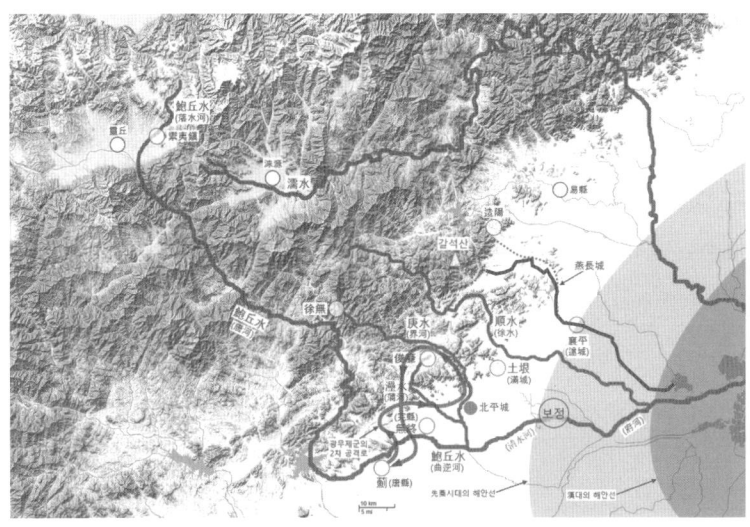

연장성(燕長城)과 요수(遼水)로 추정하는 연 5군의 위치(349쪽 지도 참고)
* 포구수(鮑丘水) 당하(唐河) 유수(濡水) 조양(造陽) 역현(易縣) 양평(襄平)(수성 遂城) 순수(順水) 토은(土垠)(만성 滿城) 서무(徐無) 북평성(北平城) 계(薊)

인 기원전 311년 이전 연나라 강역은 대군 1개뿐으로 약소국이었다. 이후 『사기』 흉노열전16에 따르면, 소왕 시대 진개가 동호를 1천여 리 격파한 후 장성을 쌓고 상곡, 어양, 우북평, 요서, 요동 등 연 5군을 설치하여 크게 강역을 늘렸다. 진개의 연장성 위치를 기

---

16 『사기』 흉노열전 그 후 연나라에 현명한 장수 진개가 있어 호(胡)에 볼모로 갔는데 호가 매우 신임했다. 돌아와 동호를 습격해 격파하니 동호가 1천여 리를 물러났다. 형가와 함께 진시황을 암살하려 했던 진무양이 진개의 손자이다. 연나라 또한 장성을 쌓았는데 조양에서 양평까지이다. 상곡, 어양, 우북평, 요서, 요동군을 설치하여 호를 막았다(其後燕有賢將秦開 爲質於胡 胡甚信之 歸而襲破走東胡 東胡卻千餘里 與荊軻刺秦王秦舞陽者 開之孫也 燕亦築長城 自造陽至襄平 置上谷漁陽右北平遼西遼東郡 以拒胡).

준점으로 연 5군의 위치를 추정해 본다. 연장성은 요수인 지금 남역수 경로를 따라서 축성되었다. 따라서 연장성 동쪽은 요수(지금 남역수) 동쪽 영역이므로 요동군, 서쪽은 요수 서쪽이므로 요서군이었고, 장성 북쪽 끝 지역이 상곡군이었다. 그리고 북평성과 무종현 일대는 우북평군, 서무현 서북쪽 지역이 어양군으로 추정할 수 있다.

『통전(通典)』17을 보면, 진(秦)나라는 기원전 222년 연나라를 멸망시키고, 그곳에 진(秦) 5군을 설치한다. 즉 진(秦)나라는 기원전 226년 연나라 계성(薊城)을 함락시킨 후 그곳에 광양군을 설치하였고, 기원전 225년 연나라 우북평군과 요서군을 빼앗고 진(秦)나라 우북평군과 요서군을 설치하였다. 그리고 기원전 224년 연나라 어양군을 빼앗아 진(秦)나라 어양군을 설치하였고, 마지막으로 기원전 222년 연나라 상곡군 자리에 진(秦)나라 상곡군을 설치하였다. 그리고 한나라가 중국을 통일한 이후 처음에는 진(秦) 5군 자리에 그대로 한 5군을 설치하였다.

이후 한나라는 전쟁을 통해 영토를 확장하여 한고조(漢高祖) 유방(기원전 247년~기원전 195년)이 기원전 205년경 상곡을 분리하여 탁군을 설치하였고, 발해군을 신설하였다. 이후 무제(기원전 156년~기원전 87년)는 위청(衛靑), 이광(李廣), 곽거병(霍去病) 등의 명장들을 파견해 한고조 시절부터 대립하던 흉노족과 막북(漠北) 전투

---

17 『통전』처음 주나라 무왕이 은(殷)나라를 평정하고, 소공 석(奭)을 연나라에 봉했다. 진(秦)나라가 연나라를 멸하고, 그 땅을 어양, 상곡, 우북평, 요서, 요동 5군으로 삼았다(初武王定殷 封召公奭於燕 及秦滅燕 以其地爲漁陽上谷右北平遼西遼東五郡).

에서 대승을 거두었고, 남월과 조선을 점령했으며, 장건을 서역으로 보내 실크로드를 발견하는 등 대외 정복 전쟁으로 강역을 크게 확장했다. 특히 고조선을 침략하여 기원전 108년 낙랑군, 기원전 107년 현토군 등 2군을 설치하여 모두 유주에 속하게 했다.『주례』18에서 동북(東北)을 유주라고 불렀다.『진서(晉書)』에 따르면, 유주는 기주에 속하는 지역으로서 순(舜)이 12개 목(牧)을 설치했는데 그중 하나다.

후한 때 반고(班固)가 편찬한『한서(漢書)』지리지19는 요동군(遼東

---

18 『주례』 중국 주나라 왕실의 관직제도와 전국시대 각국의 제도를 기록한 유교경전.
19 『한서』 지리지 연나라는 왕을 칭한 이후 10세에 이르러 진나라가 6국을 멸망시키려 하자 연왕의 태자 단이 용사 형가를 서쪽으로 보내어 진왕을 찔러 죽이려 하였으나 성공하지 못하고 주살되었다. 진나라는 병사를 움직여 연나라를 멸망시켰다(燕稱王十世 秦欲滅六國 燕王太子丹遣勇士荊軻西刺秦王 不成而誅 秦遂舉兵滅燕).
계(薊)는 남으로 제(齊)나라, 조(趙)나라와 통하고 발해와 갈석 사이에 있는 하나의 도회이다. 처음 태자 단은 용사를 빈객으로 부양하고 미인과 후궁들을 아끼지 않았다. 백성들을 교화시켜 이를 풍속으로 삼았는데. 지금까지 그대로이다. 빈객이 지나가다 이끌려서 들리면, 여자들에게 잠자리 시중을 들게 하였는데, 시집간 밤에는 남녀 구별 없이 도리어 이를 영광으로 생각하였다. 후에는 점차 그치는 듯하였지만 끝내 고쳐지지 않았다. 풍속은 어리석고 사납고 생각이 없고 경박하여 위엄이 없었다. 또한 장점도 있어 위급한 사람을 도울 때는 과감하였는데, 연나라 태자 단의 유풍이다(薊南通齊趙 勃碣之間一都會也 初太子丹賓養勇士 不愛後宮美女 民化以爲俗 至今猶然 賓客相過 以婦侍宿 嫁取之夕 男女無別 反以爲榮 後稍頗止 然終未改 其俗愚悍少慮 輕薄無威 亦有所長 敢於急人 燕丹遺風也).
상곡에서 요동에 이르기까지 땅은 넓고 백성은 적어 자주 오랑캐의 침범

郡), 현토군, 낙랑군의 위치를 알려주는 가장 중요한 1차 사료이다. 『한서』 지리지에 따르면 처음 유주에 7개 군이 속했는데, 요동, 요서(遼西), 우북평(右北平), 상곡, 어양, 낙랑, 현토(玄兔) 등이었다. 이후 유주에 낙랑군, 현토군, 요서군, 요동군, 우북평군, 어양군, 상곡군, 대군 등 8개 군(郡)이 속했고, 소제(昭帝) 원봉(元鳳) 원년(元年, 기원전 80년) 연을 고쳐서 광양군(廣陽郡)으로 하여, 한나라 유주에는 9개 군(郡)이 있었다.

그리고 『후한서』 군국지에 따르면, 후한의 유주에 어양, 상곡, 우북평, 요서, 요동, 탁군, 광양(廣陽), 대군(代郡), 현토, 낙랑 등 10개 군이 속했다.

여기에서 중요한 사실은 본래 연나라 강역이었던 대군과 상곡군을 제외하고 연나라와 한나라 시대 설치한 나머지 8개 군 즉 어양군, 우북평군, 요서군, 요동군, 탁군, 발해군, 낙랑군, 현토군 지역은 일부 지역을 제외하고 대부분 고조선의 강역이었다는 점이다.

유주(幽州)는 전국시대 연 5군과 고조선이 멸망하고 한나라가 추가로 설치된 낙랑군, 현토군 등을 속군으로 다스렸던 곳임을 알 수 있다. 고조선이 한나라에 빼앗긴 이들 지역을 되찾기 위해 이후 부여, 고구려, 백제는 수백 년 동안 한족 국가와 치열한 전쟁을 치르

을 받았다. 풍속이 조(趙), 대(代)와 비슷하고 물고기 소금, 대추 밤이 많이 난다. 북으로 오환(烏丸), 부여와 이웃하고 동으로 진번과 교역에서 이익을 본다. 현토와 낙랑은 한무제 때에 설치하였는데, 모두 조선, 예맥, 구려 등의 만이 땅이다(上谷至遼東 地廣民希 數被胡寇 俗與趙代相類 有漁鹽棗栗之饒 北隙烏丸夫餘 東賈真番之利 玄菟樂浪 武帝時置 皆朝鮮濊貉句驪蠻夷).

게 된다. 즉 백제는 근초고왕(재위 346년~375년) 시기에 고구려 서쪽 요서 지역을 점령하였다. 『양서(梁書)』에 따르면, 진(晉)나라 때 고구려가 이미 요동을 공략해 차지하자, 백제 또한 요서, 진평 2군을 빼앗아 차지하고 스스로 백제군을 두었다고 하였다. 또한 북한 덕흥리 고분에서 발굴된 유주자사(幽州刺史) 진(鎭)의 묵서명을 보면, 영락 18년(408년) 유주에 속한 13개 군의 태수와 관리가 진(鎭)을 찾아와 하례하고 업무 보고하는 내용의 벽화가 그려져 있다. 13군은 연군(燕郡), 범양(范陽), 어양(魚陽), 상곡, 광녕(廣寧), 북평, 요서, 창려(昌黎), 요동, 현토(玄兎), 낙랑, 대방(帶方) 등이다. 따라서 고구려는 광개토태왕 시대에 유주를 대부분 수복한 것으로 보인다.

5. 명도전으로 추정하는 고조선 강역

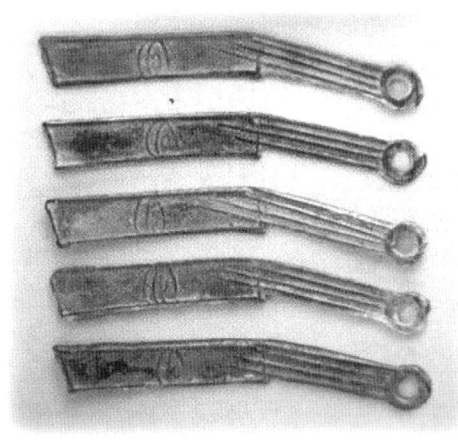

명도전
-출처: 국립 중앙박물관

명도전(明刀錢)은 기원전 4세기 중반에 처음 주조되어 동북아시아에서 통용되던 손칼 모양의 화폐이다. 재질은 청동이며, 길이는 13~14.4cm 정도다. 손잡이에는 세 줄의 직선 무늬가 있으면, 끝에는 고리가 달려 있다. 명도전 하나의 무게가 100원 동전 3개 정도이다.

갑골문자로 밝을 명(明)이 각인되어 있어 일본학자가 명도전이라 이름을 붙였고, 연나라 화폐로 규정한 것은 중국학자들이다. 명도전은 중국에서는 하북성, 요녕성, 내몽고 자치구 일대에서 발견되고 있으며, 우리나라에서는 대부분 한반도 북부지역인 평양 정백동 무덤, 영변 세죽리, 위원 용연동, 강계 길다동(吉多洞) 등이다. 특히 요동과 한반도지역에서 명도전 출토지는 대략 60개소로 기원전 3~2세기경으로 추정되고, 수백 혹은 수천 매씩 묶음으로 한꺼번에 출토된 경우가 대부분인데 그중에는 50개씩 묶어 2,000여 개를 항아리 속에 넣어 둔 것이 출토된 사례도 있었다.

강단사학계는 요녕성 및 한반도 북부에서 출토되는 명도전은 대체로 기원전 3세기 초에 연나라가 동쪽으로 세력을 확장했던 증거로 해석하고 있다. 혹은 고조선과 연나라의 교역 관계를 나타내는 증거로 보기도 한다. 즉 고조선과 연나라, 제나라와 무역이 활발히 이루어지면서 명도전이 고조선으로 많이 흘러들어왔고, 이 때문에 곡물, 옷감과 함께 병용 화폐로 일정 수준에서 통용되었다고 추정한다. 그래서 사학계는 명도전을 전국시대 말기 중국의 문화가 한반도로 파급된 사실을 나타내는 지표로 주장하고, 유적의 연대추정에 활용하고 있다.

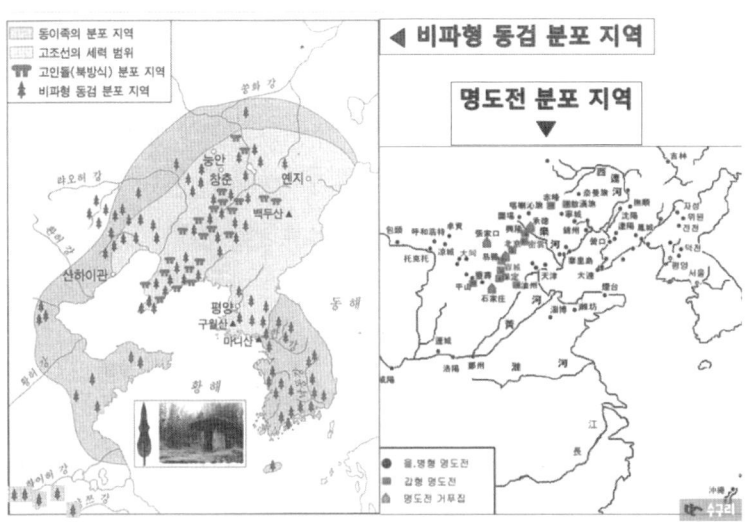

비파형 동검과 명도전 출토 지역 비교(350쪽 지도 참고)

하지만 기원전 3세기는 연나라 말기로 진(秦)나라 압박으로 국력이 쇠퇴하여 활발한 국제 교역이 있었다고 보기 어렵고, 또한 연나라가 화폐를 사용했다는 어떤 사서 기록도 없다. 그리고 명도전 뒷면에 기호가 있는데, 이것을 중국에서는 연나라 문자라고 주장한다. 전국 7웅 중에서도 약소국이었던 연나라에서 독자적인 문자가 있었다는 의미인데 역시 사서에 전혀 기록이 없다. 그런 이유로 명도전에 새겨진 기호나 문양의 의미를 중국에서는 제대로 해독하지 못하고 있다. 그래서 기호가 고조선 문자인 가림토라는 주장이 있다.

그런데 고조선 팔조법금(八條法禁)에 따르면, 도둑질한 자는 노비가 되고, 재물을 바치고 죄를 면하고자 하는 자는 50만 전을 내야 한다는 내용이 있다. 이로 보아 고조선이 화폐를 사용했음을 명백히 알 수 있다. 또한 고조선은 비파형 동검, 청동거울 등을 만드는 청동주조 기술이 뛰어나기 때문에 명도전이라는 화폐를 충분히 만들 수 있었다. 이에 따라 재야 사학자들과 북한의 역사학계는 고조선이 자체적으로 명도전을 주조하여 유통하였다고 주장한다. 이에 대한 주요 근거는 다음과 같다.

첫째, 명도전 출토 지역이 고조선 강역과 대부분 일치하며 대량으로 발굴되고 있다. 주요 출토지는 고조선 통치 지역이었던 북경과 하북성, 요동 지역, 한반도 서북부이다. 신기하게도 명도전은 일본 심지어 오키나와 지역에서도 출토되었다. 이것을 통해 명도전은 중국 동북 지역과 한반도, 일본에서 광범위하게 유통된 국제적 화폐였음을 알 수 있다. 더구나 내륙 국가였던 연나라가 일본과 오키나와를 상대로 무역 거래를 했다는 사실은 이해하기 어렵고, 문헌 증거도 없다.

둘째, 비파형 동검, 세형동검, 고인돌 등은 고조선의 대표적인 지표 유물이다. 특히 비파형 동검과 고인돌의 출토 지역을 통해 고조선 강역을 추정할 수 있는데, 명도전 출토 지역과 크게 다르지 않음을 명확히 알 수 있다.

셋째, 명도전이 연나라에 이웃한 조나라, 제나라에서 전혀 사용되지 않고, 적대 국가였던 고조선 지역에서 널리 사용되었다는 주장은 상식에 반하는 주장이다. 적국이었던 연나라 화폐를 사용할 이유가 없다. 고대나 지금이나 경제 법칙은 규모와 방식만 달라졌을 뿐 비슷하게 적용된다. 만약 고조선에서 명도전이 사용되었다면, 고조선 경제는 연나라에 예속되어서 연나라는 명도전을 찍어내는 일만으로 고조선의 모든 재화를 구매하고 통용시킬 수 있었다는 말이 된다. 연나라가 멸망한 이후까지도 적대국인 고조선 지역에서 널리 유통되었다는 것은 이해하기 어렵다.

결정적으로 문제는 연나라 실제 강역으로 추정되는 지역에서 명도전이 미미한 수준으로 출토된다는 점이다. 오히려 연나라의 존속 기간에 통용되었다고 할 수 없을 무수한 명도전이 중국 동북 3성과 하북성 북경 근처에서 발굴되었다. 특히 출토 사례를 보면 요동과 한반도에서 발견된 명도전의 숫자를 다 합쳐도 북경과 하북성 북부에서 발견된 숫자의 절반도 안 된다. 이런 사실을 보면, 명도전이 가장 많이 발견된 북경과 하북성 북부는 고조선 핵심 강역이었다고 보아야 한다.

이후 한반도에서 철기시대에 쓰였던 화폐가 출토되었는데 바로 반량전, 오수전(五銖錢)이다. 당시 중국 화폐로 반량전, 은자, 오수전이 있었다. 화폐에 반량(半兩)이라 새겨져 있기에 반량전이라 부른다. 반량전은 중국에서는 진나라와 전한 시대에 주로 사용되었다. 오수전은 한무제(漢武帝) 때 주조되어 약 700년간 꾸준히 유통되다가, 당고조(唐高祖) 재위기 621년 개원통보(開元通寶)로 대체되어 퇴장하였다. 그런데 한나라가 고조선을 굴복시키고 평양 근처에 한사군을 수백 년 설치하여 통치했었다면, 평양 일대와 요동성, 중국 동북부에 한나라의 화폐가 보이지 않을 리가 없다. 이런 사실도 한사군이 한반도 평양 일대에 설치되지 않은 사실을 명백히 입증한다.

2부 위만조선과 삼한

4장 고조선(단군)의 멸망과 위만조선의 건국
5장 조한 전쟁과 한사군
6장 위만조선과 진국 및 삼한의 관계

4장 고조선(단군)의 멸망과 위만조선의 건국

동북아시아에서 기원전 3세기 전후는 격변의 시기였다. 관중(關中)을 토대로 진(秦)나라는 기원전 230년부터 주변국인 한(韓), 조(趙), 위(魏), 초(楚), 연을 차례로 정복했고, 마침내 기원전 221년 산동반도에 있었던 제(齊)나라를 침공하여 역사상 최초로 중국을 하나의 국가로 통일했다. 시황제(始皇帝) 영정은 진(秦)나라 31대 왕으로 전국시대를 끝내고 중원을 통일하였지만, 15년밖에 가지 못하고 천하가 다시 어지러워진다.

진시황은 불로장생의 신선술에 큰 관심을 가지고, 많은 방사(方士)를 동해로 보내어 불로초를 구해오도록 하였다. 이때 연나라 사람 노생(盧生)이 불로초는 구하지 못하고 신선의 글이라는 녹도서(錄圖書)를 구해 바쳤는데, 여기에 진나라를 망하게 할 자는 호(胡)라고 쓰여 있었다. 호가 아들 호해(胡亥)를 가리키는 줄도 모르고, 진시황은 북쪽의 흉노라고 생각하였다. 그래서 기원전 214년 진시황은 몽염1 장군에게 30만 대군을 거느리고 북쪽으로 호(胡)를 공격하고 장성을 쌓게 하였다. 시황제 정책 중 백성들의 원성을 산 일은 단연 무리한 토목 공사였다. 대표적으로 흉노의 침입을 막기 위해 쌓은 만리장성이다. 만리장성을 축조할 때 150만 명의 백성들이 동원되었으며, 4년 만에 30만 명이 사망했다고 전해지고, 동시에 고역을 피하여 많은 난민이 발생하였다. 특히 이 시기에 연과 제(齊)나라 백성들이 괴로움을 못 이겨 가까운 고조선으로 망명했고, 이에 따라 고조선은 많은 유민을 받아들여 서쪽 변경 지역에 거주하게 하였다.

기원전 210년 진시황은 제(齊)나라가 있었던 산동반도를 순행하던 중 하북성 형태시(邢台市) 사구평대(沙丘平臺)에서 병을 얻어 세상을 떠났다. 시황제는 태자 부소(扶蘇)를 후계자로 지목했으나 재상 이사와 환관 조고 등의 음모로 부소가 자결하고 차남 호해가 황제로 즉위했다. 당시 부소는 분서갱유를 행하던 아버지에게 폭정을 자제해달라고 간언했다가 흉노와 접경지역에서 만리장성의 건설 감독을 명령받고 몽염과 함께 벽지로 추방당했다.

고조선 관련 사료는 거의 없지만 『사기』와 『위략』의 기록을 합치면 어느 정도 윤곽을 잡을 수 있다. 특히 고조선에 대한 기록은 멸망 이후부터 구체화 되기 시작하는 특징이 있다. 하지만 『위략』에

1 　몽염(蒙恬, ? ~기원전 210년)　중국 전국시대 진나라의 관료이자 장군이다. 전국 통일 이후에 몽염은 기원전 215년 진시황의 명을 받아 30만 대군으로 오르도스 일대의 흉노를 몰아내고 만리장성의 건축 및 북방의 수비를 감독하였다. 그러나, 진시황제 사후 조고는 승상이었던 이사가 몽씨 가문의 위세에 불안을 느끼고 있다는 점을 이용해서 이사를 설득하여 부소 대신으로 호해를 황제로 옹립할 것을 권하였고, 결국 조고 등에 모함을 당하여 태자 부소와 함께 자살하였다. - 출처: 위키백과

서 고조선 관련 기사는 이전에는 거의 없다가 기원전 3세기가 되면서 갑자기 튀어나온 기록들이 많으므로 주의해야 한다.

고조선과 인접하고 있었던 연나라는 전성기에 진번과 조선을 침략하여 성과 요새를 설치하였는데, 이후 진(秦)나라는 연나라를 멸하고 그곳을 요동 밖의 성채인 정장(亭障)[2]으로 삼았다. 그래서 『사기』 조선열전[3]에서는 기원전 221년 진(秦)나라가 연나라를 멸하자, 그곳이 요동 바깥에 속했다고 말하였다. 이 기사 의미는 진이 연을 멸망시켰지만, 연나라가 진번과 조선을 침략하여 빼앗은 땅이 모두 진(秦)나라 영토가 되지 못했음을 말한다. 흔히 사서에서 말하는 진고공지(秦故空地)[4]이다. 따라서 요동고새 바깥 지역은 진이 통치하지 못하고 고조선과 완충지대로 있었다.

그리고 『삼국지』[5]는 『위략』을 인용하여 진(秦)나라가 중국을 통

---

2 정장 변방의 요새에 설치하여 사람들이 드나드는 것을 검열하던 관문.
3 『사기』 조선열전 진나라가 연나라를 멸하자, 요동의 바깥에 속했다(秦滅燕 屬遼東外).
4 진고공지 진나라 때의 옛 빈 땅.
5 『삼국지』 『위략』에 따르면, 옛 기자의 후예인 조선후는 주나라가 쇠약해지고 연나라가 스스로 높여 왕이라 칭하고 동쪽으로 침략하려는 것을 보고, 조선후도 역시 스스로 왕호(王號)를 칭하고 군사를 일으켜 연나라를 역격(逆擊)하여 주 왕실을 받들려 하였는데, 그의 대부 예(禮)가 간하므로 중지하였다. 그리하여 예(禮)를 서쪽에 파견하여 연나라를 설득하게 하니, 연나라도 전쟁을 멈추고 침공하지 않았다. 그 뒤에 자손이 점점 교만하고 포악해지자, 연은 장군 진개를 파견하여 조선의 서쪽 지방을 침공하고 2천여 리의 땅을 빼앗아 만번한에 이르는 지역을 경계로 삼았다. 마침내 조선의 세력은 약화되었다(魏略曰 昔箕子之後朝鮮侯 見周衰 燕自尊爲王 欲東略地 朝鮮侯亦自稱爲王 欲興兵逆擊燕以尊周室 其大夫禮諫之 乃止 使禮西說

일하고 장성을 쌓았는데 이 장성이 요동까지 이르렀다고 하였다. 그런데 장성의 끝 지역에 산해관(山海關)이 있었다. 즉 만리장성 동쪽 끝은 태항산맥 인근으로 중원과 요동의 경계 지역이었고, 여기에 옛 산해관이 있었다. 따라서 고대부터 산해관에서 끝나는 만리장성 밖은 중국의 영역이 아니었다.

결정적으로 『요사(遼史)』에서 『사기색은(索隱)』을 인용하여 산해관 다른 이름이 유림관(榆林關)6이라고 하였다. 그런데 『사기(史記)』 조선열전(朝鮮列傳)을 주석한 『사기정의(正義)』는 섭하(涉何)가 패수(浿水)까지 전송 나온 조선의 비왕(裨王) 장(長)을 찔러 죽이고 패수(浿水)를 건너 도망간 새(塞)가 평주(平州) 유림관(榆林關)이라 하였다. 따라서 옛 산해관은 고대 유하(榆河)였던 지금 당하가 흐르던 산서성 대동시(大同市) 영구현(靈丘縣) 동쪽에서 하북성 보정시 당현(唐

燕 燕止之校毛本 下燕字作以不攻 攻疑作改 後子孫稍驕虐 燕乃遣將秦開攻其西方 取地二千餘里 至滿番汗爲界 趙一淸曰 潘韓譌兩漢志 俱作番汗 朝鮮遂弱).

진(秦)나라가 천하를 통일한 뒤, 몽염을 시켜서 장성을 쌓게 하여 요동에까지 이르렀다. 이때 부(否)가 조선왕이 되었는데, 진(秦)나라 습격을 두려워한 나머지 정략적으로 복속은 하였으나 조회에는 나가지 않았다. 부(否)가 죽고 아들 준(準)이 즉위하였다. 그 뒤 20여 년이 지나 진승(陳勝)과 항우가 기병(起兵)하여 천하가 어지러워지자, 연, 제(齊), 조(趙)의 백성들이 괴로움을 견디다 못해 차츰차츰 준(準)에게 망명(亡命)하므로, 준(準)은 이들을 서부 지역에 거주하게 하였다(及秦幷天下 使蒙恬築長城 到遼東 時朝鮮王否立 畏秦襲之 略服屬秦 不肯朝會 否死 其子準立 二十餘年而陳項起 天下亂 燕齊趙民愁苦 稍稍亡往準 準乃置之於西方).

6 『요사』 유림관은 색은에 이르기를 지금(요나라 당시) 산해관이다(榆林之關 索隱謂 今山海關).

縣) 사이에 있었다.

지금 만리장성 끝에 있는 산해관은 하북성과 요녕성(遼寧省)을 가르는 경계(境界)로 하북성 진황도시(秦皇島市)에 속하고 명나라 시대 교치된 것으로 추정된다. 한편 유관과 이름이 비슷한 임유관(臨渝關)은 보정시 만성구(滿城區) 소재 계하(界河), 즉 고대 유수(渝水)가 흐르는 협로에 있는 석정향(石井鄕) 인근에 비정된다. 고구려를 침입한 수문제(隋文帝) 30만 대군을 물리치고 임유관 대첩에서 승리한 장군이 강이식(姜以式)이고, 수양제(隋煬帝) 백만 대군의 침입을 물리치고 살수 대첩에서 승리한 장군이 을지문덕이다.

『위략』에서 언급한 진시황이 축성한 만리장성의 시작과 끝이 어디인지 자세히 살펴본다. 『사기』 진시황 본기는 진나라가 동쪽으로 조선과 강역을 맞대어 있다고 기록했고, 몽염열전은 진시황이 중원을 통일한 해에 쌓은 장성의 서단이 임조(臨洮), 동단이 요동이라고 하였다. 장성의 서단인 임조는 현재 감숙성(甘肅省) 정서시(定西市) 관할로 조하(洮河)에 임한 곳이기에 이러한 지명이 유래했다. 동단인 요동은 고조선과 진나라의 국경이다. 또한 『수경주』에는 진시황이 태자 부소와 몽염에게 장성을 쌓게 했는데 임조에서 시작해서 갈석까지 이르렀다고 하여 『사기』[7]에서 말하는 요동은 갈석산으로 지금 백석산 일대였음을 알 수 있다.

그리고 진(秦)나라가 직접 요동에 진출한 시기는 연의 수도 계

---

7 『사기』 **몽염열전** 시황제 26년(기원전 221년) 장성을 쌓았는데, 지형에 따라 험난한 곳을 이용해서 성채를 쌓아 임조에서 시작해서 요동까지 이르렀는데 길이가 만 리였다(築長城 因地形 用制險塞 起臨洮 至遼東 延袤萬餘里).

(薊)를 공략하고 4년 뒤인 기원전 222년 일이다. 즉『염철론』벌공(伐攻) 편에 따르면, 진(秦)은 제(齊)를 멸하여 천하를 통일한 뒤 이미 점령한 연의 요동에서 국경선 패수를 넘어 고조선을 공격하였다. 그래서 진이 요동외요를 건설한 해는 기원전 221년이며, 연나라보다 오히려 고조선 지역으로 더 진출하였음을 알 수 있다. 또한 진이 요동외요를 건설한 목적도 단순히 연의 고지를 지키기 위한 것이 아니라, 새로 획득한 고조선 영토를 함께 관할하기 위한 것임을 알 수 있다.

진의 요동 진출이 고조선에 큰 위협이 된 것은 사실이어서 당시 고조선 부왕은 진의 습격을 두려워하여 복속할 것을 약속하였다고 한다.『위략』에 따르면 기원전 214년 당시 조선은 부(否)가 왕이었는데 진나라 공격을 두려워한 나머지 복속했다고 기록하였지만, 천자를 만나러 가지 않았다고 전하고 있다. 복속의 의미로 보통 조공을 요구하는데, 이에 대한 구체적인 기록은 없어 단지 외교적인 전략에 따라 이루어졌다고 보인다.

호해가 황제로 즉위한 이후 진나라는 진승과 오광의 난,[8] 유방과 항우의 반란 등 숱한 내란에 시달렸다. 호해는 결국 4년 만인 기원전 207년 승상 조고(趙高)에 의해 강제로 자결했다. 기원전 206년 한나라는 관중으로 출병하여 항우가 분봉했던 삼진(三秦)을 평정했고, 마침내 유방이 수도 함양에 입성하면서 진(秦)나라는 멸망하고

---

8   진승·오광의 난(陳勝吳廣-亂) 기원전 209년 진나라 멸망의 계기가 된 중국 역사에서 최초의 농민 반란으로, 유방, 항우 등의 봉기를 촉발했다.

만다.

이후 유방이 천하를 다시 통일할 때까지 중원은 전란에 휩싸였다. 유방과 항우는 4년간의 쟁패 끝에 기원전 202년 12월 한고조 유방(劉邦, 기원전 246~기원전 195년)이 해하(垓下) 싸움에서 초패왕(楚覇王) 항우를 물리치고 중국을 통일한다. 그리고 각지의 반란을 평정하고 대제국 한나라의 기틀을 닦았다.

그런데 진(秦)과 달리 한나라 초기는 요동외요에서 후퇴하였다. 『사기』 조선열전9에 따르면, 진이 연을 멸한 뒤에는 요동외요에 소속시켰는데, 한 건국 초에는 그곳이 멀고 지키기 어려워 요동고새(遼東故塞)를 고치고 패수에 이르기까지 경계를 삼아 한의 제후국인 연에 복속시켰다고 하였다. 요동고새10는 한나라 건국 초에 이미 고새(故塞)이었으므로 새로 건설한 요새가 아님이 분명하다. 따라서 요동고새에 해당하는 이전 국가에서 축조한 장새는 진(秦) 요동외요와 연 장새뿐이다. 요(徼)와 새(塞)의 성격11이 다르다는 점을 고려하면 고새에 해당하는 것은 연나라 장새이고, 그중에서 요동고새는

---

9 『사기』 조선열전 진(秦)이 연을 멸한 뒤에는 그곳을 요동외요에 소속시켰는데, 한이 일어서자, 그곳이 멀고 지키기 어려워 요동고새를 고치고, 패수까지 경계로 했다(秦滅燕 屬遼東外徼 漢興 爲其遠難守 復修遼東故塞 至浿水爲界 屬燕).

10 요동고새 요동의 옛 요새를 말하며, 요동외요는 진(秦)나라 때에 요동 바깥에 세운 요새를 말한다.

11 요(徼)와 새(塞)의 성격 요(徼)가 국경을 감시하고 관리하는 역할을 담당하는 지역이나 시설을 의미한다면, 새(塞)는 군사적 방어를 위한 구체적인 요새나 성곽을 가리킨다.

기원전 3세기 이전에 설치한 장새뿐이다.

 요약하면 연나라 때에 진번, 조선을 복속시키고 장새를 쌓았으며, 진(秦)이 연을 멸망시킨 후에는 세력을 확장하여 그곳을 요동외요에 속하게 했고, 즉 요동 바깥에 전초기지로 요새를 설치하였다. 반면에 한(漢) 시대에는 동쪽 경계가 요동고새인 연나라 때의 장새로 후퇴하였음을 알 수 있다. 또한 패수까지 경계로 삼았다는 의미는 패수가 경계가 아니라 요동고새를 손질하여 동쪽으로 패수까지 복구시키고, 요동고새를 경계로 삼아 이 지역을 관리했다는 의미로 새겨야 한다. 그리고 요수(남역수)에 관련되어 요동고새가 만들어졌으므로 패수가 남역수에 연결된다는 사실도 알 수 있다.

 한나라 초기에 연 장새 지역을 지키기 힘들 수밖에 없었던 이유는 진한 교체기 시대적 상황을 보면 충분히 이해할 수 있다. 당시 한나라가 연왕을 세우면 모두 한나라를 배반하였다.『사기』고조본기(高祖本紀)를 보면, 기원전 201년 10월 연나라 장수였던 장도(臧荼)를 연왕으로 삼았으나 모반하여 대(代)를 공격한다. 이에 따라 한 고조 유방은 같은 마을에서 나고 자란 향우이자 전우였던 노관을 다시 연왕으로 봉했다.

 또한『사기』흉노열전에 따르면, 기원전 201년 9월, 한왕(韓王) 신(信)이 대(代)로 옮겨 안문군(鴈門郡) 마읍(馬邑)을 도읍으로 정했다. 흉노가 공격해 마을을 포위하자 신(信)이 항복하였고, 흉노는 한신을 얻고서 군대를 이끌고 남쪽으로 구주를 넘어 태원을 공격하여 진양(晉陽) 아래까지 이르렀다. 이에 유방이 직접 흉노를 공격하다가 산서성 안문군 백등산(白登山)에서 포위당하여 참패한다. 이후 한나라는 흉노에 공주(公主)를 바치고, 매년 비단 등을 바치는 조건으로 굴욕적인 화친을 맺게 된다. 그리고 기원전 197년 거록태수(鉅鹿太守) 진희(陳豨)가 배반하여 한신(韓信)과 함께 대(代)를 공격했다. 한나라가 번쾌(樊噲)를 시켜 공격하여 대, 안문, 운중의 군현들을 수복했으나 새(塞) 밖으로 나가지 않았다.

따라서 한나라 초기에 남북 국경선이 대략 산서성 중부 안문관(雁門關) 근처에 있었던 대, 안문 등으로 만리장성 이북을 넘지 못한 사실을 알 수 있다. 그리고 동쪽으로 요동고새 바깥 지역은 한이 통치하지 못하고 고조선과 완충지대로 있었다.

『위략』에서 기원전 3세기 이후 고조선에 대한 기록은 조선후, 조선왕 부(否), 조선왕 준(準)의 순서로 6개가 있는데 이를 근거로 고조선 멸망과 위만조선의 건국 과정을 살펴본다.

① 조선후가 왕으로 칭함(기원전 311년)
② 연나라 진개의 조선 침입(기원전 300~279년 사이)
③ 조선왕 부(否) 즉위(기원전 214년 무렵)
④ 준왕 즉위(기원전 195년 이전)
⑤ 위만의 망명(기원전 195년경)
⑥ 준왕 위만에게 패배(기원전 194년경)

1. 위만의 고조선으로 망명

기원전 197년 노관은 거록태수 진희의 반란을 진압하란 명령을 어기고 군대를 움직이지 않고 있다가 반란에 가담했다는 의심을 받자, 한나라 고조(高祖)가 불렀는데 병이라 핑계를 대고 가지 않았다. 그리고 기원전 195년 4월 고조가 서거했다는 소식을 듣자, 연왕 노관은 흉노로 도망갔고, 묵돌은 노관을 동호의 노왕(盧王)으로 삼았으나 1년여 후에 죽었다. 이때 연나라 사람 위만도 요동고새의 바깥 고조선으로 망명한다.

『한서』 조선전(朝鮮傳)[12]에 따르면, 위만(魏滿)은 혼자 고조선에 온 것이 아니라 자신이 거느리는 집단을 이끌고 왔기에 쉽게 준왕도 만날 수 있었다. 그리고 상하장에 거처를 정하였다고 하였는데 이곳은 진고공지임이 분명하다.

진고공지란 진(秦)나라가 차지하였지만 더는 관리되지 않는 땅으로 이곳을 상하장으로 불렀다. 장(鄣)은 보루, 둑, 병풍 등 땅의 경계를 나타내므로, 상하장은 상장(上鄣)과 하장(下鄣) 등 상하 2개소의 장새를 의미한다고 보인다. 고조선이 중원의 강국 진(秦)의 강요에도 불구하고 끝내 조회(朝會)에 응하지 않았다는 점으로 보아, 당시

---

[12] 『한서』 조선전 연왕 노관이 한나라를 배반하고 흉노로 들어가자, 연나라 사람 위만이 망명하면서 무리 천여 명을 모아 동쪽으로 달아나 요새를 빠져나온 후, 패수를 건너서 진(秦)나라 옛 빈터인 상하장(上下障)에 머물렀다(燕王盧綰反入匈奴 燕人魏滿亡命 聚黨千餘人 東走出塞 渡浿水 居秦故空地上下障).

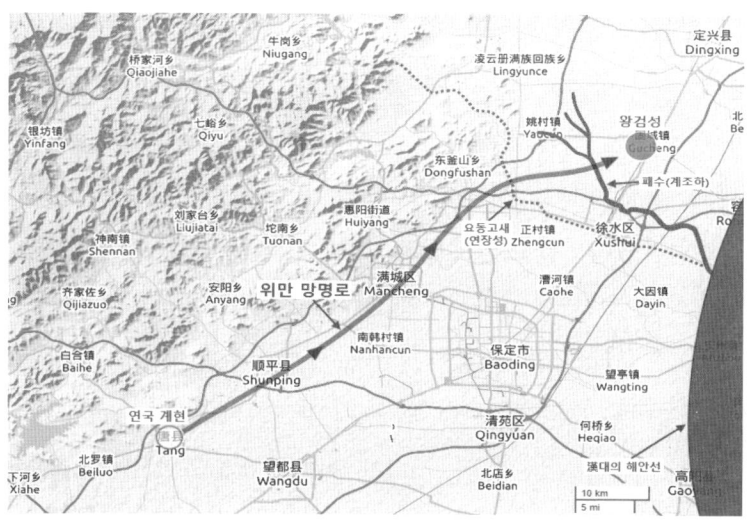

위만 망명로 추정
* 만성구(滿城歐), 보정시(保定市), 서수구(徐水區)

고조선 국력도 상당하였음을 알 수 있다. 진(秦)나라도 이러한 고조선에 대하여 더 이상의 침략을 포기하고, 고조선으로부터 빼앗은 땅에 이중의 요새 즉 상하장을 구축하고, 반격에 대비하였던 것으로 짐작된다. 그래서 이 지역 북쪽에는 진(秦)의 요동외요, 남쪽에는 연의 요동고새가 상하로 존재하였다.

또한『사기』조선열전[13]을 보면, 만(滿)이 1,000여 명을 모아 무

---

13 『사기』조선열전 조선왕 만(滿)은 옛 연나라 사람이다. 연나라 전성기에 일찍이 진번과 조선을 침략하여 복속시키고, 관리를 두어 국경에 성과 요새를 쌓았다. 진(秦)이 연을 멸한 뒤에는 요동외요에 소속시켰는데, 한이 일어나서는 그곳이 멀어 지키기 어려우므로, 다시 요동의 옛 요새를 수리하고 패수에 이르는 곳을 경계로 하여 연에 복속시켰다(朝鮮王滿者 故燕人也 自始全燕時 嘗略屬眞番朝鮮 爲置吏 築鄣塞 秦滅燕 屬遼東外徼 漢興 爲其

리를 지어 상투를 틀고 만이의 복장을 하고, 동쪽으로 달아나 새(塞)를 나와 패수를 건넌 후에 옛 진국(秦國) 공지인 상하장에 살았고, 점차 진번, 조선, 만이 등을 복속하여 거느렸다고 말했다.

『사기』에는 우리가 알던 사실과 다른 면이 많이 있다. 만(滿)을 그냥 연나라 사람이라고 하지 않고, 옛(故) 연나라 사람으로 기록했다. 만이 한때 연나라에 복속되었던 진번과 조선의 토착민이었음을 은유적으로 표현한 것으로 본다. 『사기』 용례를 보면, 국가명 앞에 고(故)를 붙이는 것은 전국시대 국가들을 표기하기 위해서 쓰였고, 그냥 나라 이름만 쓰는 경우는 한나라 통일 후 책봉을 받은 나라를 표기하기 위해 쓰였다. 그런데 만을 고연인(故燕人)이라고 표현한 것으로 보아, 노관이 왕으로 책봉된 연나라 국적이 아닐 가능성이 크고, 이는 만이 전국시대 연나라에 살던 사람이라는 것을 표현한 것이다. 만약 만(滿)이 연의 관료나 장군으로 생활했다면, 만의 국적은 연인(燕人)이 되기 때문에 굳이 『사기』에 고연인이라고 할 필요가 없이 연인이라고 기록되었을 것이다. 다음과 같은 근거는 만이 진번이나 조선의 토착민이었음을 강하게 시사한다.

첫째, 만이 조선으로 망명할 때 상투를 틀고 오랑캐 복장을 착용

遠難守 復修遼東故塞 至浿水爲界 屬燕).
연왕 노관이 배반하고 흉노로 들어가자, 만(滿)도 망명하였다. 무리 천여 인을 모아 상투에 오랑캐의 복장을 하고서, 동쪽으로 도망하여 요새를 나와 패수를 건너 진의 옛 공지인 상하장에 살았다(燕王盧綰反 入匈奴 滿亡命 聚黨千餘人 魋結蠻夷服而東走出塞 渡浿水 居秦故空地上下鄣).

고조선과 한나라 경계인 요동고새
요동고새의 우측 끝 수성(邃城)은 고조선과 연(燕)나라 시기 양평(陽平), 고구려 시기엔 요동성, 그 이후 현재까지 수성으로 불린다.
* 위백평산(과라타 科羅佗) 수성(邃城)

    한 점

  둘째, 연왕 노관은 흉노로 망명했는데 별개로 만은 조선으로 망
    명하는 점

  셋째, 조선, 진번, 임둔 등의 동이 제족을 단기간에 통합한 점

2부 위만조선과 삼한 **137**

넷째, 나라 이름을 계속 조선으로 유지한 점

『후한서』,『삼국지』,『진서』 등에서 고대 우리 민족이 상투를 틀어 올렸음을 기록하였다. 상투는 고구려 고분벽화에서 확인할 수 있다. 특히 각저총의 씨름도에서 상투를 튼 모습이 확연히 나타나고 있다. 또한 상투는 토우에서도 발견할 수 있다. 토우와 기마인물상 머리 모양이 뾰족한 상투를 하는 것에서 신라도 상투를 하였음을 확인할 수 있다.

흔히 위만이라고 알려졌지만, 『사기』에는 단지 이름이 만(滿)일 뿐, 성씨 위(衛)에 대해서는 아무런 언급이 없다. 후대에 중국학자들이 동북 지역에서 흔한 중국계 성씨인 위(衛)를 임의로 붙인 것으로 보인다. 또한 위만이 노관의 부하 장수로 알려졌으나, 『사기』 노관열전에는 위만에 대한 언급이 전혀 없어 무관한 인물로 보인다.

『사기』 조선열전 기사는 멸망 직전 고조선과 한의 경계를 알려주는 중요한 사료이다. 일반적으로 사학자들의 해석은 고조선과 한의 경계를 패수와 결부시키고 있지만, 패수는 단지 한이 들어서며 시행된 요동고새 복구 공사의 지리적 범위를 적시할 뿐으로 고조선과 한나라 사이의 국경선은 패수가 아닌 요동고새로 보아야 한다.

2. 위만조선의 건국

기원전 194년 위만이 준왕 정권을 탈취함으로써 고조선은 막을 내렸고 위만조선이 건국되었다. 위만이 망명하여 건국하는 과정을 살펴본다.『삼국지』에서 한 고조 유방 시기에 노관을 연왕으로 삼자, 조선과 연나라가 패수를 경계로 삼았다고 하였다. 이후 노관이 한나라를 배반하고 흉노로 망명하자, 위만도 오랑캐(胡)의 옷을 입고 동쪽으로 도망가서 패수를 건너 준(準)왕에게 항복했다고 하였다. 그리고 위만은 준(準)왕을 설득하여 서쪽 변방에 살게 해주면, 중국(中國)의 망명인을 거두어 조선을 지키는 병풍이 되겠다고 하였다. 이에 준(準)왕은 위만을 박사로 임명하여 규(圭)를 하사하였고, 백 리의 땅을 봉해 주어 서쪽 변방을 지키는 우두머리로 삼았다. 토(土) 자를 겹친 규(圭)는 제후로 봉해질 때 천자로부터 받은 땅을 재고 다스린다는 의미이다.

『한서』조선전[14]을 보면, 상하장에 거처를 둔 위만은 진번, 조선, 만이 등의 사람들을 점차 자기 쪽으로 모으고, 또한 연과 제(齊)의 망명자들을 모아 세력을 강하게 하였다. 위만이 무리를 모아 세력이 커지자, 준왕에게 지금 한나라가 쳐들어와서 궁궐에 들어가서 지키겠다며 속이고, 왕검성으로 간 위만은 준(準)왕을 공격하여 왕

---

[14] 『한서』조선전 위만은 점차 진번과 조선의 오랑캐와 옛날 연나라와 제(齊)나라에서 망명한 자들을 예속시켜 왕이 되어 왕검(王儉)에 도읍하였다. 이기(李奇)는 지명이라고 하였고, 신찬(臣瓚)은 왕검성(王儉城)은 낙랑군 패수의 동쪽에 있다고 하였다(稍役屬眞番朝鮮蠻夷及故燕齊亡命者 王之 都王儉 李奇曰地名 臣瓚曰 王儉城在樂浪郡浿水之東).

위만이 군사력으로 주변의 조그만 읍들을 공략하여 항복시키자, 진번과 임둔도 모두 와서 복속되었다. 이리하여 영토가 사방 수천 리나 되었다 (以兵威侵降其旁小邑 眞番臨屯 皆來服屬 方數千里).

위를 빼앗아 버렸다. 위만은 왕이 된 후 한나라와 협정을 맺어 전쟁을 피하고 안정적으로 나라를 발전시킬 토대를 마련한다. 협정은 한나라의 동쪽 변방의 여러 나라가 공격하는 것을 막아주는 대가로 재물을 얻는 것이다. 이에 따라 위만은 군사력과 한나라의 재물을 얻는 실익을 얻고, 그 위력으로 이웃의 소읍들을 침략하였다. 이후 진번, 임둔 등이 모두 복속하여 그 영토가 방 수천 리가 되었다.

또한 『사기』 조선열전15을 보면, 만(滿)은 고조선의 왕이 된 이후에도 관습이나 제도 등을 거의 바꾸지 않았고, 국호도 변경하지 않고 그냥 조선이라고 불렀다. 따라서 고조선과 위만조선은 최고 권력자만 바뀐 것일 뿐 근본적으로 달라진 것이 없었다. 사마천은 한나라가 고조선을 침공할 때 약 1년 동안 계속된 전쟁을 무제 옆에서 지켜보고 기록한 역사가이고, 사관의 우두머리인 태사령(太史令)이었다. 조선의 위치, 영토 크기, 국력 등에 대한 정확한 정보를 가

---

15 『사기』 조선열전 점차 진번과 조선의 만이 및 옛 연제(燕齊)의 망명자를 복속시켜 거느리고 왕이 되었으며, 왕검에 도읍을 정하였다(稍役屬眞番朝鮮蠻夷及故燕齊亡命者 王之 都王險).
이때는 마침 효혜(孝惠), 고후(高后) 시대로서 천하가 처음으로 안정되니, 요동태수는 곧 만(滿)을 외신으로 삼을 것을 약속하여, 국경 밖의 오랑캐를 지켜 변경을 노략질하지 못하게 하고, 모든 만이 군장이 들어와 천자를 뵙고자 하면 막지 않도록 하였다. 천자도 이를 듣고 허락하였다. 이에 만(滿)은 군사의 위세와 재물을 얻게 되어 주변의 소읍들을 침략하여 항복시키니, 진번과 조선도 모두 와서 복속하여 방 수천 리가 되었다(會孝惠高后時天下初定 遼東太守卽約滿爲外臣 保塞外蠻夷 無使盜邊 諸蠻夷君長欲入見天子 勿得禁止 以聞上許之 以故滿得兵威財物侵降其旁小邑 眞番臨屯皆來服屬 方數千里).

지고 있었을 것이다. 따라서 조선의 영토가 방 수천 리(方數千里)가 된다는 사마천의 말은 역사적 사실을 말한 것이 틀림없다. 방(方)자는 사방을 가리킨다. 즉 위만조선의 강역이 동서의 길이가 수천 리, 남북의 길이가 수천 리이다. 한반도 내에서 압록강 혹은 청천강 남쪽은 동서 길이가 1,000여 리 내외에 불과하므로 한반도에 위만조선이 있지 않았다는 사실을 입증한다.

그렇다고 위만조선의 직영지가 방(方) 수천 리라는 의미가 아니다. 임둔, 진번 등의 많은 나라가 정치, 경제적 자주권과 자치권을 가진 독립 국가로서 정체성을 가지면서 위만조선에 복속한 형태를 의미한다. 만약 진번 등을 비롯한 이웃한 나라가 조선의 직접 통치하에 있었다면, 만이의 나라들이 한나라 황제에게 서신을 올리려고 했었을 리 없고, 한나라에서 조선의 배후에 있는 만이의 군장들이 한나라와 교통하는 길을 막지 말라고 조선에 회유하고 위협하고 전쟁을 벌일 리가 없었다.

위만 손자 우거왕 때에 이르자 고조선의 세력은 더욱 커졌다. 중국 동북방 지역의 강대국으로 성장한 고조선은 흉노와도 밀접한 관련을 맺으면서 한나라를 견제하기도 했다. 이 무렵 한나라는 흉노와 잦은 전쟁으로 외국으로 탈출하는 자들도 많았는데, 우거왕은 이들을 적극적으로 흡수했다. 또 주변의 진번 등이 한나라와 직접 교역하는 것을 막고, 중계무역으로 크게 이익을 보았다. 당시 위만조선은 한나라에 말 5천 필 이상을 선물할 수 있을 정도의 경제력과 태자가 1만 명의 군대를 거느릴 정도로 기병을 포함한 수만 명의 군사를 갖춘 강대국이었다.

3. 준왕의 망명 사건

고조선에서 삼한으로 이어지는 과정에서 빼놓을 수 없는 사건이 고조선 마지막 준왕의 망명 사건이다. 위만은 준왕에게 사신을 파견하여 말하기를 한나라 군대가 열 군데로 쳐들어오니 왕궁에 들어가 숙위[16]를 하겠다고 청하면서 성으로 들어와서 준왕을 공격하였다. 준왕은 왕검성을 떠나서 망명길에 오를 수밖에 없었다. 이후 북쪽의 위만조선과 남쪽의 삼한이 병립하게 되었다.

준왕의 망명 사건은 『위략』, 『삼국지』, 『후한서』 등 여러 사서에 언급되어 있다. 하지만 이들 사서는 준왕의 망명 사실과 망명해서 도착한 망명지에 대한 정보만 있을 뿐 출발했던 왕검성 위치에 대한 정보는 거의 없다.

『삼국지』[17]에 따르면, 준왕이 위만의 공격을 받아 왕위를 빼앗기자, 해(海)로 들어가 한(韓) 지역에 거주하며 한왕이라 자칭하였다고 한다. 또한 『잠부론』에서 준왕이 위만에 정벌 당하여 해중(海中)으로 옮겨 살았다고 하면서, 준왕이 망명한 곳을 해중으로 표현하였다. 『삼국지』는 망명지로 한지(韓地), 『잠부론』은 해중을 언급한다.

---

16 숙위(宿衛) 궁궐에서 군주를 호위하며 지키는 제도 및 지키는 사람을 가리키는 역사용어 - 출처: 한국민족문화대사전
17 『삼국지』 위지 동이전 조선후 준(準)이 참람되게 왕이라 일컫다가 연나라에서 망명한 위만의 공격을 받아 나라를 빼앗겼다. 준은 그의 근신과 궁인들을 거느리고 도망하여 해(海)를 경유하여 한지에 거주하면서 스스로 한왕으로 칭하였다(侯準既僭號稱王 爲燕亡人衛滿所攻奪 將其左右宮人 走入海 居韓地 自號韓王).

이들 사서 내용만으로 망명지를 구체적으로 알기 어렵다.

준왕의 망명 사건을 조금 더 구체적으로 기록한 사료는 『위략』이 있다. 『삼국지』18는 『위략』을 인용하여 준왕의 망명 과정을 기록하고 있다. 즉 조선에 남아있던 준왕 자손과 친척들은 성씨를 한(韓)으로 하였고, 준왕은 해중에 있었지만 서로 왕래를 끊었다고 하면서, 준왕 후손이 절멸된 후에도 그의 제사를 받드는 사람들이 한인 중에 있었다고 하였다. 그런데 우리 사학계는 『삼국지』 준왕 망명 기사를 준왕이 해(海)를 경유하여 한지에 거주하면서 스스로 한왕으로 칭했다고 해석한다.

이런 사학계 해석의 문제점은 첫째, 주입해(走入海)를 바다로 뛰어드는 것으로 해석했다는 점이다. 해(海)가 진짜 바다였다면 주(走)와 입(入)자를 같이 쓸 수가 없다. 주입해는 바다로 뛰어드는 것이 아니라 해(海) 지역으로 간다는 뜻으로 주(走)는 뛰다 뜻도 있지만 간다는 뜻도 있다. 둘째, 중국 사서에 나오는 대부분 해(海)는 바다가 아니라 많은 하천이 모이는 곳(百川会聚之處)이라는 뜻으로 대륙을 가로지르며 많은 강이 흘러 들어가는 큰 강을 말한다. 바다를 의미하는 경우라면 일반적으로 대해로 쓴다. 따라서 해(海)를 무조건 바다로 해석하면 안 된다. 셋째, 바다를 경유한다는 말이 없는데도

---

18 『삼국지』 위지 동이전 『위략』에 이르기를 준(準)의 아들과 친척으로 나라에 남아있던 사람들도 그대로 한(韓)씨 성을 칭하였다. 준은 해중에서 왕이 되었으나 조선과는 왕래하지 않았다. 그 뒤 준의 후손은 절멸되었으나, 지금 한인(韓人) 중에는 아직 그의 제사를 받드는 사람이 있다고 하였다(魏略曰 其子及親留在國者 因冒姓韓氏 準王海中 不與朝鮮相往來 其後絶滅 今韓人猶有奉其祭祀者).

바다를 경유했다고 해석하였다. 바다를 경유했다고 말하였으니, 다음에 나오는 해중까지 오류를 범하게 된다. 해외(海外)라는 말이 없는데도 해중을 해외로 왜곡하였다.

망명 기사에 대한 올바른 해석은 준왕이 장수들과 좌우 궁인들을 데리고 해(海) 지역으로 도망하여 한지에 살면서 스스로 한왕으로 불렀다고 해석해야 한다. 따라서 준왕이 달아난 한지가 당시는 해(海) 지방으로 불렀을 것으로 추정된다. 하지만 사학계 통설은 준왕이 출발한 왕검성을 한반도 평양 일대로 보고, 준(準)왕이 해를 경유하여 도착한 곳을 전북 익산 일대로 주장한다. 하지만 한반도 평양에서 익산으로 이동하는데 바다를 경유하는 것은 지리적 조건에 맞지 않는다.

준왕의 망명 사건을 가장 구체적으로 기록한 사서는 『후한서』이다. 『후한서』는 앞선 기록인 동한 시대 편찬한 『잠부론』, 서진 시대 편찬한 『위략』과 『삼국지』 등과 내용이 서로 어긋나지 않으면서 상세하게 기록했다. 『후한서』는 남조(南朝) 송나라(420~479년) 시대 범엽(范曄)이 엮은 책으로 진수 『삼국지』보다 150여 년 이후에 편찬된 사서이다. 고조선의 후예 백제가 송나라와 사신을 교환하던 시기였으므로 범엽은 새로운 정보를 얻은 것으로 보인다.

『후한서』 동이열전[19]에서는 준왕과 함께 망명한 무리가 수천 명

---

19 『후한서』 동이열전 과거 조선왕 준(準)이 위만에 패하여, 남은 무리 수천 명을 거느리고 해로 가서 마한을 공격하여 쳐부수고 스스로 한왕이 되었다. 준의 후손이 끊어지자, 마한 사람이 다시 자립하여 진왕(辰王)이 되었다(初朝鮮王準爲衛滿所破 乃將其餘衆數千人走入海 攻馬韓破之 自立爲韓王 準後滅

이라는 규모와 함께 준왕이 망명한 곳을 구체적으로 한지 중에서 마한으로 기록하였고, 또한 준왕이 마한을 쳐부수고 스스로 한왕이 되었다는 새로운 사실을 덧붙이고 있다.

준왕 관련 기록을 요약하면, 망명지는 해(海) 근처에 있던 한지이고, 구체적으로 마한이다. 따라서 『잠부론』의 해중, 『삼국지』에서 한지, 『후한서』의 마한은 모두 같은 지역을 말한 것이다. 또한 준왕이 남은 무리 수천 명을 거느리고 도망갔다고 했기 때문에 왕검성과 멀지 않은 곳에 있었다고 보아야 한다. 정확하게 추정하기 어렵지만, 삼한은 모두 왕검성에서 멀지 않고 많은 강이 모이는 지역인 한지에 있었다. 『후한서』에서 삼한이 큰 나라는 만여(萬餘) 호(戶), 작은 나라는 수천(數千) 가(家)로 각기 산과 바다 사이에 있어서 전체 넓이가 방 4천여 리나 된다고 하였고, 『삼국지』는 마한 54국, 변한 12국, 진한 12국 등 모두 78개 나라가 있다고 하였다. 이들 나라가 같이 살 수 있는 곳은 한반도 남부의 좁은 땅이 아니라 지금도 많은 강이 모이고 넓은 평원이 있는 하북성 보정시, 백양정 주변 지역과 인근의 고양시, 임구시 지역으로 볼 수밖에 없다. 삼한이 모여 있었던 이 지역에서 백제와 신라가 기원하였고, 그 북쪽에서 고구려가 건국되었다.

그런데 중국 사서와 우리 사서에서 마한 관련 기록에 중요한 차이점이 하나 있는데, 『후한서』는 준왕이 마한을 공격하여 쳐부수고

絶 馬韓人復自立爲辰王).

스스로 한왕이 되었다고 하였지만, 『삼국유사』[20]는 준왕이 마한을 건국한 것으로 기록하였다. 과연 준왕이 마한을 건국한 것인지 아니면 준왕 이전부터 마한이 존재했었는지 살펴본다.

『후한서』에 의하면, 진한은 그 노인들이 스스로 말하기를, 진(秦)나라에서 망명한 사람들로서 고역을 피하여 한국 즉 한지에 오자 마한이 그들의 동쪽 지역을 나누어 주었다고 하였다. 『삼국지』 동이전에 의하면, 진한은 마한 동쪽에 있는데 어느 노인이 대대로 전해지는 사실을 말하기를 옛날 망명인이 진(秦)의 사역을 피해 한국으로 왔고 마한이 그 동쪽 땅을 나눠 주었다고 하면서 그 나라는 성책(城柵)이 있고, 그 언어는 마한과 같지 않다고 하였다.

---

[20] 『삼국유사』 마한 위지에 이르기를, 위만이 조선을 치니 조선왕 준(準)이 좌우 궁인을 데리고 바다를 건너 남으로 한지에 이르러 나라를 건국하고 이름을 마한이라고 하였다고 한다(魏志云 魏滿擊朝鮮 王準率宮人左右 越海而南至韓地 開國號馬韓).

견훤이 태조에게 올린 글에 이르기를 옛날에 마한이 먼저 일어나고 혁거세가 일어나자 이에 백제가 금마산에서 나라를 창건하였다고 하였다(甄萱上太祖書云 昔馬韓先起赫世勃興 於是百濟開國於金馬山).

최치원이 말하기를 마한은 고구려요, 진한은 신라라고 하였다. 본기에 의하면 신라가 먼저 갑자년에 일어나고 고구려가 그 후 갑신년에 일어났다고 하였는데, 이렇게 말하는 것은 조선왕 준을 두고 말한 것이다. 이로써 동명왕이 일어난 것은 이미 마한을 병합했기 때문이란 것을 알 수 있다. 그래서 고구려를 일컬어 마한이라고 한 것이다. 요즘 사람들이 더러는 금마산을 두고 마한이 백제로 되었다고 하지만 이는 대체로 잘못이다. 고구려 땅에는 본래 마읍산이 있었으므로 이름을 마한이라 한 것이다(崔致遠云 馬韓麗也 辰韓羅也 據本紀則羅先起甲子 麗後起甲申 而此云者以王準言之耳 以此知東明之起 已并馬韓而因之矣 故稱麗爲馬韓 今人或認金馬山以馬韓爲百濟者盖誤濫也 麗地自有邑山故名馬韓也).

여기에서 진(秦)나라 고역이란 만리장성의 축조를 말하므로 진한 유민들이 망명 한 시기는 대략 기원전 214년경으로 볼 수 있고, 그래서 진한의 언어는 마한과 같지 않았을 것이다. 반면 준왕 망명은 기원전 194년경이므로 준왕이 망명하기 20여 년 전부터 이미 마한, 진한이 존재하였음을 알 수 있다. 따라서 『후한서』에서 준왕이 마한을 공격하여 쳐부수고 스스로 한왕이 되었다는 기록이 더 설득력이 있다.

4. 왕검성 위치 비정

고조선과 위만조선의 왕도였던 왕검성이 있었던 곳에 고구려 장수왕이 도읍을 천도하여 평양성(平壤城)으로 불렀다. 『삼국사기』에는 평양성은 본래 선인 왕검의 택(宅)으로 왕의 도읍을 왕험이라고 하였다. 일반적으로 왕검성으로 불리지만 일부 사서에서는 왕험성(王險城)이라 기록된 것도 있다.

왕검성 위치를 추정할 수 있는 사료는 왕부(王符, 85~162년)의 『잠부론』이다. 왕부가 지은 『잠부론』은 왕충(王充)의 『논형(論衡)』[21]

---

[21] 왕충(27~104년) 후한 시대(25~220)의 유물론자. 그는 당대에 유행한, 하늘에는 합목적적 의지 활동의 능력이 있고 이것이 사람의 일에 영향을 끼친다고 하는 천인상관설(天人相關說)이나, 미신적 예언설인 참위설(讖緯說)을 비판하고 부정하였으며, 자연으로서의 천(天)과 제 현상은 기(氣)의 작용에 의해 필연적으로 일어난다고 하는 유물론을 주장하였다.
『논형』 유교의 제설(諸說), 전국시대 제자(諸子)의 설 외에 당시의 정치·습

및 중장통(仲長統)의 『창언(昌言)』22과 더불어 후한 시대의 3대 명저로 꼽힌다. 『잠부론』23에는 왕검성 위치가 어디인지 개략적으로 파악할 수 있는 내용이 있다.

『잠부론』에서 주나라 선왕 때 한후가 다스렸던 한성 서쪽에도 역시 한(韓)씨 성을 가진 사람이 있었는데 위만에 정벌 당하여 망명하였다고 말한다. 바로 조선왕 준(準)을 가리키는 것을 알 수 있다. 따라서 주나라 선왕 때 한후가 다스렸던 한성 서쪽에 준왕이 다스리던 고조선 왕검성이 있었음을 알 수 있다. 준왕은 부왕 아들로 기원전 195년 이전에 즉위한 것으로 보이지만, 부자 세습을 이루었다는 것 이외에는 명확한 즉위 연대를 알 수 없다.

속·속설(俗說) 등 다방면의 문제를 다루어 실증적이고 합리적인 비판을 가하였다. 특히 한나라 때 유학 속에 잠재한 허망성(虛妄性)을 지적하고 속유(俗儒)의 신비주의적 사상, 즉 미신적 사상을 배격하고 있어 당시로서는 희귀한 문헌이다. - 출처: 네이버 지식백과 왕충(王充) (철학사전, 중원문화, 2009)

22 중장통(仲長統, 180~220년) 중국 후한 말의 정치가. 젊을 때부터 학문을 좋아하고 기억력과 글 쓰는 능력이 뛰어났다. 그는 세상일에 신경을 쓰지 않고 직언을 서슴지 않았고 미친 선비(狂生)로 불리기도 하였으며, 상서령 순욱의 추천으로 조조 휘하에서 일했다. 옛날과 지금의 일을 비교하여 논한 『창언』은 『잠부론』, 『논형』과 함께 후한 시대의 3대 명저로 꼽힌다. - 출처: 위키백과

23 『잠부론』 옛날 주 선왕 때 한후가 있었는데 그 나라는 연나라 가까이 있었다(昔周宣王亦有韓侯 其國也近燕).
『시경』에서 이르기를 커다란 저 한성은 연나라 백성이 쌓았다. 그 후에 한(韓)의 서쪽에서도 역시 성씨를 한(韓)이라 하였는데, 위만에 정벌 당하여 해중으로 옮겨 살았다(故詩云 普彼韓城 燕師所完 其後韓西亦姓韓 爲魏滿所伐 遷居海中).

이에 따라 『잠부론』에 나오는 한성 위치를 정확하게 비정하면, 한성 서쪽 즉 한서(韓西)에 있었다는 왕검성도 어디에 있었는지 추정할 수 있다. 그런데 한성 서쪽에 고조선이 있었다는 대목을 두고 이병도가 문제를 제기하였다. 나는 고조선 위치가 한후국(韓侯國) 서쪽에 있다는 주장이 이해되지 아니하므로, 그래서 일찍부터 한서를 한동(韓東)의 오(誤)로 보았다고 주장하였다. 하지만 이병도 주장은 어떤 사서 근거도 없다. 이병도는 고조선이 하북성에 있을 수 없다고 생각하여 이런 주장을 했지만, 낙랑군이 하북성 지역에 있었다는 1차 사료는 수없이 많이 있다.

한성으로 추정되는 성이 북경(北京)에서 남동쪽으로 40㎞ 정도 떨어진 하북성 랑방시 고안현에 대한채촌(大韓寨村)이라는 이름으로 남아있다. 토성으로 만들어진 대한채(大韓寨)는 다른 말로 하면 대한성(大韓城)으로 바로 옛 한성을 말한다. 또한 『수경주』에서 성수가 동남쪽으로 흘러서 한성 동쪽을 경유한다고 했는데, 성수는 지금 보정시와 랑방시 경계를 흐르는 백구하를 가리킨다. 고대 지명 위치를 알려면 산과 강 등의 지리적 요건을 먼저 살펴보는 것은 역사의 상식이다.

『잠부론』에 나오는 한성을 고안현 일대로 보면, 한성의 서쪽에 있었던 왕검성 위치를 추정할 수 있다. 하북성 지리를 보면, 랑방시 고안현 서쪽에 보정시가 있으며, 더 서쪽으로 나아가면 험준한 태항산맥이 나오고, 보정시 남쪽은 전통적으로 연나라 땅에 해당한다. 이에 따라 고조선 왕도 왕검성이 위치할 수 있는 곳은 하북성 보정시밖에 없다. 더구나 보정시에는 한나라 낙랑군에 속하였던 수

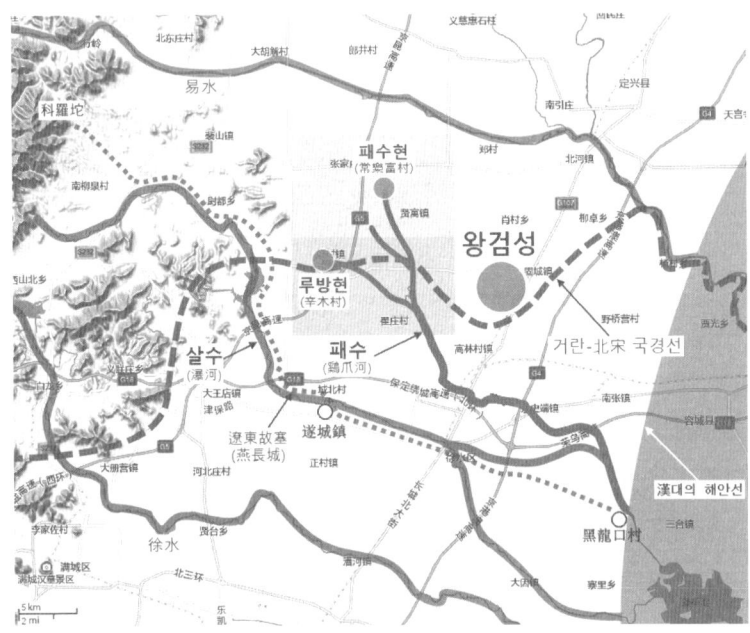

왕검성과 패수(계조하, 鷄爪河) 위치(350쪽 지도 참고)
* 서수(徐水) 요동고새(遼東故塞), 연장성, 루방현(신목촌辛木村), 수성진遂城鎭), 패수현
  (상락부촌, 常樂富村) 패수(계조하, 鷄爪河)

성현(遂城縣) 지명이 아직도 있으며, 위만 이름을 딴 것으로 보이는 만성현(滿城縣) 지명도 남아있다.

 중국의 각종 사서에 기록된 고조선의 자연 지형을 살펴보면, 고조선 핵심 강역 및 한나라 낙랑군은 하북성 보정시 일대라는 것을 과학적으로도 분명하게 알 수 있다. 연나라 소왕 때 진개의 공격으로 인해 고조선이 잠시 잃어버린 땅은 태항산맥에 붙어 있는 상곡군, 어양군과 왕검성 밑에 있는 패수 남쪽으로 우북평군, 요서군, 요동군 지역이었다. 응소(應劭)가 말하기를 험독(險瀆)은 위만의 도읍지로 물이 험한 곳에 의지하였기 때문이라고 하였다. 동서고금을 막론하고 인류 문명은 강(江)을 중심으로 발생하였으며, 강의 수원(水源)은 대부분 산맥에서 비롯된다. 보정시는 서쪽으로 태항산맥이 있고, 동쪽으로 성과 읍이 위치했던 지역은 수많은 강과 호수가 있는 지리적 특성 때문에 응소가 험독으로 불렀던 것으로 보인다.

고조선 마지막 준왕이 패하여 떠난 왕험성에 훗날 한나라 낙랑군(樂浪郡)이 설치된다. 이상하게 『전한서(前漢書)』[24] 지리지에는 왕험성이 낙랑군이 아니라 요동군 조에 들어가 있다. 그 이유는 『전한서』가 후한 명제 때 반고(班古)에 의해서 편찬되었다는 사실에 기인한다. 즉 전한 시대 낙랑군이 후한 시대 요동군으로 편입되었다.

『전한서』 주석은 후한 때 시작되어 삼국시대를 거치면서, 응소(應劭), 신찬(臣瓚), 복건(服虔), 여순(如淳) 등 20여 명의 주석을 거쳐 당나라 때 안사고(顏師古)에 의해서 집대성되었다. 특히 『전한서』와 『후한서』를 주석한 당나라 시대 안사고나 이현 등은 모두 중국 정사에 정통한 대학자들로 한나라 군현이었던 낙랑군 위치를 충분히

---

24 『한서』 반고가 편찬한 전한의 역사를 서술한 역사서로, 중국 24사에 포함되며, 『전한서』라고도 한다. 기원전 206년 한고조 유방의 창건부터 왕망의 신나라가 망한 24년까지 총 100편 120권으로 이루어져 있다.
사마천 『사기』와 같은 기전체 형식으로 제기(帝紀) 12권, 연표 8권, 지(志) 10권, 열전 70권으로 되어있다. 자료가 풍부하고 사실(史實)의 정확함이 특색이다. 『사기』와 함께 정사의 모범이 되었다고 평가받는다. - 출처: 위키백과

* 반고(32~92년) 1세기경의 후한 역사가. 자는 맹견(孟堅)으로 부풍(扶風) 안릉(安陵, 지금의 섬서성 함양) 사람으로 한무제 때의 월기교위(越騎校尉)를 지낸 반황(班況) 증손자이다. - 출처: 위키백과

파악할 수 있는 위치에 있었다. 그런데 『전한서』 지리지25에 나오는 왕험성 위치 주석에서 신찬(臣瓚)과 응소 견해가 엇갈리고 있다. 서진(265~316) 시대 신찬이 이르기를 왕험성은 낙랑군 패수 동쪽에 있다고 하였다. 반면에 후한 시대 응소 주석은 요동군 험독현(險瀆縣)을 위만조선의 도읍지인 왕험성이라고 보고 있다. 험독이 왕험성이라는 주장은 응소에서 비롯되었다. 험독은 험한 강물이라는 뜻이다. 즉 신찬은 낙랑군 패수 동쪽을 지목하고, 응소는 요동군 험독현을 지목하고 있다. 안사고는 신찬과 응소의 서로 다른 주장에 대하여 신찬의 말이 옳다고 하였다. 안사고 위치를 고려하면, 왕험성 위치와 관련하여 신찬의 손을 들어준 것은 상당한 의미가 있다.

현재 보정시 정흥현(定興縣) 고성진(固城鎭)에 폐허가 된 고성(固城) 즉 범양고성(範陽古城)으로 알려진 옛 성터가 남아있다. 중국 『바이두 백과』26에 따르면, 성이 범수(范水) 북쪽에 있다고 하여 범양이란 이름을 얻었다고 하면서, 범수는 지금 정흥현 고성진의 계조하

---

25 『전한서』 지리지 요동군 험독현은 응소가 말하기를 조선의 임금 위만이 도읍한 곳이다. 물의 험한 것에 의지하였기에 험독이라 하였다(遼東郡 險瀆 應劭曰 朝鮮王滿都也 依水險 故曰險瀆).
  신찬(臣瓚)이 말하기를 왕험성은 낙랑군 패수의 동쪽에 있다. 험독은 그냥 험독이다(臣瓚曰 王險城在樂浪郡浿水之東 此自是險瀆也).
  사고(師古)가 말하기를 신찬의 설명이 옳다고 하였다(師古曰 瓚說是也).

26 『바이두 백과』 고성진은 하북성 보정시 정흥현에 속해 있다. 정흥현 관할의 진(鎭)이다(固城鎭隷屬於河北省保定市定興縣 是市定興縣轄鎭).
  강의 북쪽을 양(陽)이라 일컬었다. 성이 범수의 북쪽에 있다고 하여 범양이란 이름을 얻었다. 범수는 지금의 정흥현 고성진의 계조하이다(古時稱南水北爲陽 城在范水之北而得名范陽 范水即今定興縣固城鎭雞爪河).

(雞爪河)라고 기록하였다.

보정시 정흥현 고성이 바로 『전한서』 지리지에서 왕험성은 낙랑군 패수의 동쪽에 있다는 신찬 주석에 정확히 일치한다. 따라서 계조하 동쪽 7km에 있는 정흥현 고성이 바로 고조선 왕검성 치소로 추정된다. 고성이란 명칭에서 느껴지듯 완고한 성 또는 고집스러운 성이라는 의미로 아마도 끝까지 한나라 침략에 맞서 싸우다 왕검성에서 최후를 맞은 조선왕 우거(右渠)와 대신(大臣) 성기(成己)의 항거에 빗대어 지어낸 이름일 것이다. 결론적으로 신찬이 말한 낙랑군은 하북성 보정시 정흥현 일대에 있었다.

일부 사학계 주장처럼 대동강이 패수라면 왕검성은 패수 북쪽에 있었으므로 위만이 동쪽이 아니라 북쪽으로 건넜다고 해야 맞다. 이 경우에 연나라는 패수 남쪽에 있었으므로 한반도 남쪽에 연나라가 있었다는 어이없는 일이 발생한다. 또한 대동강은 서쪽으로 흘러 바다로 들어가는데, 『수경』에서 패수는 동쪽으로 흘러 해로 들어간다고 하였다. 그리고 패수가 지나가는 루방현(鏤方縣)과 패수현(浿水縣)은 평안도에는 존재한 적이 없다.

여기서 더욱 중요한 사실은 정흥현 고성이 한나라 패수현이자 발해 중경현덕부(中京顯德府) 상락현(常樂縣) 위치로 밝혀진 지금 보정시 정흥현의 상락부촌(常樂富村) 동남쪽 그리 멀지 않은 곳에 자리를 잡고 있으므로 쉽게 다른 사서와 교차 검증이 가능하다는 점이다.

사례를 살펴보면, 당태종 아들 이태(李泰)가 642년 완성한 지리서 『괄지지(括地志)』[27]에는 고구려 치소인 평양성은 본래 한나라 낙랑군 왕험성으로 곧 고조선 땅이라고 기록되어 있고,『사기정의(史記正義)』28에서 고조선 왕검성과 같은 자리에 훗날 고구려 평양성이 있었다고 주석을 달았다. 또한『발해고(渤海考)』29에서는 평양성이 훗날 발해 중경현덕부30 치소가 되었다고 말했다.『괄지지』,『사기정의』,『발해고』를 통하여 고구려 평양성, 발해 중경현덕부는 본래 고조선 왕검성 위치에 있었다는 사실을 분명하게 알 수 있다. 그러므로 고조선 왕검성을 찾으면, 한나라 낙랑군, 고구려 장수왕의 평양성, 발해 중경현덕부 위치가 함께 드러나게 되고, 그 위치는 낙랑군 속현을 비롯하여 고구려 안시성, 요동성, 백암성 등과 더불어 살

---

27 『괄지지』 당태종 아들 이태와 소덕언(蕭德言)이 연혁, 산천, 산물, 풍속, 인물, 고사 등을 편찬 기록한 지리서.

28 『사기정의』,『괄지지』에 이르길 고(구)려는 평양성에 도읍하였는데 본래 한나라 낙랑군 왕험성이며 또 옛날부터 말하기를 조선의 땅이라 하였다 (括地志云 高驪都平壤城 本漢樂浪郡王險城 又古云朝鮮地也).

  *『사기정의』『사기』의 주석서로 당나라의 장수절(張守節)이 저술하였다. 『사기집해』,『사기색은』과 함께『사기』3가주(史記三家注)라 불리며 30권으로 이루어져 있다. 서문에 의하면 당나라(唐) 개원(開元) 24년(736년)에 저작되었다고 한다. - 출처: 위키백과

29 『발해고』 조선 정조 8년(1784년) 실학자 류득공 역사서. 신라와 발해를 남북국으로 보고, 서문(序文) 외에 군고(君考)·신고(臣考)·지리고(地理考) 등 9개 부문으로 구성되어 있다. - 출처: 위키백과

30 중경현덕부 현덕부(顯德府)는 본래 조선의 땅으로 곧 평양성이다. 주 무왕이 기자를 봉하고, 한 말에 공손탁(公孫度) 거점이 되었고, 진(晉) 때에 고구려에 점령되었고, 당(唐)이 안동도호(安東都護)를 두었고, 대(大) 씨의 소유가 되었다. 중종 때 이름을 홀한주(忽汗州)라 명하였다(顯德府 本朝鮮之地 卽平壤城 周武王以封箕子 漢末爲公孫度所據 晉時陷於高句麗 唐置安東都護 爲大氏所有 中宗時賜名忽汗州).

수대첩의 현장인 살수(薩水)를 찾는 데에도 유용한 기준점이 될 수 있다.

왕검성이 있었던 전한 시대 낙랑군은 신찬이 살았던 서진 시대에는 평주 속군이 되었다.『진서』지리지[31]에서 276년 당시 평주에 요동, 창려(昌黎), 현토, 대방, 낙랑 등의 5군을 속하게 했다는 기록이 나오고, 또한 평주 낙랑군에 조선, 둔유(屯有), 혼미(渾彌), 수성(遂城), 루방(鏤方), 사망(駟望) 등 6개 현이 속했다고 하였다. 그런데『요사』지리지에서 동경요양부(東京遼陽府) 소속의 자몽현(紫蒙縣)은 본래 한나라 루방현이라고 기록하여, 동경요양부가 진(晉) 평주에 속했음을 알 수 있다. 또한 호삼성(胡三省)[32]은 동호가 진(秦), 한 시기에 자몽(紫蒙)의 들에 거주하였는데 자몽은 당(唐) 평주의 수(戍)들 가운데 하나였다고 주(註)를 달았다.

평주가 하북성 지역이었으므로 낙랑군도 당연히 하북성 지역에서 찾아야 한다. 낙랑군 속현의 명칭을 하북성 지역에서 찾아보면, 다행히 수성 지명이 남아있다. 하북성 보정시 서수구(徐水區)에 수성진(遂城鎭) 명칭이 아직도 있다. 따라서 지금 보정시 수성진이『진서』에 나오는 낙랑군 수성현과 같은 곳인지 확인하면 된다.

---

31 『진서』지리지 함녕 2년(276년) 요동, 창려, 현토, 대방, 낙랑 5군으로 나누어 평주로 삼았으나 나중에 다시 합하여 유주로 삼았다(咸寧二年 十月 分遼東 昌黎 玄兎 帶方 樂浪 五郡爲平州 後還合爲幽州).

32 호삼성(1230~1302년)은 중국 남송(南宋) 말기에서 원(元) 초기에 걸쳐 생존했던 역사학자로, 중국의 전통 사학 학파인 경학보다 사학을 중시하는 절동사학파(浙東史學派)를 대표하는 인물로써『자치통감(資治通鑑)』의 발음에 대한 주석(음주, 音註) 곧 음주를 붙인 것으로 유명하다.

그런데 『진태강지리지(晉太康地理志)』에는 낙랑군 수성현에 갈석산이 있다고 말하여 서진 시대는 낙랑군에 수성현이 있고, 수성현에 갈석산이 있었다는 사실을 말한다. 또한 당나라 시대에 편찬된 『통전』[33]은 수성현에 진(秦)나라가 쌓은 장성이 있다고 하였고, 송나라에서 편찬된 『무경총요(武經總要)』[34]도 진 만리장성이 시작되는 곳이므로 수성이라는 이름으로 불렸다고 하였다. 이들 사서는 낙랑군이 하북성 보정시에 있었다는 중요한 근거가 된다.

사학계 통설은 조선성(朝鮮城)이 있었다는 당(唐) 평주 노룡현(盧龍縣) 위치를 갈석산, 창려 등 관련 지명들과 더불어 지금 하북성 진황도시 난하(灤河) 유역으로 비정한다. 이는 명(明) 시대의 왜곡된 지리관을 바탕으로 지어진 사서에 관해서 제대로 된 사료 비판을 거치지 않은 채 답습한 결과다. 여러 사료에서 드러난 정황으로 당(唐) 평주 노룡현이 갈석산, 창려, 난수(灤水) 등의 지명과 함께 하북성 보정시 일대에서 진황도시 난하 유역으로 지명이 이동되었을 개연성이 농후하다. 특히 지금 하북성 북동부 창려현(昌黎縣)의 갈석산은 고대 갈석산이 될 수 없다. 『진태강지리지』에서 인용한 갈

---

33 『통전』 당(唐)의 두우(杜佑)가 순임금 즉 제순유우씨(帝舜有虞氏) 시대부터 당나라 현종 시기까지 법령 제도와 연혁 그리고 정치의 대요(大要)를 연대순으로 기록한 책 - 출처: 위키백과

34 『무경총요』 중국 북송(北宋) 왕조에서 정공량(曾公亮), 정도(丁度) 등이 황제 인종(仁宗)의 명을 받들어 지은 군사 저작. 갖가지 수군 전함이나 투석기까지 모두 수록하였고, 초석(硝石)·유황(硫磺)·숯(木炭) 등을 배합해 화약(火藥)을 제조하는 방법을 언급한 세계에서 가장 오래된 기록이기도 하다. - 출처: 위키백과

석산에서 시작된 장성은 진시황의 만리장성이 아니라 서진 당빈(唐彬)이 갈석부터 온성까지 3천여 리에 걸쳐 연 장성을 복구하고 연장했다는 서진의 장성을 말한다.

『요사』에 따라 왕검성의 위치 비정을 하고 다른 사료와 교차 검증을 통해 그 비정 위치에 대한 적정성을 확인해 본다. 『요사』를 보면, 요(遼)나라가 설치한 동경요양부는 본래 고조선 땅으로 한무제에게 평정되어 4군(郡)이 설치되었던 곳이고, 요(遼)나라 동경(東京)이 바로 옛 평양성35이라고 말한다. 사학계가 아직도 『요사』는 믿을 수 없다고 주장하는데 그 이유는 식민사관에 근거하여 한사군 위치, 고조선 왕검성, 장수왕의 평양성을 모두 북한의 평양 일대로 고정하여 역사적 사실을 왜곡하고 있기 때문이다.

『요사』 지리지 동경요양부를 보자.

"동경요양부는 본래 조선의 땅이었다. 주나라 무왕이 기자를 감옥에서 풀어주자, 조선으로 갔고, 그로 인해 기자를 봉했다. 기자는 팔

---

35 『요사』 지리지 동경요양부 조를 보면, 원위(元魏, 북위) 태무제(太武帝, 423~452년)가 고구려 고안(장수왕)을 평주목(平州牧)으로 봉했고, 왕이 있는 평양성으로 사신을 보냈다는 기록이 나온다.

* 『요사』 중국 정사인 24사(청 제국 건륭제가 정한 24종의 기전체 역사서) 중의 하나로 거란족이 세운 요나라의 역사를 다룬 116권의 사서이다. 원나라 때 재상 탈탈(脫脫) 등이 사료를 모아 1344년 완성하였다. 야율엄의 실록이나 진대임(陳大任)의 『요사』를 기초로 하였고, 『자치통감』이나 『거란국지(契丹國志)』나 각 정사에 전해져 내려오는 거란전 등도 참고했다.

조(八條)의 가르침을 만들어 베푸니, 백성들이 예의를 숭상하고 농사와 누에치기로 부유해져 바깥 문을 닫지 않아도 사람들이 도둑질하지 않았다(東京遼陽府 本朝鮮之地 周武王釋 箕子囚 去之朝鮮 因以封之 作八條之敎 尙禮義 富農桑 外戶不閉 人不爲盜).

40여 세를 전하여 연나라가 진번, 조선을 복속시키고 처음으로 관리를 두고 요새를 설치하였다. 진(秦)나라 때 요동의 바깥 요새에 속하였다. 한나라 초기에 연나라 사람 위만(衛滿)이 옛 공지에서 왕이 되었다. 무제 원봉(元封) 3년(기원전 108년) 조선을 평정하여 진번, 임둔, 낙랑, 현토 4군(郡)을 설치하였다. 후한 때에 청주(靑州)와 유주에 출입하였다. 요동군과 현토군은 연혁이 일정하지 않았다(傳四十餘世 燕屬眞番朝鮮 始置吏 築障 秦屬遼東外徼 漢初 燕人 滿王 故空地 武帝元封三年 定朝鮮 爲眞番 臨屯 樂浪 玄菟 四郡 後漢 出入靑幽二州 遼東 玄菟 二郡 沿革不常).

한나라 말기에 공손도(公孫度)가 점거하여 아들 공손강(公孫康)을 거쳐 손자 공손연(公孫淵)은 스스로 연왕을 자칭하고 소원(紹漢)이라는 연호를 사용하였다. 위(魏)나라가 멸망시켰다. 진(晉)나라가 고려(高麗)를 함락시켰고, 나중에는 모용수(慕容垂)에게 귀속하였다(漢末 爲公孫度 所據 傳子康 孫淵 自稱 燕王 建元紹漢 魏滅之 晉陷高麗 後歸慕容垂).

아들 보(寶)는 고구려 왕 안(安, 광개토왕)을 평주목에 임명하여 거주케 하였다. 원위(북위) 태무제가 그들이 거주하는 평양성에 사신을 보냈으니, 요(遼)나라 동경이 바로 이곳이다(子寶 以勾麗王安 爲平州牧 居之 元魏 太武遣使 至其所居平壤城 遼東京本此).

당 고종(唐高宗)이 고구려를 평정하고 여기에 안동도호부(安東都護

府)를 설치했지만, 나중에 발해(渤海) 대씨(大氏)가 차지하였다. 대씨는 처음 읍루(挹婁)의 동모산(東牟山)을 차지하고 있었다. 무후(武后) 만세통천(萬歲通天) 연간 거란(契丹) 이진충(李盡忠)이 반란을 일으켜 당에 핍박받자, 걸걸중상(乞乞仲象)이 요수를 건너 스스로 지키니 무후가 진국공(震國公)으로 봉하였다. 아들 대조영(大祚榮)에 이르러 도읍을 세우고 진왕(震王)이라 자칭하였다. 발해 북쪽 영역을 병합하니 영토가 사방 오천리나 되고, 병사가 수십만이었다. 중종(中宗)이 도읍한 곳에 홀한주라는 명칭을 내려주고 발해군왕(渤海郡王)에 책봉하였다. 12대를 지나 대이진(大彛震) 때에 참람되게 연호를 고치고, 궁궐을 본따서 짓고, 5경(京) 15부(府) 62주(州)를 두었으며, 요동에서 가장 번성한 나라가 되었다. 홀한주는 바로 옛 평양성으로 중경현덕부(中京顯德府)라고도 한다(唐高宗 平高麗 於此 置安東都護府 後爲 渤海大氏 所有 大氏始保挹婁之東牟山 武后萬歲通天中 爲契丹盡忠 所逼 有乞乞仲象者 度遼水 自固 武后 封爲震國公 傳子祚榮 建都邑 自稱 震王 併呑 海北 地方五千里 兵數十萬 中宗 賜所都 曰輝罕州 封渤海郡王 十有二世 至彛震 僭號改元 擬建宮闕 有五京十五府六十二州 爲遼東盛國 輝罕州 卽故平壤城也 號中京顯德府)."

동경요양부 기록에 따라 고구려 장수왕의 평양성이 있었던 평주에서 벌어진 역사적인 내용들을 시대적 흐름으로 간략히 정리해 보면, 우리 고대 역사의 주요 쟁점이 거의 동경요양부에서 일어난 사건으로 기록되어 있음을 알 수 있다. 주목할 점은 대진국의 도읍지도 한사군 지역과 같은 요수 유역이라는 사실이다. 이 기록은 한사

연나라 장수 진개 고조선 공격 ⇒ 위만이 왕검성에 도읍 ⇒ 한무제 위만조선 평정(한사군) ⇒ 공손도 손자 공손연의 연국 ⇒ 위나라 평주 점령 ⇒ 고구려 평주 점령 ⇒ 진(晉)이 다시 평주 점령 ⇒ 후연 모용수에 평주 귀속 ⇒ 광개토태왕 고구려 강역 수복 ⇒ 북위 태무제가 고구려 장수왕에 사신을 보냄(평주 평양성) ⇒ 고구려 수, 당과 전쟁 ⇒ 당나라 고종 안동도호부 설치 ⇒ 대진국 도읍(홀한주) ⇒ 요나라 점령(동경요양부)

군 위치와 장수왕이 천도한 평양성을 모두 요수 근처로 보고 있다.

이상을 정리하면 다음과 같다.

첫째, 『수서(隨書)』 배구전(裵矩傳)[36]에 실려있는 평주에 일어난 역사적 사건에 대한 기록이 『요사』 동경요양부 기록과 대부분 일치한다. 재상이었던 배구(裵矩, 557~627년)가 수양제 양광에 올렸던 상소문 가운데 나오는 내용이다. 즉 수문제 양견 아들 양양의 반란으

---

36 『수서』 배구전 고구려 땅은 본래 고죽국이었습니다. 주 시대에 그 지역을 기자에게 봉했고, 한 시대는 나뉘어 3군으로 되었으며, 진(晉) 시대 역시 요동에 통합되었습니다. 지금은 신하 노릇을 하지 않고 따로 외역(外域)이 되었으며, 선제(先帝)가 미워하여 그들을 정벌하고자 한 지 오래되었습니다. 다만 양양(楊諒)이 불초하여 군사를 출동했으나 공로가 없었습니다. 폐하의 시대에 어찌 그 일을 마무리 짓지 않으시고 이 지역을 아직도 그대로 만맥(고구려)의 대열에 있도록 놓아둘 수가 있겠습니까(高麗之地 本孤竹國也 周以之封於箕子 漢世分爲三郡 晉氏亦統遼東 今乃不臣 別爲外域 故先帝 疾焉 欲征之久矣 但以楊諒不肖 師出無功 當陛下之時 安得不事 使此冠帶之境 仍爲 蠻貊之列乎).

로 인해 고구려 정벌이 성공을 거두지 못하고 중간에 돌아온 점을 상기하면서, 지금 고구려 땅 평주로 되어 있는 옛 고죽국 땅을 빨리 되찾아야 하며 언제까지 맥족의 땅으로 내버려둘 수는 없다는 사실을 수양제에게 강조하여 말하였다.

배구는 고구려 강역을 전혀 사실과 다른 기자조선을 끌어들여 전통적인 중국 영토로 간주하는 왜곡된 역사 인식을 보인다. 즉 고구려는 본시 고죽국으로 주나라 때 여기에 기자를 봉하였고, 한나라 때에 이르러 3군으로 나누었고, 진(晉)나라 시절에도 여전히 요동 지역은 관리를 받았는데 지금은 더 이상 신하로 칭하지 않고 별개의 외지가 되었다고 말하였다.

둘째, 두우가 편찬한 『통전』[37] 안동부(安東部) 내용을 보면, 평주에서 일어난 역사적 사건에 대한 기록이 『요사』 동경요양부 내용과

---

[37] 『통전』 안동대도호부(安東大都護部) 순임금이 청주를 분할하여 영주(營州)를 만들어 목(牧)을 배치하였으니 마땅히 요수의 동쪽이 이곳이다. 춘추시대 및 전국시대에는 아울러 연나라에 소속되었고 진(秦)나라와 전한 및 후한 시대에는 요동군이라 하였다. 동쪽으로 낙랑과 통하였다. 진(晉)나라 시기에는 그대로 따랐으며 겸하여 평주를 설치하였다(安東大都護府 舜分青州爲營州 置牧 宜遼水之東是也 春秋及戰國 竝屬燕 秦二漢曰遼東郡 東通樂浪 晉因之 兼置平州).

후위(後魏) 시대에 고구려가 그 지역에 도읍하였다. 대당(大唐) 총장(總章, 당나라 고종의 연호) 원년(668년)에 이적이 고구려를 평정하고 176개 성을 얻어 그 지역에 도독부 9, 주 42, 현 100개로 분할했다. 평양성에 안동도호부를 설치하여 통치하고 그 지역의 토박이 지도자들을 도독, 자사, 현령으로 삼았다(後魏時 高麗國都其地 大唐總章元年 李勣平高麗 得城百七十六 分其地爲都督九 州四十二 縣一百 置安東都護府於平壤城 以統之 用其酋渠爲都督刺史縣令).

거의 일치한다.

평주는 후한 말기에 공손도가 처음 설치했다. 즉 공손도가 요동군, 요동 속국, 현토군, 낙랑군을 차지해 이를 평주로 분할했다. 당시 유주 동부 지역은 요동태수였던 공손도가 차지해 스스로 평주목을 자칭했고, 유주 서부 지역은 공손찬(公孫瓚)이 차지했다. 한나라가 임명한 유주목(幽州牧) 유우(劉虞)는 실질적으로 유주 서부를 통치하는 공손찬을 간섭했다가 불화가 극심해졌고, 결국 193년 공손찬이 유우를 살해하였다.

그리고 『통전』에 따르면 서진 시대 평주에 대하여 이전 시기 요동을 나눈 일부분으로 치소는 창려였고, 당나라 안동부라고 하였다.[38] 서진 시대 평주 치소 창려현은 지금 하북성 보정시 역현(易縣) 당호진(塘湖鎭) 인근에 비정한다.

셋째, 『통감(通鑑)』[39]의 지리에 관한 내용을 간추려서 주석을 낸 『통감지리통석(通鑑地理通釋)』[40]에 따르면, 진(晉)나라 때는 노룡현

---

38 『통전』 요동을 나누어 평주로 삼았다. 치소는 창려인데, 지금 안동부이다(分遼東爲平 治昌黎 今安東府).

39 『통감』 중국 북송 사마광(司馬光: 1019~1086)의 편년체(編年體) 역사서인 『자치통감』의 약칭. 책 제목은 정치에 도움을 주고 역대의 위정자에게서 귀감을 삼는다는 뜻으로, 주나라의 위열왕(威烈王) BC 403년부터 5대(五代) 후주(後周)의 세종(世宗) 때인 960년에 이르기까지 1362년간의 역사를 1년씩 묶어서 편찬했다. - 출처: 네이버 지식백과

40 『통감지리통석』 진(晉)나라 때 평주를 설치했던 지역에 후위 시기에는 고구려가 그곳에 도읍을 정하였고 당나라 때는 안동도호부가 설치되었다 (晉置平州 後魏時 高麗國都其地 唐置安東都護府).

   * 『통감지리통석』 남송 말의 학자 왕응린이 남긴 역사지리학(歷史地理學)

일대에 평주가 설치되었고, 북위 시대는 고구려가 거기에 도읍을 정하였으며, 당나라 때는 그곳에 안동도호부가 설치된 사실이 명확하게 기록되어 있다. 진나라부터 당나라까지 평주에서 일어난 역사적 사건에 대한 기록이 『요사』 동경요양부와 일치한다. 또한 『통감지리통석』에서 왕응린(王應麟, 1223~1296년)은 북위(北魏, 後魏, 元魏) 시대 고구려가 진(晉)나라 평주가 있었던 곳에 도읍했다고 분명히 말했다. 바로 『요사』에서 북위 태무제가 사신을 보낸 곳으로 장수왕이 천도하여 도읍한 평양성을 가리킨다.

넷째, 송나라 나필(羅泌)이 편찬한 『로사(路史)』[41]에서 평주 노룡현에 기자조선과 한사군의 낙랑군이 존재하고 있었다는 사실과 아울러서 고구려도 역시 그 지역에 있었음을 말하고 있다. 구체적으로 조선성, 낙랑군, 고구려가 모두 노룡현에 있었다는 사실을 말한다. 『로사』에 언급된 노룡은 당(唐) 평주 치소인 노룡성(盧龍城)이 있었던 노룡현을 말하고, 또한 노룡현에 있었다는 조선성은 당연히 고조선 왕검성을 가리킨다. 고조선의 왕성이었으니 조선성은 노룡현 일대에서 가장 큰 성이었을 것이다.

도서. 왕응린은 『옥해(玉海)』, 『곤학기문(困學紀聞)』, 『한제고(漢制考)』 등도 남겼다.

41 『로사』 기자는 요의 낙랑에 봉했었다. 오늘날 평주 노룡(盧龍) 지역으로 여기에 조선성이 있었다. 요주(遼州)를 기주(箕州)로 삼았는데 무덕 8년이다. 그런데 고구려도 그 지역에 있었다(箕子後 封遼之樂浪 今平州之盧龍 有朝鮮城 故武德以遼爲箕州八年 而高麗亦其地).

* 『로사』는 남송 시대 나필(1131~1189년)이 상고시대의 역사를 기록한 책으로 상고시대 많은 신화와 전설을 담고 있는 책이다.

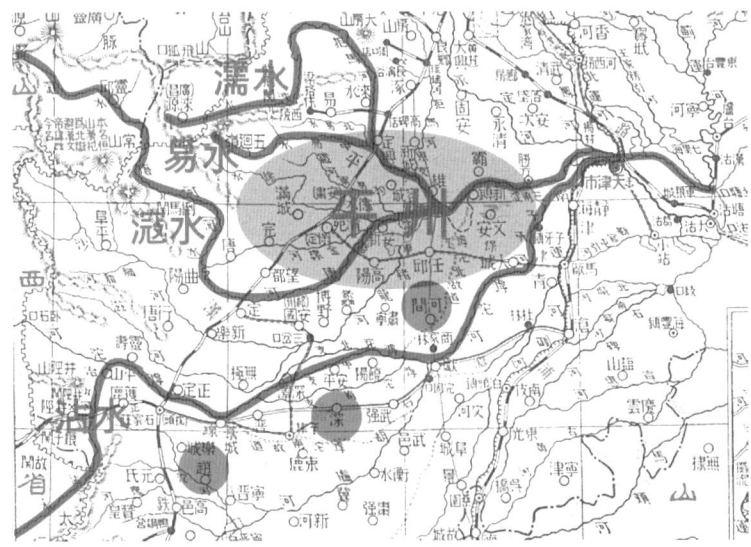

평주 위치(351쪽 지도 참고)
* 첨수(沽水)-호타하(滹沱河), 구수(滾水)-당하(唐河), 역수(易水), 유수(濡水)-거마하
  평주(平州) 조주(趙州), 심주(深州), 하간(河間), 천진시(天津市)

    조선성 존재는 『태평환우기(太平寰宇記)』[42]에서도 역시 확인되는데, 노룡현 조항에 오직 조선성만 소개되어 있을 뿐 노룡성 또는 평주성(平州城)에 대한 언급이 따로 없다. 노룡현 조항에서 노룡성이 누락이 될 수는 없으므로 조선성이 곧 노룡성이었음을 알 수 있다.

    다섯째, 원(元)나라 진사개(陳師凱)가 편찬한 『서채씨전방통(書蔡氏傳旁通)』[43]에 평주 위치가 분명하게 드러난다. 평주가 있는 곳에

---

42 『태평환우기』 조선성 즉 은나라 기자가 봉함을 받은 지역이다. 지금은 폐성이다(朝鮮城 即殷箕子受封之地 今有廢城).

43 『서채씨전방통』 남쪽의 조주(趙州), 심주(深州), 하간부터 그 이북의 평주에 이르기까지 구수, 유수, 첨수, 역수 등은 모두 동쪽으로 바다를 향하여

첨수(沾水), 구수(滱水), 역수, 유수(濡水) 및 조(趙), 심(深), 하간(河間) 등이 보인다. 유수는 거마하, 구수는 당하, 첨수는 석양현(昔陽縣)에서 발원하는 호타하(滹沱河) 지류이다. 대체로 지금 하북성 보정시 영역과 일치하는 것이 분명한데, 이는 곧 당(唐) 평주와 동일한 지역이다.

중원의 나라들과 끝없는 전쟁의 격전지였던 평주와 영주는 지금은 사라진 지명으로 하북성 보정시 일대이다. 평주는 전국시대 연나라 지역이었고, 진시황제가 천하를 통일한 이후 우북평군(右北平郡)과 요서군(遼西郡) 지역이었으며, 한나라 때는 요서군 지역이었고, 후한 말에는 공손도가 차지하여 평주목이라 했다. 진(晉)과 북위 시대는 요서군에 소속되었고, 수(隋)나라 때는 우북평군, 당나라 무덕(武德) 2년(619년) 평주로 되었다가 천보(天寶) 원년(742년) 북평군으로 개정했으며 건원(乾元) 원년(758년) 다시 평주로 되었다. 영주는 요수 이서 지역으로 지금 보정시 만성구, 서수구, 완현(完縣) 일대를 포괄하는 지역을 말하므로 옛 요서군 일부 영역과 순수 인근 우북평군의 일부가 해당된다.

광개토태왕과 장수왕 시기에 평주와 영주를 고구려가 다시 수복하였다. 그래서 494년 고구려 문자명왕은 남제(南齊)로부터 사지절(使持節) 산기상시(散騎常侍) 도독영평이주(都督營平二州) 정동대장군(征東大將軍) 낙랑공(樂浪公) 고구려왕(高句麗王)으로 책봉을 받았다. 도독영평이주는 남제가 영주와 평주에 대한 고구려의 정치적, 군사

달린다(南自趙深河間以北至平州 如滱水濡水沽水易水等 皆東趨于海).

적 지배권을 인정했다는 의미이다. 장수왕의 대를 이은 문자명왕은 도읍을 평양으로 천도한 장수왕 손자이다. 고대 역사를 연구할 때 항상 국가 강역의 경계가 시대에 따라 달라졌던 사실을 염두에 두어야 한다. 즉 고대의 국가 강역은 현재와 달리 고정된 것이 아니고 국력이 강하고 약함에 따라 영토 변동이 극심하였다. 따라서 고정된 영토 개념을 가지고 사서 해석을 하면 왜곡된 결과에 이를 수밖에 없다.

결론적으로 여러 사료와 『요사』 동경요양부 기사를 비교해서 살펴보면, 역사적인 사실과 일관되게 부합됨을 알 수 있다. 그러므로 사학계 주장이 일관성이 있으려면 『요사』뿐만 아니라 『수서』, 『당서』, 『통전』, 『통감』, 『노사』도 다 거짓이고 믿을 수 없는 사서라고 주장해야 한다. 분명히 같은 지역의 역사적 사건을 기록하였는데도 『요사』는 믿을 수 없고, 다른 사서는 정사라고 주장하면 말이 되지 않는다. 현재 사학계는 『요사』 동경요양부는 요녕성 요양으로 비정하면서, 고조선 왕검성과 한사군, 장수왕의 평양성, 당나라가 설치한 안동도호부를 모두 북한의 평양, 대동강 유역이라고 서로 다른 곳으로 주장하는 모순적인 입장으로 딜레마에 빠져있다.

5장 조한(朝漢) 전쟁과 한사군

한나라는 유학을 국가의 이념으로 삼았고, 기록 문화의 발전으로 전한 시대 사마천은 『사기』, 후한 시대 반고는 『한서』를 남겼다. 전한 7대 황제인 무제 유철(劉徹)은 진시황제, 당 태종, 명 영락제, 청 강희제와 더불어 중국에서 가장 위대한 황제로 꼽힌다. 서역과 통하는 실크로드를 개척했고, 동쪽으로 위만조선을 점령하고 북방의 흉노족과 남방의 월지국을 물리쳤다.

무제(재위 기원전 141년~기원전 87년) 시대 가장 위협적인 적은 북쪽 흉노와 동쪽 조선이었다. 무제는 조선이 흉노와 손을 잡고 한나라를 공격할 것을 우려하여 즉위 후 먼저 흉노와 전쟁을 시작하였다. 기원전 121년 곽거병(霍去病)이 기련산 북쪽을 확보하자, 하서사군(河西四郡) 즉 무위(武威), 장액(張掖), 주천(酒泉), 돈황(敦煌)에 군(郡)을 차례로 설치했다. 이런 정책은 흉노가 서역과 교통하는 것을 차단하기 위한 것이다.

그런데 동쪽 변경에는 위만조선(衛滿朝鮮)이라는 강력한 국가가 버티고 있었다. 위만조선은 한나라에 조공도 보내지 않고, 주변 지역 국가들이 조공을 보내거나 혹은 무역하는 것을 중간에서 차단하였다. 무제는 흉노와 전쟁이 소강상태에 들어가자, 위만조선에 대한 공격 준비에 나선다. 만약에 한중 학자들이 주장하는 것처럼 위만조선이 한반도에 있었고 동시에 요동반도에 한나라 요동군이 있었다면, 굳이 위만조선을 공격할 이유가 없다. 왜냐면 위만조선이 흉노와 접촉하기 위해서는 반드시 한나라 강역의 요동반도를 지나가야 하기 때문이다. 게다가 위만조선이 한반도에 있었던 소국(小國)이었다면 한나라가 위협을 느낄 이유가 없고, 전 국력을 기울여 흉노와 전쟁하고 있던 한나라가 아주 멀리 한반도에 있는 위만조선까지 원정하지 않았을 것이다.

이때 창해군 설치는 한무제가 위만조선을 치기 전에 발생한 아주 중요한 사건이었다. 즉 조한 전쟁이 일어나기 20년 전인 기원전 128년 조선의 우거왕을 배신하고, 동이 예군(薉君) 남려(南閭)가 백성 28만 명을 데리고 한나라 요동에 귀속해 오자, 무제는 크게 환영하고 예(濊)의 땅에 창해군(蒼海郡)을 설치하였다. 따라서 예(濊) 위치는 사학계에서 주장하는 강원도 강릉 지역이 아니라 창해군이다.

『한서』 무제기1를 보면, 위만조선을 견제하기 위해 무제의 명으로 그곳에 창해군을 설치했다. 하지만 불과 3년 만인 기원전 126년 창해군이 폐지될 만큼 위만조선 견제는 쉽지 않았다. 또한 『한서』

---

1 『한서』 무제기 원삭(元朔) 원년(기원전 128년) 동이 예군 남려 등 이십팔만 명이 항복하니 창해군(滄海郡)을 설치했다. 원삭 3년 봄, 창해군을 폐했다 (元朔 元年秋 東夷薉君南閭等口二十八萬人降 爲蒼海郡 三年春 罷蒼海郡).

식화지(食貨志)²에는 창해군 설치 사실이 구체적으로 기록되어 있는데, 팽오(彭吳)가 예맥과 조선에 구멍을 뚫듯 창해군을 설치하니 연과 제(齊)나라 사이에서 소요가 일어났다고 하면서, 팽오라는 고인(賈人) 즉 상인이 큰 역할을 했다고 전해진다. 식화지를 보면, 연과 제(齊)나라 사이 즉 연제지간(燕齊之間)에 동예(東濊)가 있었고, 이곳에 창해군을 설치하였다.

하지만 한나라가 창해군을 유지하기 위해서 길을 만들기에 공사비가 많이 소요되었고, 연제 주민의 요역 부담이 너무 커서 남려가 항복한 지 1년 반 만에 한이 공식적으로 영토로 만들지 않겠다고 결정하였다. 그래서 『사기』 평준서³에 따르면, 팽오가 조선을 뚫

---

2 식화지 역대 정사(正史) 속에 있는 각 왕조의 재정 관계 기록 편의 명칭이다. 『사기』에서는 평준서(平準書) 또는 화식열전이라고 불렀는데, 『한서』 저자 반고가 식화지라고 명명한 후부터는 신오대사(新五代史)를 제외하고 모두 이 명칭을 사용하였다. - 출처: 두산백과

3 『사기』 평준서 팽오가 조선을 뚫고 창해군을 두었다. 이에 연제 사이에서 봉기가 일어났다(彭吳賈滅朝鮮置滄海 置滄海之郡 則燕齊之閒靡然發動).
이때 한나라는 서남이(西南夷)로 통하는 길을 만들었는데, 인부(作者)들이 수만 명이었다. 천 리에 걸쳐 식량을 운송해야 했으므로, 대개 10여 종을 보내면 그중 하나만 도착했으니, 공(邛)과 북(僰) 사람들과 거래하여 식량을 모아야 했다. 수년이 지나도 길은 완성되지 않았는데, 만이가 이를 노려 여러 차례 침공하니, 관리들은 군대를 일으켜 그들을 무찔러야 했다. 모든 파촉 지방의 세금으로 이 비용을 충당하는 데는 부족했으므로, 이에 호민(豪民)들을 모아 남이(南夷)에서 경작하게 하여, 곡식을 지방관[縣官]에게 내게 하고 그 비용은 도내(都內)에서 받도록 했다(當是時 漢通西南夷道 作者數萬人 千里負擔饋糧 率十餘鐘致一石 散幣於邛僰以集之 數歲道不通 蠻夷因以數攻 吏發兵誅之 悉巴蜀租賦不足以更之 乃募豪民田南夷 入粟縣官 而內受錢於都內).

고 창해군을 설치하였지만, 이후 군현의 운영과 유지를 위한 물자 및 인력 징발로 인해 인접한 연과 제(齊)나라 사이가 피폐해져 봉기까지 일어났다고 한다. 즉 무제는 팽오에게 요동군에서 창해군에 이르는 교통로를 명하였지만, 인력과 비용이 지나치게 많이 소모되어 어사대부였던 공손홍(公孫弘)의 건의를 받아 개척을 중단하였다.

한나라는 오늘날의 사천성(四川省)과 중경시(重慶市) 일대인 파촉(巴蜀)을 확대하고, 창해(滄海)를 실효 지배하기 위해 엄청난 재정을 투입했어도 얻는 것이 없자 이를 중지하고, 오직 흉노만 대비하기 위해서 삭방군(朔方郡)4의 설치와 유지에 전념한다. 파촉은 산악 지역이어서 길을 만들기 위해 비용이 많이 드는 것은 당연하지만, 창해는 연과 제(齊)나라 옆의 땅임에도 불구하고 파촉에서 길을 내기 위한 비용과 비슷하게 들었다.

한무제가 일시적으로 설치했던 창해군이 하북성 보정시 동남쪽에 있던 창주시(滄州市) 지역이었고, 근처에 있었던 발해군(渤海郡) 위치가 창주시 남쪽 일대였다. 발해군(勃海郡)은 전한 건국 직후인 기원전 202년 유주 속군으로 설치되었고, 한무제 시기 발해군은 기주로 이관되었는데 이때는 한나라 강역이 아닌 것으로 보인다. 지금 하북성 창주시 명칭에 창해군 흔적이 남아있다.

동쪽으로는 창해군에 이르렀는데 인부들에게 들어가는 비용이 남이와 비슷했다(東至滄海之郡 人徒之費擬於南夷).

4 **삭방군** 한나라 초기에 흉노의 침입으로 잃었다가 무제가 원삭 2년(기원전 127년)에 파견한 위청의 원정군이 흉노를 물리치고 오르도스 고원을 회복하면서 오원군(五原郡)과 함께 설치되었다.

창해는 발해의 별칭이었다. 고구려 태조대왕이 영토를 확장하면서 동옥저와 동예는 고구려에 복속된다. 『삼국사기』에서 태조대왕 4년(56년) 7월에 동옥저(東沃沮)를 정벌하고 그 땅을 빼앗아 성읍으로 삼았다. 또한 국경을 넓혀 동쪽으로 창해에 이르고 남으로 살수까지 이르렀다고 하였다. 당시 동예 지역에 설치한 창해군은 관리가 어려워 바로 한무제가 포기했다. 따라서 태조왕 때 창해까지 이르렀다고 했으므로 기록에 없지만 동옥저 남쪽 지역에 있었던 동예도 고구려가 점령했을 가능성이 있다. 서진 시대 장화(張華, 232~300년)[5]가 편찬한 『박물지』[6]에 발해는 중국 동해의 일부로 맑고 푸른 바다라고 해서 창해로 불렸다고 설명하였다.

1. 위만조선과 한나라의 전쟁

위만이 즉위한 이후 위만조선은 우세한 군사력과 경제력을 바탕으로 주변 지역을 정복하면서 세력이 더욱 강대해졌다. 특히 위만조선은 앞선 철기문화를 바탕으로 강력한 정복 국가가 되었고, 주

---

5 **장화** 서진의 학자이자 정치가인 장화는 『박물지(博物志)』를 지었는데 백과사전 겸 지리서, 기서(奇書)이다. 길거리와 골목에서 이야기되는 것들의 기록물로 흥미롭게도 고대의 고구려와 옥저에 대한 기록도 있다. - 출처: 나무위키
6 『**박물지**』 동해(東海)에는 따로 발해가 있다. 따라서 동해는 발해까지 함께 일컬으며, 때로는 이를 창해라고 부르기도 하였다(東海之別有渤澥 故東海共稱渤海 又通謂之滄海).

변 국가와 한나라 사이에서 중계무역으로 많은 부를 축적했다. 그리고 위만 손자였던 우거왕(右渠王)은 중계무역의 이익을 독점하기 위해 진국(辰國) 등 여러 나라가 한나라와 직접 교통하는 것을 금지하였다. 『사기』에서 진번과 진국 등 이웃한 많은 나라가 한나라 천자에게 서신을 올리고 찾아보고자 하여도 조선이 길을 막고 통하지 못하게 하였다고 기록하였다. 위만조선 서쪽에 있던 한나라와 통교하지 못하게 길을 막았다는 사실은 진번, 진국이 위만조선의 동쪽에 있었음을 보여준다. 또한 우거왕은 위만과 달리 한에 대해서 강경책으로 대응하였고, 준왕부터 이어진 중국 망명자를 받아들이는 정책을 그대로 유지하여 위만 시절보다 국력이 더 강해졌다. 하지만 우거왕의 이러한 정책은 위만조선이 흉노와 연결될 것을 두려워하고 있던 한나라를 자극하여 더욱 대립하기 시작하였다.

기원전 109년 조한 전쟁 발발의 직접 원인은 한무제가 사신을 보내 회유했으나 우거왕이 이를 거부하였고, 계속해서 주변 국가들이 한나라와 통교하는 것을 막았기 때문이었다. 『사기』 조선열전[7]

---

[7] 『사기』 조선열전 아들을 거쳐 손자 우거 때에 이르러 유인해 낸 한나라 망명자 수가 대단히 많았다. 우거는 천자에게 입견하지도 않고, 이뿐만 아니라 진번 주변의 여러 나라가 글을 올려 천자에게 알현하는 것도 가로막고 통하지 못하게 하였다(傳子至孫右渠 所誘漢亡人滋多 又未嘗入見 眞番旁衆國 欲上書見天子 又擁閼不通).

원봉 2년(기원전 109년) 한나라는 사신 섭하를 보내어 우거를 회유하였으나, 끝내 천자의 명을 받들려고 하지 않았다. 섭하가 돌아가면서 국경인 패수에 이르러 전송나온 조선의 비왕 장(長)을 죽이고 즉시 강을 건너 요새 안으로 들어간 뒤, 천자에게 조선의 장사를 죽였다고 보고했다. 천자가 그 공을 기려 꾸짖지 않고 섭하에 요동 동부도위(東部都尉) 벼슬을 내에 위만조선과 한나라의 전쟁이 어떻게 시작되었는지 기록되어 있다. 조선열전(朝鮮列傳)에 따르면, 한무제는 먼저 흉노를 제압한 다음 기원전 109년 위만조선에 사신 섭하(涉何)를 보내 회유했으나 우거왕이 요구를 거절했다. 아무 소득 없이 돌아갈 수 없었던 섭하는 한나라로 돌아가는 길에 국경 근처 패수에서 자신을 배웅한 조선의 비왕(裨王)8 장(長)을 찔러 죽이고 새(塞)로 도주했다. 그런데 무제는 섭하를 처벌하는 대신 오히려 요동 동부도위라는 벼슬을 내려 표창했다.

여기서 중요한 사실은 섭하가 위만조선에서 도망갈 때 한나라 서쪽 경계가 패수였다는 점이다. 고대사 문헌에 처음부터 등장하는 패수는 열수(列水)와 아울러 일찍이 중국에 그 이름이 알려진 강이다. 일부 사서에는 패강(浿江) 혹은 패하(浿河)로 기록되었고, 패서(浿西) 지방이나 패강진 등은 여기서 파생된 지명이다. 또 하나 중요한 사실은 섭하가 도주한 새(塞)는 『사기』, 『한서』 등을 보면 태항산맥의 백석산 근처에 있었던 노룡새(盧龍塞)를 말한다는 점이다. 노

렸다. 이에 조선은 섭하를 원망하여 군사를 일으켜 기습 공격해 죽이니, 천자는 죄인을 모집하여 조선을 치게 했다(元封二年 漢使涉何譙諭右渠 終不肯奉詔 何去至界上 臨浿水 使御刺殺送何者 朝鮮裨王長 卽渡 馳入塞 遂歸報天子曰 殺朝鮮將 上爲其名美 卽不詰 拜何爲遼東東部都尉 朝鮮怨何 發兵襲攻殺何 天子募罪人擊朝鮮).

8 **비왕** 비왕은 위만조선의 관명이다. 왕을 보좌한다는 뜻의 부왕적(副王的) 칭호, 특정 지역을 통치하는 제후, 군사적 임무 혹은 실무 행정 업무를 수행한 관직, 자신의 읍락을 자치적으로 이끌던 족장 등 다양하게 해석된다.

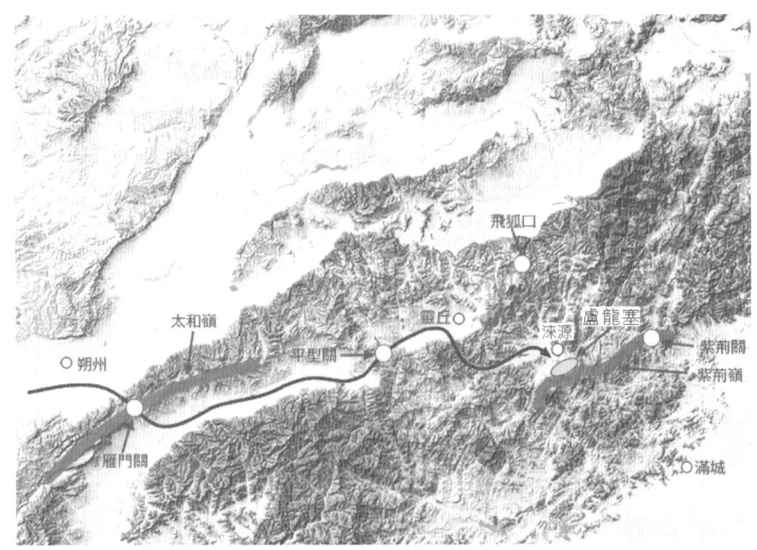

노룡새 위치
* 삭주(朔州) 안문관(雁門關) 태화령(太和嶺) 평형관(平型關) 영구(靈丘) 비호구(飛狐口) 래원(來源) 노룡구(盧龍口) 노룡새(盧龍塞) 자형관(紫荊關) 자형령(紫荊嶺) 만성(滿城)

룡새는 고대로부터 한족과 동이족, 북방 민족들 사이에 충돌과 교류가 빈번하게 일어났던 요새이다. 노룡은 용머리 뼈라는 뜻이고, 새(塞)는 장성을 말한다. 노룡구(盧龍口)로 비정하는 보정시 래원현(淶源縣) 백석구(白石口) 인근을 지나는 내장성(內長城) 경로에 거대한 바위가 지표 밖으로 돌출되어 우뚝 솟아있고, 바위 바로 곁으로 지나는 장성은 돌로 쌓아 올린 고졸한 모습으로 보아 상당히 오래된 것이었음을 알 수 있다.

한나라의 일 처리에 반발하여 우거왕은 군사를 일으켜 요동을 공격하여 섭하를 죽였고, 이를 계기로 한무제는 위만조선을 공격하여 1차 조한 전쟁이 시작되었다. 한무제는 수륙 양면으로 대군

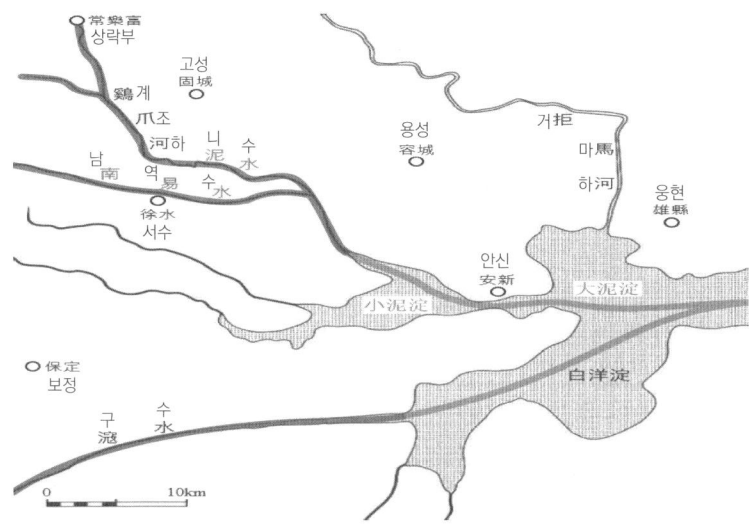

조한 전쟁의 격전지인 패수 즉 계조하(鷄爪河)와 왕검성이 있었던 정흥현 고성(固城)
* 소니정(小泥淀) 대니정(大泥淀) 백양정(白洋淀, 서울시 전체 면적의 1/2 크기)

을 파견하여 위만조선을 공격했다. 조한 전쟁의 진행 과정이 『사기』 조선열전9에 자세히 기술되어 있다. 1차 조한 전쟁은 기원전

---

9 『사기』 조선열전 그해 가을 누선장군 양복을 보내어 제(齊)에서 발해로 배를 띄웠는데 병사는 5만 명이었고, 좌장군 순체는 요동을 출발하여 우거를 공격했는데, 우거는 군사를 동원해 험한 곳에서 맞섰다. 좌장군 졸정 다(多)가 요동의 병력을 이끌어 성급하게 군사를 푸는 탓에 패하고 군사는 뿔뿔이 흩어져 버리고 말았다. 다는 도망쳐 귀환했다가, 군법에 따라 참형에 처했다(其秋 遣樓船將軍楊僕從齊浮渤海 兵五萬人 左將軍荀彘出遼東 討右渠 右渠發兵距險 左將軍卒正多率遼東兵先縱 敗散 多還走 坐法斬).
누선장군은 제(齊)의 병력 칠천 명을 거느리고 먼저 왕험에 닿았다. 우거가 성을 지키며 엿보다가 누선장군의 군사가 적은 것을 알고, 곧바로 성을 나와 누선장군의 군영을 공격하는 바람에 누선의 군사는 패해 흩어져 달아났다. 장군 양복은 그 군사를 잃고 산속으로 달아나 열흘 넘게 숨어

109년 가을 수군의 전투부터 시작되었는데, 한나라 누선장군(樓船將軍) 양복(楊僕)은 7천 명의 한나라 수군을 이끌고 먼저 출발하였지만, 조선의 기습 공격을 당해 궤멸되었다. 그 이유는 누선장군 양복이 제병(齊兵) 7천 명으로 먼저 왕검성에 이르렀는데, 우거왕이 성을 지키고 있으면서 군사가 적음을 엿보고는 곧 성을 나와 공격하자 군사가 패배하여 흩어져 달아났다고 하였다. 양복은 군사를 잃고 산중으로 도망쳐 10여 일을 보내면서 점차 흩어진 군사를 다시 모았다.

당시 누선장군 양복이 거느린 수군의 출발지는 제군이었고, 이어서 발해를 항해한 다음 열구에 도착했다. 열구는 천진 남쪽의 발해 연안으로 흘러나오는 강의 하구를 거슬러 올라가는 내륙에 있었다. 그리고 패수를 서쪽에서 돌파하고 진격해 오는 좌장군 순체의 군사를 열구에서 기다리지 않았다고 하였으니, 열구는 패수 동쪽에 있었음을 알 수 있다.

1차 조한 전쟁의 격전지가 패수 즉 계조하(鷄爪河) 일대와 왕검성이었다. 『요사』 지리지에 따르면, 패수(浿水)는 니하(泥河)로도 불렸다. 『수경주』(水經注)에 따르면, 고대 니수(泥水)가 남쪽으로 흘러 역수(易水)와 합류하여 용성현(容城縣) 동남쪽의 대니정(大泥淀), 소니

지내면서 차츰 흩어진 병졸들을 다시 거두어 모아들였다. 좌장군은 조선의 패수 서쪽의 군대를 쳤으나 무찌르고 전진할 수가 없었다(樓船將軍將齊兵七千人先至王險 右渠城守 窺知樓船軍少 卽出城擊樓船 樓船軍敗散走 將軍楊僕失其衆 遁山中十餘日 稍求收散卒 復聚 左將軍擊朝鮮浿水西軍 未能破自前).

정(小泥淀)으로 유입된다고 하였다. 대니정(大泥淀)과 소니정(小泥淀)은 보정시(保定市) 서수구(徐水區) 및 용성현의 동남쪽에 있는 백양정(白洋淀)의 고대 명칭이었다. 백양정은 태항산맥에서 발원하는 당하, 역수, 거마하 등 9개의 강이 모이는 하북 최대의 담수호이다. 이후 백양정은 옛 열수(列水)로 추정되는 대청하(大淸河)로 흘러나간다.

동시에 좌장군(左將軍) 순체(荀彘)가 이끄는 육군은 요동을 출발하여 우거를 공격했는데, 우거는 군사를 동원해 험지에서 맞섰다. 그런데 좌장군의 졸정 다(多)가 요동병(遼東兵)을 먼저 멋대로 움직여서 패배하여 뿔뿔이 흩어졌고, 이어서 육로로 오던 좌장군 순체 군사는 조선의 패수서군(浿水西軍)을 공격했지만, 조선군은 기세를 몰아 깨뜨리고 패수에서 저지하여 더는 전진할 수 없었다. 좌장군 순체가 이끌었던 병사 규모는 기록에 없다.『사기』에서 패수 서쪽을 지키는 패수 서군과 상류를 지키는 패수상군(浿水上軍)이란 표현이 있는데, 같은 지역을 서군과 상군으로 다르게 기록했으므로 패수 서쪽이 상류임을 알 수 있다. 한반도에서 동쪽으로 흘러가는 강은 두만강 이외에는 찾아보기 어렵다. 따라서 한반도에 패수가 존재하지 않았다.

결국 1차 조한 전쟁에서 우거왕은 왕검성을 배경으로 벌어진 수개월 동안의 치열한 접전 끝에 한나라를 물리친다.『사기』조선열전 기록에서 중요한 여러 사실을 파악할 수 있다.

첫째, 부발해(浮渤海)인데 발해에 배를 띄웠다는 사실로 보아 왕험성은 발해 서쪽 해안에서 배를 타고 가다가 접근이 가능한 내륙에 있었을 것으로 추정할 수 있다.

둘째, 종제부발해(從齊浮渤海)인데 여기에서 종(從)은 뒤에 특정한 지명이 동반될 때는 따라서 간다는 의미이다. 즉 제(齊)나라 땅을 따라서 발해에 배를 띄웠다고 해석한다. 양복의 수군이 산동반도 제(齊)나라 땅에서 출발하여 연안항법(沿岸航法)으로 발해 해안선을 따라 북쪽 방면으로 이동했다는 뜻이다. 당시 바다를 통하여 이루어진 모든 이동은 해안선을 따라 이동하는 연안항법에 의존해서 이루어졌다.

셋째, 당시 제(齊)나라는 11개 군국(郡國)으로 나뉘어 있었다. 문제는 제(齊)에서 출발했다고 말하면 어느 군국에서 출발했는지 알 수가 없다는 점이다. 즉 진(秦)나라가 기원전 221년 제(齊)를 멸망시켰고, 한나라가 건국된 이후 제(齊)나라는 교동군, 동해군, 랑사군, 발해군(渤海群), 북해군, 성양국, 제군(齊郡), 제남군, 태산군, 평원군, 천승군 등의 11개 군국으로 분할되었다. 태사령 사마천이 이러한 사실을 모르고 기록을 남겼을 리 없다. 예를 들면, 사마천은 좌장군 순체가 요동군을 나아가 우거왕을 토벌하였다고 구체적으로 출발지를 적시하고 있다. 또한 『사기』에서 역사적 인물들을 소개하면서 제(齊)나라가 있었던 땅에 설치된 발해군, 제군, 동해군 등의 출신이라고 구체적으로 말하는 것을 보아서도 알 수 있다.

따라서 종제(從齊)의 제(齊)는 제군을 가리키므로 누선장군 양복이 제군부터 나아가서 발해에 배를 띄웠다고 해석해야 한다. 그리고 제 군사 7천 명이 먼저 왕험성에 이르렀다가 대패했다고 말한 제도 제군을 말한다. 양복의 수군 중에 선봉 부대인 제 군사 7천 명은 산동반도 전체에서 뽑은 군사가 아니라 제군의 수병이다. 『한서』 지리지에서 제군이 가구 수 154,826호에 인구수 554,444명이라고 하였다. 제군의 젊은 사람 중에서 7천 명의 징발은 부담이 되지는 않았을 것이다.

넷째, 누선장군 양복이 제군부터 나아가서 발해에 배를 띄웠는데 거느린 군사가 5만이었다. 병오만인(兵五萬人)은 전부 양복의 군사로 좌장군 순체가 거느린 군사와 아무런 연관이 없다. 즉 순체가 거느린 육군이 몇 명이었는지는 생략되었다.

다섯째, 사마천은 전쟁이 끝난 후 누선장군 양복이 열구(洌口)에 이르러서 좌장군의 군사를 기다리지 않고 마음대로 먼저 공격하여 많은 군사를 잃었다는 죄로 죽임을 당해야 했으나 재물을 바치고 서인이 되었다고 기록하였다. 여기에서 열구는 열수의 하구(河口)를 말한다. 『사기』는 열(洌)로, 『한서』는 같은 내용이 열(列)로 기록되어 있다.

어떻든 누선장군 양복이 거느린 한 수군의 출발지는 제군이었고, 이어서 한나라 수군이 항해한 발해 위치로 보았을 때 도착지 열구는 천진 남쪽의 해안가에서 강 하류를 거슬러 올라가는 내륙 지역에 있었다. 그리고 패수를 서쪽에서 돌파하고 진격해 오는 좌장군의 군사를 열구에서 기다리지 않았다고 하였으니, 열구는 패수의 동쪽에 있었음을 알 수 있다.

『삼국사기』 백제본기를 보면, 371년 고구려가 군사를 일으켜 와서, 근초고왕이 군사를 패하 가에 매복시켜 이르기를 기다렸다가 치니 고구려 군사가 패배했고, 또한 고구려본기 395년 8월 광개토태왕이 패수 위에서 백제와 싸워 크게 격파하고 8천여 명을 사로잡았다고 기록했다. 현재 우리의 역사 상식으로 이해하기 어렵게 고구려와 백제 국경 근처에 패수가 있었다.

결과적으로 1차 조한 전쟁은 한나라의 참혹한 실패로 끝났다. 한의 육군은 패수를 건너지 못하고, 수군은 왕검성 근처에서 대패하였다. 이러한 위만조선의 기세에 당황한 무제는 양복과 순체 두 장군이 이롭지 못하다고 생각하여, 사신으로 위산(衛山)을 보내면서 군사의 위세를 갖추고 가서 우거왕을 회유하도록 하였다.

『사기』 조선열전10을 보면, 무제는 위만조선에 위산을 사신으로 파견하여 다시 우거왕을 회유하고 협박한다. 그러자 조선은 항복의

---

10 『사기』 조선열전 천자는 두 장군이 그때까지도 전세가 유리하지 못함을 알고, 곧바로 위산을 사자로 보내 군의 위엄을 갖추고 조선으로 가서 우거를 깨우치게 하였다. 우거는 사자를 만나더니 머리를 조아리면서 사죄하였다. 항복하기를 바라면서도 두 장군이 속임수를 써서 신을 죽일까 두려웠는데 이제 사자의 부절을 직접 확인했으니 승복하고 항복하기를 바랍니다. 그러고는 태자를 보내 들어가 사죄하고, 말 오천 필을 진상하면서 군량미까지 대기로 하였다. 이어서 조선에서 만 명이 넘는 무리가 무기를 들고 막 패수를 건너려 하는데, 사자와 좌장군은 그들이 병변을 일으킬지도 모른다고 의심하여 태자에게 말하였다. 항복한 이상, 사람들에게 무기를 지니지 못하게 함이 옳소. 태자는 사자와 좌장군이 속임수를 써서 자신을 죽일까 의심하여 끝내 패수를 건너지 않고, 도로 무리를 데리고 왕험성으로 되돌아가고 말았다. 위산은 천자에게 돌아와 알리니 천자는 위산을 주살하였다(天子爲兩將未有利 乃使衛山因兵威往諭右渠 右渠見使者頓首謝 願降 恐兩將詐殺臣 今見信節請服降 遣太子入謝 獻馬五千匹 及饋軍糧 人衆萬餘 持兵 方渡浿水 使者及左將軍疑其爲變 謂太子已服降 宜命人毋持兵 太子亦疑使者左將軍詐殺之 遂不渡浿水 復引歸 山還報天子 天子誅山).

의사를 표시하고 태자를 시켜 말 5천 필과 식량을 바치고자 한다면서 무장한 1만 명과 함께 장안으로 보낸다. 패수 가에 이르자 사신 위산과 좌장군 순체가 조선의 태자 일행이 변을 일으킬 것을 우려하여 무장해제를 요구하자, 태자는 이를 거부하고 왕험성으로 되돌아온다. 위산이 장안으로 돌아가 무제에 보고하니 책임을 물어 위산을 참수하였다.

이 기사에서 알 수 있는 사실은 위만조선이 한나라와 대등한 자존의식과 외교관계를 견지하면서 이때까지 선전하고 있었다는 점이다. 패수에서 양군은 대치하였고 전선이 고착되고 있었다. 또한 사마천이 적대국이던 우거의 왕위 계승자를 태자라고 기록한 것을 통하여 당시 조선에서 왕위 계승자를 태자로 불렀음을 확인할 수 있다.

참고로 이때 위만조선 내에서 중요한 사건이 있었다. 즉 조선상(朝鮮相) 역계경(歷谿卿)이 우거왕에게 건의했는데, 어떤 건의인지는 기록이 없어 알 수가 없으나 아마 화친과 비슷한 방향의 제안으로 보인다. 우거왕이 이를 거부하자 역계경은 자신의 집단 2,000호를 이끌고 진국으로 망명했다. 한편 조선상 역계경, 예군 남려 등과 삼한의 관련 기사를 통해 볼 때 당시 위만조선의 인구는 적어도 백만 명 이상이었을 것으로 생각된다. 참(參), 역계경 등은 위만조선을 이루는 부족의 장이자 행정 관료로 그 밑에 상당한 인구를 거느리고 있었을 것이다. 이에 고조선 사회는 인구 증가에 따라 복잡한 양상을 띠고 있었을 것이며, 그에 상응하는 법령체계도 존재하였을 것으로 추정된다. 『한서』 지리지에 따르면 고조선에는 팔조금법(八條

禁法)이 있었다고 하는데, 이후 60여 조로 늘어났고 낙랑계령(樂浪
契令)도 제정되었다고 한다.

아마도 우거왕은 거짓으로 항복하고 오히려 한나라를 치려고 시
도한 것으로 보인다. 이렇게 거짓으로 항복한 일은 한무제를 더욱
분노시켰다. 이에 한무제는 아직 조선에 남아있었던 수륙 양군을
다시 보내 2차 조한 전쟁을 시작했다.

『사기』 조선열전[11]에서 좌장군 순체는 패수에서 가진 두 번째 교

---

11 『사기』 조선열전 좌장군이 패수 상군(上軍)을 격파하고 전진하여 왕험성 아래 이르러 서북쪽을 포위했다. 누선군도 또한 합세하여 성의 남쪽에 주둔하였다. 우거가 끝내 성을 굳게 지키므로 몇 달이 되어도 함락시킬 수 없었다. 좌장군은 본시 시중(侍中)으로 천자의 총애를 받고 있고 연과 대(代)의 군사를 거느렸으므로 굳세었는데, 싸움에 이긴 기세를 타고 군사들이 더욱 교만해졌다. 누선장군은 제나라 병사들을 이끌고 바다로 출병하였으나, 이미 여러 번 싸움에 패하고 군사를 잃었으며, 앞서 우거와 싸움에서 곤욕을 치른 군사들이라 모두 두려워하였다. 장군은 부끄럽게 우거를 포위하고도 항상 화평을 유지했다(左將軍破浿水上軍 乃前 至城下 圍其西北 樓船亦往會 居城南 右渠遂堅守城 數月未能下 左將軍素侍中 幸 將燕代卒 悍 乘勝 軍多驕 樓船將齊卒 入海 固已多敗亡 其先與右渠戰 困辱亡卒 卒皆恐 將心慙 其圍右渠 常持和節).

좌장군이 맹렬히 성을 공격하니, 조선 대신들은 몰래 사람을 보내 사사로이 누선장군에게 항복을 약속했으나 말만 오고 갈 뿐 아직 확실한 결정을 내리지 못하고 있었다. 좌장군은 여러 차례 누선과 싸울 시기를 정하였으나 누선은 약속을 어기고 싸움에 나가지 않았다. 좌장군 또한 사람을 보내 조선이 항복할 때를 탐문했지만, 조선은 이를 반기지 않고 누선 쪽에 마음을 두고 있었다. 그로 인해 양 장군은 서로 반목하게 되었다. 좌장군은 마음속으로 누선은 전에 군사를 잃은 죄가 있고 지금은 조선과 사사로이 잘 지내고 있으며, 조선 또한 항복하지 않으므로 반계(叛計)가 있는 것이 아닌가 의심하였으나 함부로 발설하지 못하였다(左將軍

전에서 고조선군을 격파하고 왕험성의 북서쪽을 포위했으며, 양복은 성의 남쪽을 포위했다. 즉 좌장군은 패수 상류의 군을 격파하고, 나아가 왕험성 아래에 이르러 그 서북쪽을 포위하였고, 패잔병을 긁어모아 겨우 재편성된 누선장군 양복의 부대도 왕검성 남쪽을 포위하였다. 이후 한나라 군대는 대대적인 공격을 감행했으나 위만조선의 강력한 저항과 더불어 양복과 순체의 갈등으로 왕험성은 몇 달 동안 함락되지 않았다고 하였다.

좌장군 순체는 연, 대(代) 지역의 사나운 군사들을 데리고 승리하여 교만한 상태였으나, 누선장군의 병사들은 이미 여러 번 패하여 공포에 질려있었다. 육군을 이끄는 순체는 2차 패수 전투의 승리에 도취하여 화평보다는 싸움을 원했고, 수군을 이끄는 양복은 계속된 패배에 위축되어 싸움보다는 화평을 원했다. 그래서 좌장군 순체가 누선장군에게 협공을 제의하였지만, 양복은 왕험성이 곧 항복할 것이니 기다리라고 하면서 군대를 움직이지 않았다. 공격이 여러 달 지연되자 좌장군은 누선장군이 왕험성과 내통하여 배신할 것을 우려하는 상황까지 이르게 된다.

이렇게 좌장군 순체와 누선장군 양복이 뜻이 맞지 않는 모양새를 보이면서 전쟁이 장기전이 되는 상황에서 한무제가 보낸 감찰관 공손수(公孫遂)가 양복을 잡아 가두고, 군대 통솔권을 좌장군이

急擊之 朝鮮大臣乃陰間使人私約降樓船 往來言 尙未肯決 左將軍數與樓船期戰 樓船欲急就其約 不會 左將軍亦使人求閒郤降下朝鮮 朝鮮不肯 心附樓船 以故兩將不相能 左將軍心意樓船前有失軍罪 今與朝鮮私善而又不降 疑其有反計 未敢發).

가지게 되면서 급반전하게 된다. 『사기』 조선열전12을 보면, 한무제는 제남태수(濟南太守) 공손수를 감찰관으로 보내 일을 바로잡고 편의대로 처리하게 하였다. 공손수가 도착하자 순체는 자기 처지를 토로하였고, 누선장군 양복의 변절 우려를 전하자, 이에 설득되어 양복을 잡아 가두고 군대를 합쳐 버렸다. 수군을 좌장군에 속하게 하여 왕험성을 공격하였으나 역시 함락시키지를 못한다. 그리고 공손수가 장안으로 돌아와 사실을 보고하자 한무제가 군사 분열을 조장한 책임을 물어 오히려 공손수를 참수하게 된다.

---

12 『사기』 조선열전 천자가 말하기를 장수들이 일을 달성하지 못하여, 전에 위산에게 우거를 달래 항복하도록 하여 마침내 태자까지 보냈는데도 산(山)이 이를 제대로 결정하지 못하고, 좌장군과 서로 계교가 틀려 마침내 약속이 깨어지고 말았다. 지금도 두 장군이 성을 포위하고도 역시 어긋나고 달라서 오래도록 결판이 나지 못하고 있다고 말하고 제남태수 공손수를 사자로 보내어 이를 바로잡고 상황에 맞게 처하도록 하였다. 공손수가 도착하니 좌장군이 말했다. 조선이 항복할 형편에 이른 지 오래되었는데도 항복하지 않는 것은 사정이 있어서입니다. 그리고 누선이 여러 차례 싸우러 나오지 않은 것과 평소의 뜻하는 바를 공손수에 낱낱이 고하였다. 이어 지금 이와 같으니 체포하지 않으면 크게 해가 될까 두렵습니다. 누선 혼자만이 아니라 조선과 함께 우리 군사를 멸할 것입니다. 공손수도 이를 옳게 여기고 부절(符節)로 일을 의논하자고 누선을 불러 좌장군 진영에 오게 하고는, 좌장군 휘하에 명하여 곧 누선장군을 체포하고 군사를 합친 뒤 천자에게 보고하자, 천자는 공손수를 죽였다(天子曰 將率不能 前及使衛山諭降右渠 右渠遣太子 山使不能剸決 與左將軍計相誤 卒沮約 今兩將圍城 又乖異 以故久不決 使濟南太守公孫遂往征之 有便宜得以從事 遂至 左將軍曰 朝鮮當下久矣 不下者有狀 言樓船數期不會 具以素所意告遂 曰今如此不取 恐爲大害 非獨樓船 又且與朝鮮共滅吾軍 遂亦以爲然 而以節召樓船將軍入左將軍營計事 卽命左將軍麾下執捕樓船將軍 幷其軍 以報天子 天子誅遂).

통탄스러운 점은 한나라의 막강했던 공격을 막아내던 위만조선이 갑자기 멸망한 이유가 바로 내부 분열이라는 사실이다. 한나라 군대의 지휘권이 순체로 통합이 되면서 위만조선은 상황이 더욱 악화가 되었다. 즉 한나라 군사가 순체를 중심으로 단일화되자 이를 알게 된 위만조선 내부는 위기감을 느낀 주화파와 끝까지 싸우자는 강경파로 분열하게 된다. 상대적으로 유화적이었던 누선장군 양복의 실각이 크게 작용했다고 보인다. 전쟁이 1년 이상 지속되면서 위만조선 지배층 내의 불만이 증대되었고, 이러한 불만은 군사적 저항을 약화시켰다. 지도층이 분열되면서 당시 왕이었던 우거가 주화파에 의해 살해를 당하고, 기원전 108년 수도 왕험성이 함락되면서 위만조선은 3대 86년 만에 역사 속으로 사라졌다.

위만조선의 멸망 과정에서 주화론을 주장하던 조선상 로인(路人), 상(相) 한음(韓陰), 니계상(尼谿相) 참(參), 장군(將軍) 왕겹(王唊) 등이 먼저 한나라에 항복하며 배신을 했다. 그리고 108년 6월 니계상 참이 보낸 자객이 우거왕을 살해했지만, 왕험성은 함락되지 않았다. 대신 성기(成巳)가 한나라에 반하여 다시 군리(軍吏)들을 공격하였다. 대신 성기를 중심으로 계속 저항하자 초조해한 순체가 로인 아들 최(最)를 시키어 성안의 주민들을 이간질하였고, 우거왕 아들 장항(長降)과 도모해 성기를 살해했다. 장항도 곧바로 한나라에 투항했다. 결국 위만조선의 멸망 원인은 전쟁에서 패배가 아니라 지도층이 분열되어 나라를 팔아먹는 배신자가 나타났기 때문이다.

위만조선 기록에 등장하는 인물로는 조선상 로인, 상(相) 한음, 대신 성기, 장군 왕겹, 니계상 참(參) 등이 있다. 이들은 위만조선에서 행정 및 군사를 담당하였던 고위 각료들이었던 것으로 추측된다. 또한 로인의 아들 최(最) 이름이 나타나는 것으로 보아 왕의 신분이 세습된 것과 마찬가지로 상류층 내에서 신분 세습이 이루어졌다. 즉 위만조선에는 지배층과 피지배층으로 구분되는 계층이 존재하였으며, 신분제도는 적어도 상류층, 평민, 노예로 형성되었을 것으로 보인다.

결론적으로 『사기』 조선열전13을 보면, 한무제는 조한 전쟁에서 승리한 것이 아니라 위만조선의 자멸에 따른 결과였다. 만약 왕험성이 함락되었다면, 『사기』 조선열전에서 평정할 정(定)이 아니라 정복(征服)했다는 의미로 정(征)자를 사용해야 한다. 또한 조선열전에 기록된 전쟁 결과를 보면 전쟁에서 한나라가 이겼다고 보기 어렵다. 종전 후 무제는 참전했던 모든 장수에게 책임을 물어 형벌을

---

13 『사기』 조선열전 좌장군이 양군을 합하여 맹렬히 조선을 치니, 조선상 로인, 상(相) 한음, 니계상 참(參), 장군 왕겹이 모의하기를, 처음 누선에 항복하려 했으나 누선은 지금 잡혀 있고, 좌장군 단독으로 장졸을 합하여 전투가 맹렬하여 맞서 싸우기 두려운데 왕은 항복하려 하지 않는다고 말하고 한음, 왕겹, 로인이 모두 도망하여 한나라에 항복하였다. 로인은 도중에서 죽었다(左將軍已幷兩軍 即急擊朝鮮 朝鮮相路人 相韓陰 尼谿相參 將軍王唊 相與謀曰 始欲降樓船 樓船今執 獨左將軍幷將戰益急 恐不能與戰 王又不肯降 陰唊路人皆亡降漢 路人道死).
원봉 3년(기원전 108년) 여름, 니계상 참(參)이 사람을 시켜 조선왕 우거를 죽이고 항복했으나, 왕험성은 함락되지 않았다. 죽은 우거 대신 성기가 한나라에 반하여 다시 군리들을 공격하였다. 좌장군은 우거의 아들 장항과 상(相) 로인의 아들 최(最)로 하여금 그 백성을 달래고 성기를 죽이도록 하였다(元封三年夏 尼谿相參乃使人殺朝鮮王右渠來降 王險城未下 故右渠之大臣成巳又反 復攻吏 左將軍使右渠子長降 相路人之子最 告諭其民 誅成巳).

내렸다. 세계 전쟁사에서 이기고 돌아온 장수를 사형시키는 사례는 없다.

『사기』 조선열전에서 한나라 관리로 등장하는 주요 인물이 여섯이다. 섭하, 제남태수 공손수, 위산 등은 전부 천자(天子)의 사신(使臣)이고, 졸정 다(多), 육군사령관 순체, 해군사령관 양복 등은 장수이다. 전쟁이 끝나고 나서 하나도 성한 사람이 없었다. 장수들을 처형한 이유는 전쟁에 참패했기 때문이다. 참전한 장수들은 기시형에 처했거나 평민으로 강등하였고, 대신에 항복한 조선인 5명을 제후로 삼았다. 장수(將帥)나 사신 가리지 않고 전원 처형을 시키는 이런 승리는 없다.

사신 섭하는 전쟁 초기에 전사하였고, 공손수와 위산 두 사신은 모두 사형에 처했다. 육군의 졸정 다(多)가 요동의 군사를 이끌고 순체보다 먼저 공격하였으나 패하여 장안으로 도망가니 무제가 패전의 책임을 물어 참수(斬首)하였고, 육군사령관 순체는 기시형에 처했다. 한나라 형법에는 사형의 종류가 여러 종류가 있었는데 가장 극악한 형이 기시형(棄市刑)이다. 사람을 죽여 사지를 찢어서 장안(長安)의 대문에다 걸어놓는 극형이다. 수군 사령관 양복에게는 사형이 내려졌다. 사마천은 『사기』 조선열전에서 누선장군이 좌장군의 군사를 기다리지 않고 먼저 공격함으로써 많은 군사를 잃었다는 죄로 죽임을 당했어야 했으나 재물을 바치고 서인이 되었다[14]

---

14 『사기』 조선열전 좌장군을 불러 그가 오자, 공을 다투고 시기하여 계획을 어긋나게 한 죄로 기시(棄市)하였다. 누선장군(樓船將軍)도 병사를 거느리고 열구에 이르렀다면 마땅히 좌장군을 기다려야 하는데도 제멋대로 먼

고 하였다.

그리고 사마천은 조선열전 마지막 부분에 자기가 적은 역사 기록에 대한 서평인 태사공자서(太史公自序)15를 적었다. 여기서 욕(辱)을 당했다고 표현했는데 이 말은 군사 용어로 졌다는 뜻이다. 한문(漢文)에서는 직접적으로 패(敗)나 항(降)을 말하는 법이 없고 비유적인 말로 표현한다. 예를 들면, 인조가 청 태종한테 삼궤구고두례 하면서 항서(降書)를 바쳤는데 사서(史書)에서 이를 성하지맹(城下之盟)이라고 하였다. 성 아래에 내려가서 맹세했다는 말은 항복했다는 의미이다. 맹세한다는 맹(盟)자나 강화한다는 화(和)자는 모두 항복을 뜻한다.

2. 한사군 설치 여부

조한 전쟁에서 참패하여 돌아왔는데 한나라가 전쟁 결과로 땅을

저 군사를 풀어 많은 병사를 잃어버렸으므로 주살함이 마땅하나, 속전(贖錢)을 받고 서인(庶人)으로 삼았다(左將軍徵至 坐爭功相嫉 乖計 弃市 樓船將軍亦坐兵至洌口 當待左將軍 擅先縱 失亡多 當誅 贖爲庶人).

15 태사공자서 태사공(太史公)은 말한다. 우거는 험고를 믿다가 나라의 사직을 잃었다. 섭하는 공을 속이다가 전쟁의 발단을 만들었다. 누선(樓船)은 장수의 그릇이 좁아서 난을 당하고 죄에 걸렸으며, 번우(番禺)에서 실패를 후회하다가 도리어 의심을 받았다. 순체는 공로를 다투다가 공손수와 함께 주살되었다. 결국 양군(兩軍)이 함께 욕을 당하고, 장수로서 열후(列侯)된 사람이 없었다(太史公曰 右渠負固 國以絶祀 涉何誣功 爲兵發首 樓船將狹 及難離咎 悔失番禺 乃反見疑 荀彘爭勞 與遂皆誅 兩軍俱辱 將率莫侯矣).

빼앗아 한사군을 설치했다는 주장은 논리적으로 앞뒤가 맞지 않는다. 따라서 한나라가 실제로 한사군을 설치하였는지 그 진위를 살펴본다.

첫째, 사마천은 『사기』에서 4군(四郡)을 두었다고 설명하였지만, 실제로는 5군(五郡)을 제후(諸侯)로 봉했다고 모순되게 기록하고 있다. 즉 『사기』 조선열전[16]을 보면, 한무제는 조선을 평정하여 이곳에 4군을 설치했다고 말했지만, 다음 구절에서는 우거왕 아들 장(長)은 왕검성 함락의 공로를 인정받아 기후(幾侯)에 책봉하였고, 조선상 로인의 아들 최(最)는 온양후(溫陽候), 상(相) 한음은 적저후(荻苴侯), 니계상 참(參)은 홰청후(澅淸侯)로 책봉하였다[17]는 모순된 설명이 나온다.

문제는 황제직할지로 4군을 설치했다고 주장하면서, 4군의 설치 장소가 위만조선의 땅이 아니고 엉뚱하게도 다른 지역인 홰청(澅淸), 적저(荻苴), 평주, 기(幾), 온양(溫陽) 등의 5군으로 나온다는 점이다. 또한 직할지인 군(郡)을 설치했으면 중앙에서 태수 등을 파견해

---

16 『사기』 조선열전   이로써 드디어 조선을 평정하고 4군(四郡)을 설치하였다. 참(參)을 봉하여 홰청후, 음(陰)은 적저후, 겹(唊)은 평주후(平州侯), 장(長)은 항복하여 기후로 삼았다. 최(最)는 아버지가 죽었고 자못 공이 있으므로 온양후(溫陽候)로 삼았다(以故遂定朝鮮 爲四郡 參爲澅淸侯 陰爲荻苴侯 唊爲平州侯 長降爲幾侯 最以父死頗有功 爲溫陽侯).
17 『사기집해』에서 평주는 량부(梁父), 적저는 발해군, 홰청은 제(齊)군, 온양은 제(齊)군, 기는 하동군으로 주석하였다. 항복한 위만조선의 왕자 장항은 낙양에 가까운 곳에 있는 기후로 봉했고, 나머지 책봉지는 황하 하류 우측과 산동반도 좌측 사이에 있었다.

야 하는데, 제후를 봉했다는 점도 앞뒤가 맞지 않는다. 그리고 무제는 논공행상에서 우거왕과 성기를 제거하고 위만조선의 멸망에 일조했던 조선인들을 모두 5군의 제후로 책봉했다. 점령한 영토를 공을 세운 신하가 아니라 항복한 조선인에게 준다는 것은 통상적인 전쟁 이후 처리 방식에 맞지 않는다. 따라서 사마천이 『사기』 조선열전을 기록할 당시 한사군인 진번, 임둔, 낙랑, 현토 등은 존재하지 않았다고 보아야 타당하다.

둘째, 기원전 1세기경 사마천이 편찬한 『사기』가 전한 7대 무제에서 끝나자, 이를 보충하여 반고가 전한의 역사를 후한 3대 장제(章帝) 때인 82년에 시작하여 『한서』로 만들었다. 반고(32~92년)는 1세기경의 후한의 역사가로 『한서』는 반표에서 아들 반고, 딸인 반소에 이르기까지 모든 가족이 참여하여 집필되었다.

문제는 『사기』를 이은 『한서』에서 중대한 역사 왜곡이 발생한다는 점이다. 즉 한사군 명칭이 조한 전쟁이 끝나고 약 180년 지난 후한 시대 반고가 편찬한 『한서』에서 처음으로 나타난다. 『사기』에서 조선인에게 책봉했던 평주, 온양, 적저, 홰청, 기(幾) 등 5군이 『한서』에서는 조선 4군인 진번, 임둔, 낙랑, 현토(玄菟) 등 황제 직할지로 바뀌고 5군 제후들의 이름까지 삭제해 버렸다. 그러면서 『한서』 지리지는 현토, 낙랑 2군을 무제 때 설치했다고 하였다. 반면에 『한서』 오행지(五行志)는 조선을 정벌하고 3군을 열었다고 하였고, 『한서』 무제기(武帝紀)는 4군을 설치했다고 같은 『한서』 내에서도 다르게 기술하였다.

그리고 또 하나 이해하기 어려운 사실은 한나라 수도였던 장안에서 아주 먼 거리에 있어 직할 통치가 어려운 낙랑, 현토 등에 제후가 다스리는 국(國)이 아니라 직할지인 군(郡)을 설치했다는 점이다. 군현제(郡縣制)18와 봉건제를 병용하는 통치구조를 군국제(郡國制)라 한다. 한나라 고조 유방은 직할지에는 군(郡)을 설치하고, 원지(遠地)에는 일족(一族)과 공신(功臣)을 제후로 봉하여 통치하게 하는 국(國)을 두어 황실의 번병(藩屛, 황실을 지키는 변방의 감영이나 병영)으로 하는 군국제를 도입하였다. 무제가 한사군을 실제로 설치하였다면, 『사기』에 당연히 관리의 임명 사실과 통치 행태를 밝혀주는 기록이 나와야 한다. 또한 『한서』, 『후한서』 등에도 이러한 기록이 전혀 없다. 이러한 점으로 볼 때, 후대 사관들이 『한서』와 『후한서』를 편찬할 때 한사군 관련 위사(僞史)를 삽입한 것으로 보인다.

셋째, 『사기』에 대한 기록이 『한서』를 지나 『후한서』에서 본격적으로 왜곡된다. 즉 『사기』보다 약 5백 년 뒤인 432년 편찬된 『후한서』19는 『사기』에 나오는 조선을 평정(平定)했다는 기사에서 정(定)

---

18 군현제 군현제 조직을 살펴보면 군(郡)에는 태수, 승(丞), 도위(都尉)를 파견했는바, 모두 중앙정부에 의하여 임명되었다. 지방군(地方軍)은 각 군에 소속되어 있었고, 군에서 병사를 담당하는 관리는 절(秩) 2천 석의 도위였다. 도위는 각 군의 군사적 요지에 한 사람 아니면 두 사람이 배치되어 있었는데, 도위가 군의 병력을 직접 장악하고 있었다. 그러나 도위는 군의 최고책임자인 태수의 규제를 받고 있었다. 그러므로 병력을 동원할 때는 중앙에서 일종의 할부(割符)였던 동호부(銅虎符)를 가진 사자가 태수한테 파견되고, 태수가 가지고 있었던 좌반부(左半部)와 합치되면 태수는 도위에게 명령을 내려 병력을 동원하였다.

19 『후한서』 마침내 조선을 멸해 낙랑, 현토, 임둔, 진번으로 했다(遂滅朝鮮

자를 멸(滅) 자로 바꾸어 조선을 멸망(滅亡)시킨 것으로 변조했고, 그러면서 낙랑, 현토, 임둔, 진번 등 4군을 두었다(爲樂浪 玄免 臨屯 眞番)고 기록했다. 하지만 만약 한 4군이 실제로 설치되어 황제가 직할로 통치했다면 기록에서 위(爲) 자가 아니라 치(治) 자를 사용해야 하므로 기록 사이에 모순점이 있다.

결정적으로 기원전 108년 전한 무제 때 설치된 한사군이 종주국인 전한과 후한이 망해도 한사군은 계속해서 존속했다는 문제가 있다. 전한은 왕망의 신(新)에 의해 8년 멸망했다. 25년 광무제 유수(劉秀)가 신(新)나라[20]를 무너뜨리고 후한을 건국했다. 후한은 220년 조조의 장자인 위(魏) 문제 조비(曹丕)가 후한 헌제를 폐위하고 멸망시킨다. 이어서 위(魏), 서진에 이르기까지 5개 왕조가 바뀌었는데도 직할지인 한사군만이 400년간 살아남았다는 것은 이치에 맞지 않는다.

특히 한사군이 한반도에 있었다면 4백 년 동안 교통수단이나 통신수단도 다 끊어져 고립되었을 것이 분명한데 독자적으로 존속할 수 있었을지는 의문이다. 왜냐면 당시 중국 북동쪽에는 동양 최대의 강국인 고구려가 있었기 때문이다.

爲樂浪 玄免 臨屯 眞番).
20 신나라(9~23년) 왕망 1대 14년간 유지된 왕국으로 전한의 외척이었던 왕망이 역성혁명으로 건국했으나 급진적인 토지정책으로 23년에 멸망하였다. - 출처: 위키백과

3. 한사군 위치 비정

한나라가 위만조선을 정벌한 다음 설치했다고 주장하는 한사군은 당연히 위만조선이 위치한 지역에 존재해야 한다. 한사군에 관한 사료는 1세기경 반고가 편찬한 『한서』, 3세기 후반 진나라 진수가 쓴 『삼국지』, 5세기경 남조 송의 범엽[21]이 편찬한 『후한서』가 가장 중요하다.

『한서』 조선열전, 『한서』 무제기(武帝記)는 모두 원봉 3년(기원전 108년) 한무제가 위만조선을 멸망시키고 현토, 낙랑, 임둔, 진번 등의 사군을 설치한 것으로 기록하였다. 하지만 『한서』 오행지와 지리지에서 관련 내용을 살펴보면, 한사군은 동시에 설치하지 않았는데 원봉 3년(기원전 108년) 왕험성 함락 직후에 낙랑, 임둔, 진번의 3개 군이 먼저 설치되었고, 원봉 4년(기원전 107년) 현토군이 추가로 설치되었다.

한사군 위치를 비정할 때 낙랑군 위치 파악이 대단히 중요하다. 낙랑과 우리 역사는 불가분의 관계이다. 왜냐면 고조선, 위만조선, 고구려가 낙랑에 있었고, 한때 신라의 왕들이 낙랑국공(樂浪國公)이라는 봉작을 받았기 때문이다. 그런데 전한 사마천이 편찬한 『사기』, 후한 때 반고가 편찬한 『한서』, 남조 송의 범엽이 편찬한 『후한서』 등에 따르면, 낙랑군 위치는 일관되게 요동에 있다고 하였다.

---

21 범엽(398~445년) 중국 위진남북조(魏晉南北朝) 시대 남조 송(宋)의 정치가이자 문장가, 역사가로서 『후한서』의 저자이다. - 출처: 위키백과

이외에도 여러 사서에 낙랑군 기록이 나오지만, 낙랑군이 한반도에 있었던 기록은 어디에도 없다.

한사군 위치를 정확하게 비정하기 위해서는 일차적으로 사서 기록을 정확히 해석하는 것이 중요하고, 다음으로 당시 상황을 지리 위치적인 측면, 고고학적인 측면 등을 고려하여 종합적으로 비교 분석해서 비정해야 한다.

1) 낙랑군 위치 비정

한 시대의 유주는 전국시대 고조선과 연이 있던 곳이다. 『한서』 지리지는 한사군 관련하여 가장 중요한 1차 사료이다. 지리지에 따르면, 처음 유주에 7개 군(郡)이 속했는데 바로 요동, 요서, 우북평, 상곡, 어양, 낙랑, 현토 등이다. 또한 『후한서』 군국지(郡國志)에 따르면, 후한 시대 유주에 요동, 요서, 우북평, 상곡, 어양, 낙랑, 현토, 탁군, 광양, 대군 등 10개 군이 속했다. 따라서 연나라 강역이었던 대군과 광양을 제외하고 한나라 때 설치되었던 요동, 요서, 우북평, 상곡, 어양, 낙랑, 현토, 탁군 등 8개 군 지역의 대부분은 고조선의 강역이었다.

본래 낙랑은 유주에 속했고 요동 근처에 있었다. 즉 『한서』 설선열전(薛宣列傳)[22]에서 사고는 낙랑은 유주에 속했다고 하였다. 안사

---

[22] 『한서』 설선열전 사고가 말하기를 낙랑은 유주에 속했다(師古曰 樂浪屬幽州).

고는 당 태종의 명을 받들어 『한서』에 주석을 달았다. 또한 『후한서』 광무제본기(光武帝本紀)[23]를 보면 낙랑군은 옛 조선국(朝鮮國)으로 요동에 있다고 하였다.

중국 고대 문헌에 나오는 요동은 본래는 먼 동쪽 국경을 의미하였다. 당시 중국인들은 요동을 자신들의 영토로 인식하지 못했다. 고대 요동은 중국 화하족(華夏族)과 동이족의 경계였다. 역사적으로 요동은 우리 고대사의 중심 지역으로 본래 고조선 강역이었고, 고조선 멸망 이후에도 고구려와 발해의 흥망이 아로새겨진 역사의 땅으로 동이족의 무대였다.

그런데 기원전 300년경 전국시대 연나라 장수 진개가 동호를 급습하여 1천여 리의 땅을 빼앗고, 5군인 상곡군, 어양군(漁陽郡), 우북평군, 요서군, 요동군을 설치하였다. 이후부터 요동이 요수 동쪽 지역을 의미하는 것으로 변이했다. 즉 전국시대부터 한나라에 이르기까지 기원 전후 중국 동북 지역을 이해할 때 가장 중요한 사서인 『전국책』, 『회남자』, 『염철론』, 『사기』, 『한서』, 『후한서』 등을 보면, 요동을 대부분 요수 동쪽 지역으로 기록하였다. 『전국책(戰國冊)』에는 연나라 동쪽에 요동과 조선이 있다고 나오며, 『염철론』에는 연나라가 요동을 넘어 조선을 공격했다는 설명이 있다.

한나라는 진(秦)나라를 기원전 206년 무너트리고 416년간 유지되었다. 이 기간에 이름있는 지리 전문지가 많이 편찬되었는데 중

---

23 『후한서』 광무제본기 낙랑군은 옛 조선국이다. 요동에 있다(樂浪郡故朝鮮國也 在遼東).

국 최초의 지리서인 『산해경』, 『수경』 등이다. 『산해경』을 주석한 4세기 초의 곽박은 조선은 요동에 있던 낙랑과 동의어라고 하였다. 위(魏), 오(吳), 촉(蜀) 삼국을 통일한 서진 때 평주를 설치하였다. 『진서』 지리지를 보면, 평주에 창려군(昌黎郡), 요동군, 현토군(玄菟郡), 대방군(帶方郡), 낙랑군 등의 5군이 속했다.

『한서』 지리지24에 따르면, 유주에 낙랑군을 처음으로 설치한 시기는 무제 원봉 3년(기원전 108년)이었고, 호수는 62,821호, 인구는 406,748명이라는 구절과 함께 25개 속현이 있었다. 낙랑군에 속해 있던 25개 속현의 수현(首縣)이 조선현(朝鮮縣)이었다. 낙랑태수 관할 현이 패수, 수성(遂成), 대방, 장잠(長岑), 염한(冉邯), 함자(含資), 점제(黏蟬, 占蟬), 증지(增地), 사망, 해명(海冥), 열구(列口), 둔유였고, 남부도위 관할 현이 소명(昭明), 누방(鏤方), 제해(提奚), 혼미, 탄열(呑列)이었고, 동부도위 관할 현이 동이(東暆), 불이(不而), 잠태(蠶臺), 화려(華麗), 사두매(邪頭昧), 전막(前莫), 부조(夫租) 등이다.

여기서 중요한 점은 낙랑군(樂浪郡)에 패수와 대수(帶水)가 흘렀고, 패수 주변에 패수현과 증지현(增地縣), 대수 주변에 함자현(含資縣)과 대방현(帶方縣)이 있었다는 사실이다. 패수는 고조선과 한나라의 경계를 가늠할 때 가장 중요한 단서이고, 또한 고조선 왕험성을

---

24 『한서』 지리지(地里志) 패수현에는 패수가 있다. 패수가 서쪽으로 흘러 증지에 이르러 해로 들어간다(浿水西至增地入海).
함자현에는 대수가 있다. 대수는 서쪽으로 흘러 대방에 이르러 해로 들어간다(帶水西至帶方入海).

찾기 위한 기준점이다. 그래서 신찬[25]은 왕험성이 낙랑군에 있는 패수 동쪽에 있다고 『한서』에 주석을 달았다.

여러 사서를 종합해 보면, 낙랑은 다음과 같은 지리적 상관관계를 갖추고 있었다. 이런 상관관계를 바탕으로 낙랑 위치를 추정할 수 있다.

첫째, 낙랑군에 패수와 패수현이 있다. 『사기정의(正義)』[26]에서 패수가 요동새외(遼東塞外) 서남쪽에서 발원하여 낙랑현(樂浪縣) 서쪽에 이르러 해(海)로 들어간다고 말하였다. 또한 『사기』 조선열전에 따르면, 패수 서쪽을 지키는 패수서군과 패수 상류를 지키는 패수상군이란 표현이 있다. 같은 내용을 서군과 상군으로 다르게 기록했으므로 패수 서쪽이 상류이므로 패수가 서에서 동으로 흐르는 강임을 알 수 있다.

강단사학계는 『사기정의』 구절을 패수가 서해(西海)로 흘러든다고 번역한다. 잘못된 번역으로 패수가 한반도에 있는 강이라고 보아 서해로 흘러든다고 해석하였다. 만약 한반도에 패수가 존재한다면 중국 사서는 모두 틀린 기록이다. 왜냐면 한반도에서 동쪽으로 흘러가는 강은 두만강 이외에는 찾아보기 어렵기 때문이다. 한반도 하천은 모두 동쪽에서 서쪽으로 흘러 들어간다. 하지만 기록한 사

---

25 신찬(臣瓚, 233~310년) 동진(東晉) 시대의 인물로, 한나라의 역사를 기록한 『한서』에 대한 주석서 『한서주(漢書注)』를 저술했다.
26 『사기정의』 패수는 요동새외 서남쪽에서 발원하여 낙랑현 서쪽에 이르러 해로 들어간다(地理志云 浿水出遼東塞外西南 至樂浪縣西 入海).

람이 중국 사람이라는 사실을 간과한 오류이다.

그런데 전한 시대 상흠(桑欽)27은 『수경』을 편찬하면서 장강(長江) 이북과 장성 이남 사이의 물에 대해 적는다고 밝혔다. 즉 『수경』은 장강 이북과 만리장성 이남 사이에 있는 강물에 관한 책이다. 『수경』28에서 패수는 낙랑 루방현 혹은 패수현에서 나온다고 말하였다. 따라서 패수도 장강 이북과 만리장성 이남 사이에 있는 강이지 엉뚱하게 한반도 대동강을 패수라는 이름으로 거론했을 리가 없다.

놀랍게도 『요사』 지리지29에서 낙랑군 패수현의 절대 위치가 보정시 정흥현 상락부촌으로 확인되었다. 즉 발해 중경현덕부 관할의 상락현이 있는데, 한나라 시기에는 패수현이었다고 기록되어 있다. 상락현이 패수 발원지라는 뜻이다. 발해 시대의 지명인 상락현(常樂縣)이 패수 발원지에 있었고, 현재도 마을 이름이 상락부촌이다.

패수는 고대 평주에 속하는 보정시 서수구, 정흥현, 만성구, 역현 일대를 동남 방향으로 지나는 강이었다. 지금 보정시 중심부를 서

---

27 **상흠** 중국 후한 시대의 학자. 그의 저서 『수경』은 중국의 137개 주요 강과 하천에 대한 설명을 담고 있으며, 그 강의 발원지, 경로, 유역 등을 상세히 기록하고 있다. - 출처: 위키백과

28 『수경』 패수는 낙랑 루방현에서 나와 동남쪽으로 흘러 패현(浿縣)에 이르러 동쪽 바다로 들어간다. 혹은 패수현에서 나온다고도 한다(浿水出樂浪鏤方縣 東南過 臨浿縣 東入于海 一曰出浿水縣).

29 『요사(遼史)』 지리지 동경요양부 요양현(遼陽縣)은 본래 발해 금덕현(金德縣) 지역이었다. 한나라 때 패수현이었는데, 고구려가 구려현(句麗縣)으로 고쳤다. 발해 시대 상락현이 되었다. 호구 수는 1,500호이다(遼陽縣 本渤海國 金德縣地 漢浿水縣 高麗改為 句麗縣 渤海為常樂縣 戶一千五百).

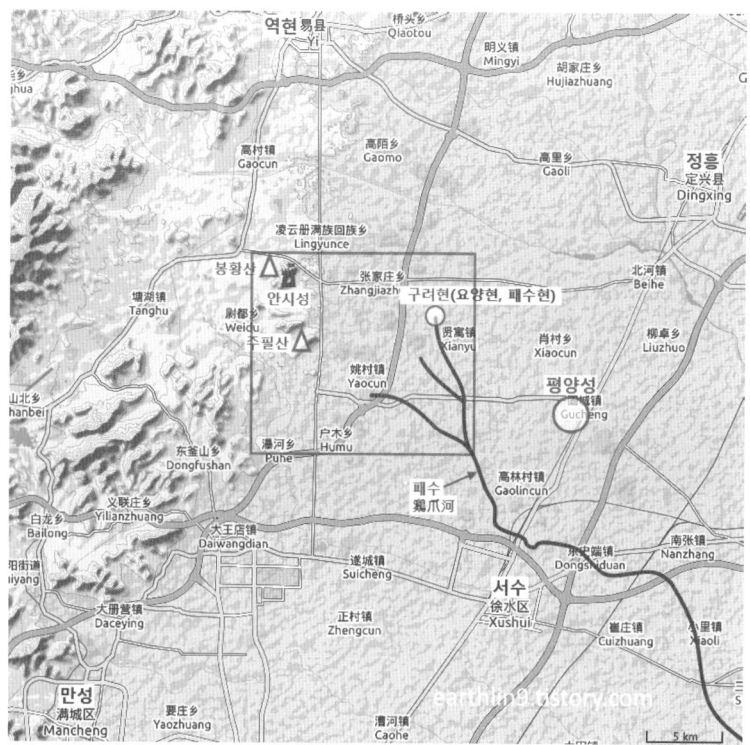

패수와 패수현(351쪽 지도 참고)
* 계조하(鷄爪河)

쪽에서 동남 방향으로 지나는 강은 남쪽부터 북쪽으로 서수, 폭하(瀑河)인 남역수, 계조하(鷄爪河), 북역수 가운데 평지에서 발원하는 하천은 오직 계조하가 있을 뿐이다. 나머지 하천들은 모두 보정시 서북쪽의 험준한 산지에서 발원한다.

계조하는 보정시 정흥현 서남부의 세 지점에서 각각 발원한다. 발원지로부터 뻗은 세 갈래의 지류가 합류하는 모양이 닭발을 닮았다고 하여 계조하이다. 그중 가장 북동쪽 지류가 정확히 상락부

연진(燕秦) 장성 시작점인 낭아산(갈석산) 과라타(科羅坨) 봉우리
* 역현(易縣) 북역수(北易水) 역수(易水) 수성진(遂城鎭)

촌에서 발원한다. 루방현에서는 가장 서남쪽 지류가 발원한다. 계조하는 동남쪽으로 흘러 서수구 중심부 북쪽에 이른 뒤 동쪽으로 이어진다. 계조하 경로는 패수가 동남쪽으로 흐르다가 동쪽으로 바다에 들어간다고 말한 『수경』 기록에 일치한다. 따라서 패수는 의심할 여지없이 지금 계조하이다.

또한 『수경주』에 인용된 십삼주지(十三州志) 기사를 계조하 수로에 적용하여서 분석하면, 루방현과 패수현 경내에서 각각 발원한 패수 지류들이 루방현 경내로 모인다는 사실이 도출된다. 이상의 사실을 고려하면, 루방현은 거란과 북송 국경선이 근접하여 지나는 정흥현 신목촌(辛木村) 일대로 신뢰성 있게 추정된다.

둘째, 낙랑군에 있는 갈석산은 고조선의 서쪽 경계를 알려주는 절대적인 지표로서 중요성이 있다. 『염철론』30은 연나라 장수 진개가 활동했던 기원전 300년경 고조선과 연나라 경계가 태항산맥의 갈석산이었음을 알려주고 있다. 당시는 연나라가 고조선을 침략하기 이전이다. 『염철론』에 따르면 연나라 근처에 갈석산과 요수가 있었다.

『사기』몽념열전(蒙恬列傳)31과 『수경주(水經註)』32에 따르면, 진시황의 만리장성은 임조에서 시작하여 요동 혹은 갈석까지 이어지고 있었다. 따라서 갈석산은 감숙성 임조부터 축성된 진(秦) 만리장성이 끝나는 곳으로 요동의 시작점임을 알 수 있다. 갈석산을 넘어서면 요동 땅이 시작된다. 그런데 『사기색은』33에서 『태강지리지』를

---

30 『염철론』 연나라는 갈석에 막히고, 사곡에 끊겼으며, 요수에 둘러싸였다. 나라를 굳게 지킬 수 있으니, 산천은 나라의 보배이다(燕塞碣石 絶邪谷 繞援遼水 邦國之固 而山川社稷之寶也).
31 『사기』 몽념열전 지형을 따라 험난한 곳을 이용하여 장성을 쌓았는데, 임조에서 시작하여 요동까지 만여 리에 이르렀다(築長城 因地形 用制險塞 起臨洮至遼東 延袤萬餘里).
32 『수경주』 진시황이 태자 부소와 몽염 장군에게 명하여 장성을 쌓게 했다. 임조에서 시작하여 갈석에 이르렀다(始皇令太子扶蘇與蒙恬 築長城 起自臨洮至于碣石).
33 『사기색은』 낙랑군 수성현에 갈석산이 있다. 장성이 일어난 곳이다(樂浪遂城縣有碣石山 長城所起).

인용하여, 갈석산은 한나라 낙랑군 수성현에 위치하였고, 진 장성이 시작되는 곳이라 하였는데, 주의할 점은 진 장성은 만리장성이 아니라 진개의 연 장성을 보수해서 진나라가 만들었던 연진(燕秦) 장성을 말한다. 연진(燕秦) 장성은 상당 부분의 구간에서 남역수 경로에 밀착되어 축조되었다. 이후 서진 시대 당빈(唐彬)이 하북성 랑방시 대성현(大城縣)까지 이어서 축성하였다.

그리고 연진(燕秦) 장성과 별개로 북쪽에 연장성(燕長城)이 있었다. 『사기』 장의열전34에 따라 연장성(燕長城)을 추론하면, 건축 시기는 소왕(昭王) 원년인 기원전 311년 이전으로 보인다. 이에 대한 근거로 『자치통감』을 보면, 내란과 제(齊)나라 공격으로 만신창이가 된 연(燕)나라에서 진(秦)나라 재상 장의(張儀)가 연(燕) 소왕에 연횡(連橫)을 유세할 때 장성(長城)이 거론된다. 즉 소왕이 진(秦)을 섬기지 않는다면 역수(易水) 장성(長城)은 연(燕)의 소유가 아닐 것이라 협박한다. 여기서 역수는 북역수를 말한다. 연소왕(燕昭王)이 진(秦) 재상 장의(張儀) 유세로 인해 연횡책(連橫策)으로 설득되었고, 그에 소왕은 진(秦)나라에 상산(常山) 자락의 5개 성을 떼어 바치게 된다. 결과를 보고하려 장의가 귀국할 때 함양(咸陽)에 이르기 전에 진(秦) 혜왕(惠王)이 죽었다는 소식을 들었다고 하였으므로 소왕 원년은 기원전 311년에 해당한다.

---

34 『사기』 장의열전 진(秦)나라 재상 장의(張儀)가 연소왕(燕昭王)에게 지금 대왕께서 진나라를 섬기지 않는다면 운중, 구원에 군사를 풀어 조나라를 몰아내고 연나라를 칠 것인데 그렇게 되면 역수 장성은 대왕의 차지가 아니라고 말하였다.

셋째, 『한서』 지리지에 낙랑군 속현으로 진(秦) 장성이 시작되는 수성현(遂成縣)이 나온다. 여기서 진 장성은 연진(燕秦) 장성을 말한다. 수성현에 있는 갈석산이 고대 역사에서 중요했던 이유는 태항산맥 줄기에 있는 도마관(倒馬關)과 자형관을 누가 차지하느냐에 따라 산서성과 하북성 주인이 결정되는 요충지였기 때문이다.

북송 시대에 편찬되어 중국 지리와 군사제도 연구에 없어서는 안 되는 중요한 자료로 979년 편찬된 『태평환우기』[35]는 군사 지리에 대한 유용한 내용이 있고, 또한 1044년 편찬된 『무경총요』[36]는 전쟁에 관련된 사항을 기술한 책이다. 『태평환우기』에서 결정적으로 수성현은 전국시대 연나라 무수현(武遂縣)이며, 진(秦) 장성이 일어난 곳으로 수성이라는 이름이 붙었다고 하였다. 또한 수성현 동쪽에는 안숙(安肅)이 있고, 서쪽 20리에 장성이 있다고 하였다. 그리고 수성현 치소는 부산촌(釜山村)이며, 현의 서쪽 25리에 수성산(遂城山)이 있는데 옛 이름은 용산(龍山)이라 했다. 수성현 지명이 지금도 하북성 보정시에 남아있다. 향토 지리지인 『안숙현지(安肅縣

---

35 『태평환우기』 중국 북송 시대에 악사(樂史)에 의해 편찬된 역사 서적이다. 총 200권으로 구성되어 있으며 『태평환우지(太平寰宇志)』라고도 하며, 송 태종(宋太宗) 때의 산천 지리 및 인문 자료 등을 기록하고 있다. - 출처: 위키백과

36 『무경총요』 중국 북송 왕조에서 펴낸 군사 저작이다. 정공량과 정도 등이 황제 인종의 명을 받들어 갖가지 수군 전함이나 투석기에 대한 것까지 모두 수록하였고, 초석·유황·숯 등을 배합해 화약을 제조하는 방법을 언급한 세계에서 가장 오래된 기록이다. - 출처: 위키백과

志)』[37]에 따르면, 안숙에 수성진이 있다고 하였다. 안숙은 보정시 서수구의 옛 지명이다.

남송 시대인 1,177년 제작된 『기주협우갈석도(冀州夾右碣石圖)』는 중국에서 현전하는 가장 오래된 고지도로 손꼽힌다. 『기주협우갈석도』는 역수에서 서쪽으로 올라가면 갈석산이 오른쪽에 있다고 하였다. 갈석산은 역수 서쪽에 있으므로 오늘날 백석산 또는 동쪽 지맥인 낭아산(狼牙山)이 된다. 그중에서도 낭아산의 5대 봉우리 가운데 하나인 과라타(科羅坨)가 고대 갈석산으로 추정된다.

현재 하북성 난하 하류에 갈석산(695.1m)이 있고, 지명이 창려이다. 그런데 『독사방여기요』[38]를 보면, 지금 난하 방면의 창려현 지명은 금나라 대정 29년(1,189년)에 생겨났다. 따라서 여기에 있는 갈석산은 옛 창려군이나 수성현과 아무런 관련이 없다.

중국 학계의 낙랑군 수성현 위치 비정을 살펴본다. 『중국역사지도집』은 한반도 대동강 유역에 낙랑군을 비정하고, 왼쪽 바다 근처를 수성이라고 표시하였다. 낙랑군 수성현이 한반도 북부에 있었다는 주장이다. 수성현을 한반도 북부로 비정했지만, 갈석산을 한반도에 그려놓지는 못했다. 수성현을 한반도 북부로 주장하는 중국이

---

37 『안숙현지』(1778년) (안숙) 현의 서북 25리에 장성이 있다. 예로부터 전하기를 진시황이 장군 몽염을 무수(武遂)로 보내 장성을 쌓았다고 한다(長城在縣西北二十五里 舊傳秦始皇遣將蒙恬於武遂築長城).

38 『독사방여기요』 1678년 명말·청초의 고조우(1631~1692)가 지은 중국 전역에 걸친 역사지리서. - 출처: 두산백과

갈석산을 지금 난하 옆에 있는 창려현 부근으로 표시할 수밖에 없었던 이유는 갈석산이 워낙 유명한 산이기 때문이다. 갈석산은 진시황을 비롯해 수나라 양제, 당나라 태종 등 9명의 황제가 올랐다는 기록이 있어 수성현을 차마 황해도로 비정할 수가 없었다.

그런데 낙랑군 수성현이 황해도 수안(遂安)이라는 설은 이나바 이와기치(稻葉岩吉)가 「진(秦) 장성의 동쪽 끝과 왕험성의 고찰(秦長城東端及王險城考)」이란 논문에서 낙랑군 수성현은 황해도 수안이며, 진(秦) 장성의 동쪽 끝은 황해도 수안 경계라고 처음으로 주장하였다. 그 근거는 1913년 당시 도쿄대의 세키노 다다시(關野貞)가 대동강 남쪽에서 일부 중국계 유적과 유물을 찾았다고 주장하자 조선사편수회의 이나바 이와기치가 이곳을 낙랑군 조선현의 치소로 본 것이다. 뒤를 이어 이병도가 수성현을 황해도 북단에 있는 수안으로 비정하고 싶다고 주장했다. 일제가 대동강 토성리 일대가 낙랑군치(樂浪郡治)이고, 동시에 조선현치(朝鮮縣治)임이 유적과 유물을 통하여 판명되었다는 주장을 이병도가 추종한 결과이다. 그러면서 수안에는 요동산(遼東山)이란 산 이름이 보이고, 관방조(關防條)에 후대 소축(所築)의 성이지만 방원진(防垣鎭)의 동서쪽에 행성(行城)의 석성이 있고, 또 진지(晉志) 수성현 조에는 진(秦) 때 장성이 시작된 곳이라는 기록도 있다고 주장했다. 이어서 현재 사학자들도 낙랑군이 평안남도와 황해도 북부에 걸쳐 있었고, 치소는 대동강 주변 토성동이라고 주장한다. 그러나 토성리를 낙랑군 조선현으로 특정할 수 있는 결정적인 어떤 유물도 발견하지 못했다.

2) 임둔, 진번, 현토 위치 비정

당시 위만조선의 강역이 방수천리(方數千里) 즉 사방으로 1,000리이고, 낙랑을 포함한 진번, 현토, 옥저, 임둔 등의 지역으로 이루어져 있었다. 『사기』 조선열전에서 조선은 왕검성이 위치한 곳으로 한나라 낙랑군이 설치된 지역이고, 진번과 임둔은 위만이 복속시킨 주변 소읍이라고 나온다.

첫째, 임둔은 본래는 임둔국(臨屯國)으로 치소는 동이현(東暆縣)이며, 15개 현을 관할했는데, 기원전 2세기경 위만조선에 복속하였다. 기원전 108년 위만조선을 멸망시킨 전한은 한사군을 처음 설치할 때 예(濊)의 땅을 임둔군(臨屯郡)으로 만들었다. 『한서』 지리지에서 임둔군에 속한 6현이 대방, 함자, 열구, 탄열, 둔유, 동이였다. 기원전 82년 군이 폐지되고 소속 현들은 현토군에 편입되었으며, 기원전 75년 현토군이 북쪽으로 옮겨가자 다시 낙랑군에 편입되어 동부도위가 관할하는 6개 현으로 나뉘게 된다.

임둔군에 속한 6현으로 볼 때 위치는 하북성 보정시 동남쪽 일대로 추정된다. 『동사강목』[39]에서 『고려사』 지리지를 인용하여, 명주(溟州)는 본시 예국(濊國)인데, 한무제 때 임둔으로 만들었다고 하였

---

39 『동사강목(東史綱目)』 안정복(安鼎福)이 저술한 강목체(綱目體)·편년체 역사서.
중국 남송 주자(朱子)의 강목(綱目)의 체제를 따라 은(殷) 왕조의 기자가 주에서 고조선으로 망명한 시점으로 알려진 기원전 1122년(주 무왕 13년, 기묘년)부터 고려 34대(마지막) 공양왕(恭讓王) 4년 1392년에 이르기까지의 2,514년에 걸치는 역사를 수록하였다. - 출처: 위키백과

다. 또 『동국여지승람』[40]을 인용하여 명주는 지금 강릉부이고 다른 이름으로 임둔, 예국, 창해군, 동이현으로 부른다고 하였다.

임둔군은 예의 땅에 설치되었는데 그 동쪽에 옥저가 있었다. 옥저는 낙랑 동쪽에 있어 동옥저로도 불렸고, 다시 남옥저와 북옥저로 구분되었다는 주장이 일반적이다. 북옥저는 치구루(置溝婁)나 구루(溝婁)로 불렀는데 고구려어로 성을 의미한다고 한다. 『삼국지』 위서 동이전에 의하면, 동옥저는 고구려 개마대산 동쪽으로 대해(大海)를 접하였고, 그 지형은 동북은 좁고, 서남은 길어서 천 리나 된다고 하였다. 또한 토지가 비옥하여 오곡을 생산하였고, 어물과 소금 등의 해산물이 풍부하여 고구려에 소금, 어물 등을 공납으로 바쳤다. 그리고 옥저는 고구려와 같이 부여족의 한 갈래였으나 풍속이 달랐다고 하였다. 고구려의 후방 기지 역할을 한 옥저는 245년 조위(曹魏) 관구검이 고구려 정벌을 하는 과정에서 동천왕은 북옥저로 도피하기도 했었다.

임둔군은 기원전 82년 현토군에 합병되었고, 기원전 75년 이맥(夷貊)이 침략하여 옥저에 있던 현토군이 고구려의 서북 방면으로 이동한다. 이후 옥저는 낙랑에 속하게 되었는데, 한은 그곳이 멀어 단단대령(單單大嶺) 동쪽에 동부도위를 설치하여 불내(不耐)에서 다

---

40 『동국여지승람(東國輿地勝覽)』 조선 성종의 명(命)에 따라 노사신, 양성지, 강희맹 등이 편찬한 우리나라의 지리서. 명의 『대명일통지(大明一統志)』 (1462년)를 참고하여 세종 때의 『신찬팔도지리지』를 대본으로 우리나라 각 도(道)의 지리, 풍속과 그 밖의 사항을 기록하였다. 중종 25년(1530년)에는 이행, 윤은보, 홍언필이 중심이 되어 『동국여지승람』의 내용을 보완하고 수정한 책이 『신증동국여지승람』이다. - 출처: 위키백과

스리게 하면서 영동칠현(領東七縣)을 주관하니 이때 옥저는 현(縣)이 되었다. 이후 현의 거사(渠師)로서 현후(縣候)를 삼았는데 불내, 화려, 옥저 등이 모두 후국(侯國)이 되었다. 한 광무(光武) 6년 변두리 군(郡)의 제위(諸尉)를 없앴다.

고구려 태조왕이 영토를 확장하면서 옥저와 동예(東濊)는 모두 고구려에 복속된다. 옥저는 남쪽으로 동예에 닿았다고 하였으므로 동예 북쪽에 옥저가 있었다. 동예는 임둔군이 있었던 예국과 다른 위치에 있었다. 『사기』 기록으로 추정할 수 있는 동예 위치는 하북성 보정시 동남쪽에 있는 창주시 일대이다.

둘째, 진번군(眞蕃郡)은 한 소제 시원(始元) 5년(기원전 82년) 토착민의 저항을 진압하는 과정에서 낙랑군에 통합되고, 이곳에 남부도위(南部都尉)를 설치하였다. 소제 원봉 6년(기원전 75년) 옥저에 있던 현토군이 진번의 서북으로 이동하면서 진번(眞蕃)은 현토군에 소속되었다. 이후 공손강이 옛 진번 일부에 대방군을 설치하였다. 즉 204년 아버지의 뒤를 이어 요동의 지배자가 된 공손강은 후한 헌제(獻帝) 건안(建安, 196~220년) 연간에 낙랑군 소속 둔유현(屯有縣) 이남의 땅을 떼어서 대방군을 설치하였다. 대방군은 이때부터 낙랑군 남부도위 소관의 대방, 열구, 남신(南新), 장잠, 제해, 함자, 해명 등의 7현(縣)을 관할하였고, 치소는 대방현에 두었다.

대방군이 분리되면서 낙랑군이 맡고 있던 삼한과 왜의 내속 업무를 포괄하게 되었다. 『문헌통고(文獻通考)』[41]를 보면, 한(韓) 및 예

---

41 『문헌통고』 영제(靈帝, 167~189년) 말에 한(韓) 예(濊)가 함께 강성하여 군

(濊)의 세력이 강해지고 삼한으로 망명하는 유민의 수가 늘어나자, 204년 이를 막기 위해 대방군을 설치하였고, 위치는 왕검성의 서남쪽 지역으로 추정된다. 대방군은 314년 고구려 15대 미천왕에 의하여 낙랑군과 함께 정복될 때까지 100여 년 동안 지속되었다.

셋째, 『한서』 지리지에 따르면, 소제 원봉 6년(기원전 75년) 옥저의 현토군을 구려(句麗)로 옮겼다고 하였다. 후한 시대 응소 (153~196년)가 『한서』 지리지에서 주석하기를 현토는 본래 진번국(眞番國)이라고 하였다. 이전한 현토군 위치는 요동에 있었던 진번 북쪽으로 고구려 전신인 구려 위치와 관련이 있다. 새로운 현토군에 3개의 속현(屬縣)이 있는데 고구려(高句驪), 상은태(上殷台), 서개마(西蓋馬)이다. 그러면서 고구려현(高句驪縣)에 요산(遼山)이 있고, 여기서 요수가 나와서 서남쪽으로 요대(遼隊)까지 흘러 대요수(大遼水)로 들어간다. 상은대현(上殷台縣)을 왕망은 하은(下殷)이라 했다. 서개마현(西蓋馬縣)을 왕망은 현토정(玄菟亭)이라 했다. 서개마현에 마자수(馬訾水)가 있는데 서북으로 염난수(鹽難水)로 들어가고, 다시

현을 통제할 수 없게 되어 백성들이 고난을 겪게 되자 많은 사람이 한으로 망명해 들어갔다(桓靈之末 韓濊彊盛 郡縣不能制 民多流入韓國).
헌제 건안(196~220년) 연간에 공손강이 둔유현 이남의 황무지를 갈라서 대방군으로 만들었다(建安中 公孫康分屯有縣以南荒地爲帶方郡).
*『문헌통고』는 원(元)나라 시대 마단림(馬端臨)이 1307년 편찬한 책으로, 당나라 두우의 『통전』을 본뜨면서 상고시대에서 남송 1212년에 이르는 중국의 역대 전장제도(典章制度), 즉 제도와 문물사를 수록하였다. 훗날 『통전』이나 정초(鄭樵)의 『통지(通志)』와 함께 삼통(三通)이라 불렸다. - 출처: 위키백과

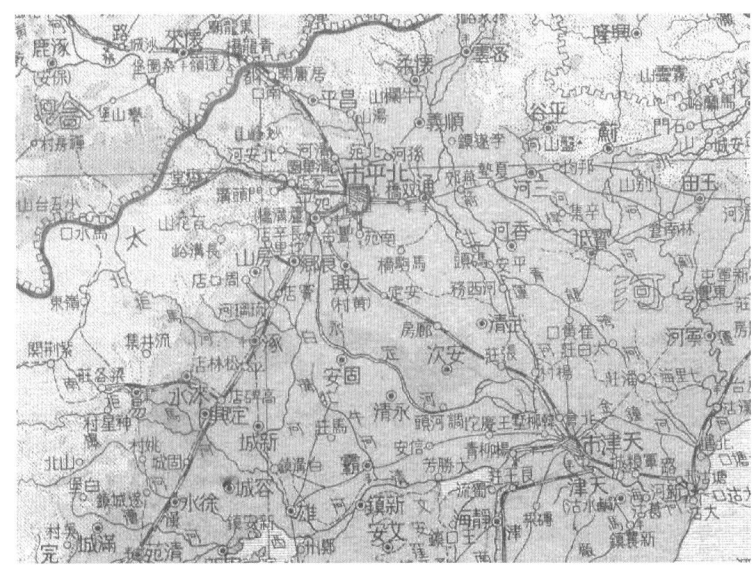

탁주(涿州)를 흐르는 북거마하(北拒馬河)와 남거마하(南拒馬河)(352쪽 지도 참고)
* 북평시(北平市) 래수(淶水) 탁주(涿) 영정하(永定河), 안차(安次) 천진시(天津市)

서남으로 흘러 서안평(西安平)에서 해(海)로 들어간다고 했다.

『한서』 지리지에서 현토군 위치를 추정할 수 있는 키워드는 옛 구려, 요산과 요수, 마자수 등이다.

먼저 기원전 75년 옥저에 있던 현토군을 구려로 옮겼다고 하였는데, 구려 위치를 추정할 수 있는 기사가 『삼국지』 위지 동이전에 있다. 『삼국지』에서 구려는 대수(大水) 유역에 나라를 세웠고, 구려 별종인 소수맥(小水貊) 즉 고구려는 소수(小水)에 의지하여 나라를 건국했다[42]고 하였다.

---

42 『삼국지』 위지 동이전 또 소수맥이 있다. 구려는 대수 유역에 거주하면서

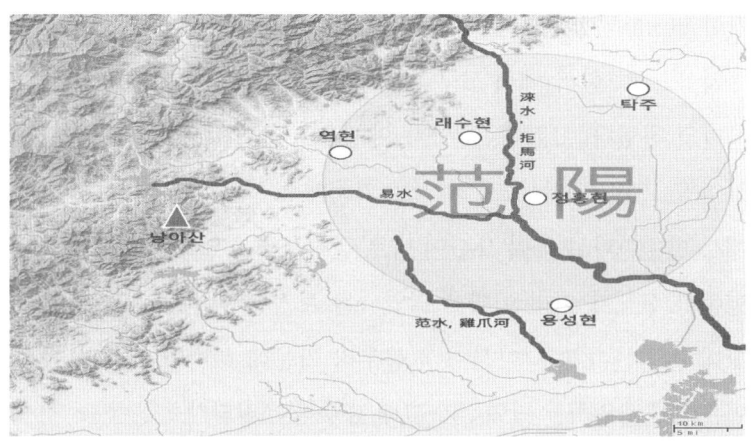

요산인 낭아산 근처가 현토군 위치
*거마하(拒馬河), 범양(范陽), 계조하(鷄爪河)

  보정시 래수현(淶水縣) 북쪽의 험준한 산지로부터 흘러나온 거마하 지류 가운데 하나인 북거마하(北拒馬河)는 래수현 및 고비점시(高碑店市) 일대의 북쪽 방면을 동남 방향으로 흘러서 탁주시(涿州市) 북동쪽 방면에 이른다. 이후 유리하(琉璃河) 및 소청하(小清河)와 합류하여 백구하가 되고, 남쪽으로 흘러서 백양정(白洋淀)에 유입된다. 서안평 중심부를 지금 고비점시로 볼 경우 북거마하 유로는 『삼국지』 위지 동이전에 기록된 소수 위치 및 흐름에 정확히 부합한다. 따라서 소수는 지금 북거마하 일명 탁수(涿水)이고, 대수는 남

나라를 건국하였다. 서안평현(西安平縣) 북쪽에서 남쪽으로 흘러 해로 들어가는 소수가 있었는데, 구려의 별종(別種)이 소수에 의지하여 나라를 세웠으므로, 그 이름을 소수맥이라 하였다. 그곳에서는 좋은 활이 나오니, 이른바 맥궁(貊弓)이다(又有小水貊 句麗作國 依大水而居 西安平縣北有小水 南流入海 句麗別種依小水作國 因名之爲小水貊 出好弓 所謂貊弓是也).

거마하(南拒馬河) 일명 래수(淶水)임을 알 수 있다.

다음으로 『한서』에서 고구려현에 요산이 있고, 여기서 요수가 나온다고 하였다. 그런데 『회남자』에서 요수는 갈석산에서 발원한다고 하였고, 『양서』는 고구려 국토 가운데 요산이 있고, 요수가 그곳에서 발원한다고 하여 요산이 바로 갈석산임을 알 수 있다. 따라서 험준한 산세가 이리 이빨을 닮았다는 보정시 역현 소재 낭아산이 고대 갈석산이고, 낭아산 5대 봉우리 가운데 하나인 과라타 동쪽 인근에서 발원하는 남역수가 고대 요수로 추정된다.

그리고 『한서』에서 서개마현에 마자수가 있다고 했는데, 『통전』에서 마자수는 일명 압록수라 하면서 물빛이 오리 머리(鴨頭) 색깔과 같아서 그렇게 이름을 붙였다고 하였다. 그러면서 마자수 원천은 말갈 백산에서 발원한다고 하였다. 마자수는 지금 남거마하로 추정된다.

결론적으로 현토군은 지금 거마하와 역수가 흐르는 하북성 보정시 래수현(淶水縣)과 역현 일대에 설치되었던 것으로 추정된다.

그런데 『삼국사기』는 현토군 위치를 갈석산(낭아산) 남쪽에 있는 의무려산(醫無閭山) 인근으로 인식하였다. 즉 주몽이 처음 도읍한 졸본이 한나라 현토군 경계에 있었는데, 이 지역은 요의 동경에서 서쪽으로 요수를 건너 하루 이틀 더 가서 도착하는 의주(醫州) 인근이다. 그러면서 의무려산 일대가 요동군과 현토군이 만나는 지점이고, 현토군 고구려현이 고구려 첫 도읍인 졸본이라고 설명한다. 고대 의무려산(醫巫閭山)은 지금 조하(漕河)를 경계로 하여 보정시 역현 낭아산의 남쪽에 있는 보정시 만성구 소재 와룡산(臥龍山)에 비정된다.

4. 유물과 유적으로 추정하는 한사군

낙랑군이 한반도 대동강 유역에 있었다는 우리 사학계 주장은 이 지역에서 낙랑군 관련 유적과 유물이 대거 발견되었다는 것에 근거하고 있다. 지금까지 발견된 유물과 유적에는 토성, 무덤, 점제현 신사비, 봉니, 기와 등이 있다. 하지만 이들 유물의 기원이 낙랑이라는 주장에 대해서는 많은 의문점이 있었다. 오히려 이런 유물과 유적에 관한 다양한 분석은 낙랑군이 한반도 평양 근처에 있지 않았음을 명확히 보여주고, 잘못된 견해를 수정할 수 있는 근거를 마련해 준다.

근래에 중국 북경시 천안문(天安門)에서 남서쪽으로 20여km 떨어진 북경시 대흥구(大興區) 황촌진(黃村鎭) 삼합장촌(三合莊村)[43]의 고대 무덤군에서 낙랑군 관련 유물이 출토되었다. 삼합장촌의 북조 무덤에서 나온 묘비에는 묻힌 이가 한현도(韓顯度)이며, 원적이 낙랑군 조선현(朝鮮縣) 사람이라는 명문(銘文)이 새겨져 있었다. 한현도는 원상(元象) 2년 4월 17日 사망했는데 원상은 북조 동위(東魏)

---

[43] 삼합장촌 북경시 삼합장촌 일대에는 한, 북조(北朝), 당(唐), 요(遼)나라 등 129기의 고분이 있다. 동한(1세기 초~3세기 초) 시대의 무덤 7개, 북조(4세기 말~6세기 말) 시대 무덤 2개, 당나라(618~907년) 시대 무덤 33개, 요나라(916~1225년) 시대 무덤 33개가 포함됐다.

세키노 다다시(関野貞, 1868년~1935년): 일본의 건축사가, 도쿄제국대학 교수

효정제 2번째 연호로 시기는 539년이다. 또한 북경시 북쪽 순의구(順義區)에는 지금도 고려진(高麗鎭)과 고려영(高麗營) 지명이 있고, 북경시 방산구 유리하와 북경의 인사동으로 불리는 유리창(琉璃廠)이 고구려 유리왕(琉璃王)과 이름이 같으므로 북경 일대가 고구려와 어떤 연관성이 있었다는 사실은 분명해 보인다. 유리창은 유명한 골동품 거리로 조선 사신들의 일기에도 여러 번 등장한다.

1) 대동강 토성과 고분군

일제시대 대동강 유역에서 낙랑에 관련된 유물이 출토되자, 일제는 모두 한사군의 낙랑군 관련 유물로 해석하였다. 그런데 동경제국대학 교수였던 세키노 다다시는 북경 유리창 거리를 돌아다니면서 한나라 때 유물들을 마구 사들였는데 보고서에서 모든 유물을 우연히 발견했다고 써놓았다. 낙랑군 설치 후 2천 년 동안 숨어 있던 유물들이 다다시가 가는 곳마다 나타나서 발견되는 기적을 연출했다. 하지만「세키노 다다시 일기(日記)」[44]에서는 조선총독부를 위하여 매입하였음을 기록으로 남겼다. 다다시가 가지고 온 한나라 유물들이 낙랑군 유물로 둔갑했을 개연성을 밝혔음에도 어떤 사서에도 북경 유리창 거리에서 샀다고 설명하는 기록은 없다. 아직도 우리 사학계는 조선총독부의 발굴 결과로 낙랑군은 평양에 있었음이 입증되었다고 우기고 있다.

 조선총독부에서 편찬한 낙랑군 유적에서는 대동강 남안의 토성리에 있는 약 1.5km 토성(土城)을 낙랑군의 성으로 보고 있다. 토성은 오봉산에서 시작된 평원이 대동강에서 끝나는 둔덕진 곳에 쌓았다. 토성의 동남쪽과 서쪽은 평지이고, 북쪽은 대동강에 면하였다. 토성은 정방형이고 성안에는 집터, 관청, 도로, 하수도 등의 흔적이 발굴되었고, 유물로 막새기, 봉니, 거울, 화폐, 구리화살촉, 장신구 등이 발견되었다. 고대 수도는 방어시설이 가장 중요한데 대동강 주변 토성은 사방이 탁 트인 낮은 구릉지로서 적의 공격을 방어할 수 있는 지형이 아니다. 반면에『사기』조선열전에서는 우거

---

44 「세키노 다다시 일기」, 대정(大正) 7년(1918년) 북경 유리창 거리의 골동품점을 둘러보고, 조선총독부 박물관을 위하여 한대의 발굴품을 300엔에 매입함.

왕이 험준한 곳에서 저항했다고 기록되어 있는데, 대동강 유역은 한나라 군사를 상대로 1년 동안 항쟁하기에는 너무나 취약한 토성이다. 또 왕검성이 있었다고 볼 만한 어떠한 궁궐, 성곽 등의 유적이 발견되지 않았다.

일제는 발굴한 대동강 유역의 목곽묘(木槨墓) 고분 100여 기를 모두 낙랑군 고분으로 추정하는데 특히 위만조선 멸망 이후 한나라 지배 시기에 형성된 무덤으로 본다. 하지만 목곽묘는 기원전 7~5세기 고조선시대 비파형 동검 문화와 함께 처음 출현하며, 북한 일대는 조금 늦은 기원전 3~2세기부터 출현하고 있다. 즉 낙랑군이 설치되었다는 기원전 108년보다 훨씬 앞선 시기부터 목곽묘가 축조되기 시작했고, 한사군이 설치되는 시기에 사라진 무덤이므로 결코 한사군 유물로 볼 수 없다.

북한은 해방 이후 일제가 발굴한 100여 기의 고분보다 26배나 많은 2,600기 이상의 무덤을 발굴하여 연구한 결과 대부분 고분은 낙랑군과 관계없이 축조되었으며, 한사군 관련된 무덤은 하나도 없었다고 발표했다. 그리고 낙랑군 설치 시기 이후에는 축조되지 않았다고 주장한다. 시대별로 살펴보면, 정백동 2호와 37호 무덤의 상한은 기원전 7세기까지 올라가고 하한은 기원전 1세기로 보았다. 대표적인 출토 유물로 정백동 200호 무덤, 정백동 389호 무덤, 석암리 212호 무덤, 토성동 486호 무덤, 낙랑 214호 등의 무덤에서는 요녕성과 한반도 지역의 특징적 청동기인 세형동검과 함께 고조선 시기에 자주 사용되었던 마구 장식, 청동단추가 함께 발굴되었다. 또한 토성동 486호 무덤에서는 고조선 후기의 특징을 갖는 세형동검 7자루와 청동방울, 줄무늬 거울 등 다양한 유물이 출토되어 이 무덤들이 고조선 유적으로 확인되었다.

후속 연구 결과를 보면, 낙랑구역에서 출토된 유물은 근본적으로 중국과 계통을 달리하는데 그 이유는 다음과 같다. 첫째는 낙랑구역에서 출토된 칠기(漆器)와 서한 시대 무덤 및 흉노 무덤 등에서 출토된 칠기를 비교 분석한 결과 낙랑구역 칠기는 황실용으로 관리나 일반인들이 사용할 수 있는 물건이 아니었음이 밝혀진 바 있고, 둘째는 출토된 유리의 분석 결과를 보면 산화연(酸化鉛)을 유리의 주원료로 사용하는 연나라와 소다와 회분을 주로 사용했던 한민족 유리는 완전히 다른 특징을 가지는 것으로 밝혀졌고, 셋째는 출토된 나(羅) 직물도 중국과 성격을 달리한다. 즉 재료인 누에 실의 생산과 직조 기술의 차이점 및 나 직물의 생산 연대가 고조선이 중국보다 앞서고 있다. 이런 점은 고조선의 나 직물 생산 기술이 중국으로부터 수입된 것이 아닌 독자적임을 입증해 준다.

이 시기에 발굴된 유물 분석 결과에 따르면 대동강 낙랑구역에서 유물은 여전히 세형동검류의 고조선계 문화가 주류를 이루고 있었다. 따라서 낙랑구역에서 출토되는 유물은 낙랑군이 아니라 고조선 후기에 속하는 한민족의 유물로 해석한다.

2) 봉니

출토 유물 가운데 봉니(封泥)[45]는 가장 논란이 많다. 1918년부터 1937년 사이에 대동강 토성 지역에서 봉니 200여 개가 발견되었고, 조선총독부 박물관이 당시에 거금인 100~150원을 주고 전부 매입했다고 전한다. 문제는 그 이전이나 이후에 발견된 것은 한 개도 없다는 점이다. 실제로 북한에서 1969년 봉니가 가장 많이 나왔다는 곳을 추가로 발굴하였으나 단 한 개도 발견되지 않았다고 한다.

일제가 대동강 토성 지역에서 출토되었다고 주장하는 봉니 종류에 낙랑대윤장(樂浪大尹章), 낙랑태수장(樂浪太守章), 조선우위(朝鮮右尉), 염한장인(詽邯長印) 등이 있다. 우리 사학계는 이들 봉니가 평양 일대가 낙랑이었음을 입증한다고 주장한다. 하지만 이런 주장은 다음과 같은 이유로 타당성이 없다.

첫째, 낙랑태수의 봉니와 낙랑군에 속했던 조선, 염한현 등의 지명이 보인다고 해서 대동강이 낙랑군 지역이라고 해석하는 것은 타당성이 없다. 왜냐면 봉니의 성격이 발신지를 표시하고, 발견되는 곳은 수신지 혹은 경과지이기 때문이다. 즉 봉니는 하북성 낙랑군 지역에서 보냈고, 만약 대동강 토성 지역에서 발견되었다면 이곳이 도착지임을 의미한다. 더구나 봉니는 출발지에서 찍어서 보내고 도착지에서 뜯어야되는데, 출발지 진흙이 아닌 도착지 진흙으로 만들어진 봉니는 위조품일 가능성이 높다.

1977년 요녕성(遼寧省) 서쪽 금서시(錦西市) 연산구(連山區) 지역에서 임둔태수장(臨屯太守章)이란 봉니가 발견되었다. 평양에서 발

---

45 봉니 봉니란 문서가 수신자에게 안전하게 전해질 수 있도록 봉함하는 진흙이다. 당시 죽간, 목간(木簡) 등의 공문서를 돌돌 말아 끈으로 묶은 뒤 진흙을 붙이고 책임자의 도장을 찍었다.

견된 봉니는 늘 조작 시비가 붙는데, 조작 시비가 붙지 않는 최초의 발견이다. 우리 사학계는 일제히 침묵에 들어갔다. 임둔군이 함경남도와 강원도에 있었다는 조선총독부의 교리를 신봉해 왔는데, 이 교리에 어긋나기 때문이다.

둘째, 봉니의 보존 상태가 좋고, 서체가 비슷하며, 발견 사례가 너무 많다는 점 등을 들어 조작 가능성을 제기하고 있다. 또한 역사적으로 낙랑군은 전한, 신, 후한, 삼국시대에 걸쳐 존재했는데, 오로지 전한 시대 유물만 발견되고 있다는 것은 믿기 어렵다.

셋째, 북한은 관직명이 전한 당시 관직 제도와 맞지 않고 크기가 제각각이라는 점 등을 들어 봉니가 위조되었고, 낙랑대윤장(樂浪大尹章) 봉니 자체가 위조품이라는 결정적 증거라고 주장한다. 즉 전한을 멸망시키고 신(新) 나라를 개국한 왕망은 낙랑군을 낙선군(樂鮮郡)으로 개칭하고 태수라는 관직명을 대윤(大尹)으로 고쳤다. 따라서 왕망 때 만들어진 봉니라면 당연히 낙선대윤장(樂鮮大尹章)이 되어야 하는데, 전한 시대 유물로 주장하면서 낙랑대윤장이 발견된 것은 위조품이기 때문이다.

3) 목간

2005년 북한은 대동강 유역의 무덤에서 낙랑 목간[46]을 발굴했

---

46 목간은 문자를 기록하기 위해 일정한 모양으로 깎아 만든 나무 또는 대나무 조각이다. 주로 종이가 발명되기 이전 또는 널리 쓰이기 이전에 사용되었다.

다고 발표했다. 기원전 45년 낙랑군의 현별 호구와 인구수를 적은 목간으로 호구부(戶口簿) 첫 줄에 낙랑군초원사년현별호구다소□□(樂浪郡初元四年縣別戶口多少□□) 글자가 있다. 같이 출토된 유물을 보면, 낙랑군 호구부뿐만 아니라 환두 도자(刀子),[47] 관복에 사용될 띠 걸이, 무기류와 수레에 설치된 부속물, 여성용 장신구, 도끼와 낫 등의 농기구이다.

점제현 신사비(神祠碑)가 일제 조작이라는 북한의 발표는 무조건 믿을 수 없다고 우리 사학계는 발표했다. 그러면서 낙랑군의 현별 인구 통계를 정리한 목간은 낙랑군이 한반도에 있었다는 확실한 증거라고 주장하였다. 하지만 유물은 어디나 갈 수 있다. 일본의 정창원에 신라장적(新羅帳籍)이 있다고 해서 그곳에 신라가 있었다고 말할 수는 없다.

호구부는 보안 문서이므로 개인의 무덤에 부장한다는 것 자체가 말이 안 되며 조작되었다고 본다. 호구부가 조작되었다는 또 다른 구체적인 근거를 살펴본다. 첫째는 한나라 목각에 써 놓은 문서 규격들과 비교할 때 크기가 일정하지 않고, 서체가 한 시기에 유행했던 예서체와 상당히 다르다. 둘째로 결정적인 근거는 별(別)이라는 단어의 사용이다. 별 글자가 유물이 위조품임을 증명하는 결정적 단서다. 별은 19~20세기 일본에서만 쓰던 일본식 한자어이다. 중국이나 우리나라는 속현 등으로 쓰지, 별 자를 쓰지 않는다. 일제가 묻어 놓고 써먹으려고 하다가 미처 써먹기 전에 쫓겨 간 것으로 추

---

47 환두 도자 칼의 손잡이 부분이 둥근 환(環) 형태로 되어 있는 작은 칼.

측된다. 셋째는 귀족이나 누릴 수 있는 위세품과 농민들이 사용하는 농기구가 고분에서 동시에 출토되었다는 점이다. 지배층이었다면 농기구, 농민이라면 지배층인 관리가 사용하는 환두 도자나 관복에 사용하는 띠 걸이를 같이 넣어 묻었을 리 없다. 넷째는 호구부에 강 하구와 평야 지역이 강 상류의 산악 지역보다 인구가 적은 어처구니없는 결과가 적혀 있다.

4) 점제현 신사비

점제현(秥蟬縣) 신사비는 일본인 고고학자 세키노 다다시가 1913년 평남 용강군 해운면 운평리 현재 평남 온천군 성현리에서 발견했다. 『한서』 지리지에서 점제현은 낙랑군 25개 속현 중의 하나였다. 우리 사학계는 이를 근거로 점제현 신사비가 있었던 평남 용강군이 낙랑군 지역이었다는 결정적 증거라고 주장한다. 가는 곳마다 한나라 및 낙랑 유적과 유물을 발견했던 세키노 다다시의 초인적인 발굴 결과는 무조건 믿기 때문이다. 하지만 다음과 같은 이유로 일제가 점제현 신사비를 다른 곳에서 옮겨다 놓았다고 본다.

첫째, 조선총독부는 1915년 『조선고적도보(朝鮮古蹟圖譜)』를 발간하면서 이 지역을 정책적으로 낙랑군 태수가 근무하던 치소로 확정하였다. 치소는 방어에 유리한 지형에 있어야 하지만, 대동강 주변의 토성은 사방이 탁 트인 낮은 구릉지로서 적의 공격에 대비하기 쉬운 지형이 아니다. 조선총독부의 의도는 낙랑군의 실제 치소를 찾자는 게 아니라 한국사의 시작을 중국의 식민지부터 시작

점제현 신사비
왼쪽은 발견된 위치에서 찍은 사진, 중간은 보호각으로 이전한 후의 모습, 오른쪽은 탁본. 왼쪽과 중간 사진은 글자를 뚜렷하게 보이도록 하기 위해 탁본을 친 후 촬영한 것이다. – 출처: 나무위키

하는 것으로 만드는 데 있었다.

『사기』 조선열전에서 서한이 5만 명의 대군을 이끌고 공격하자, 우거왕은 군사를 일으켜 험준한 지세를 이용해 대항했다. 그리고 우거왕이 지키고 있던 왕험성을 나와 적을 공격하니, 적군들은 흩어져 도주하고 양복(陽僕) 장군은 산속으로 들어가 10여 일을 숨어 지냈다고 적고 있다. 그런데 대동강 주변 토성 주위에는 험준한 지세나 10여 일간 숨어 지낼 깊은 산도 존재하지 않으며, 또 우거왕이 견고하게 성을 지키니, 여러 달이 되도록 성을 함락할 수 없었다고 적고 있는데, 대동강 주변 토성은 반나절도 지키기 어려운 곳이다.

둘째, 비문 내용에서 비석을 세운 곳에는 이미 사당과 왕릉이 있었다고 하였는데, 대동강 토성동 일대에서 그러한 유적이 발견된 일이 없었다. 또한 비석이 발견된 지역은 현재 온천군인 데서 알 수 있듯이 유명한 휴양지이고 비석이 있던 곳도 사방이 탁 트인 평야지대이다. 이런 곳에 2,000년 동안 서 있던 비석을 아무도 못 보았으나 세키노가 단번에 발견했다는 자체가 의문이다. 결정적으로 비석이 발견된 지역은 2천여 년 전에는 물이 들어왔던 곳이므로, 그곳은 비석을 세울 수 없는 지역이다. 즉 평안도 온천면 일대는 낙랑군이 존재한 한나라 시대에는 바다 밑에 있었다.

셋째, 역사적 유물을 획기적으로 발견하고 찍은 사진이 정상이 아니다. 비석을 최초로 발견한 세키노 등 주역들은 빠지고 어린아이를 증인으로 하여 찍었다는 사실은 있을 수 없는 일이다. 비석을 발견한 다음에 동네 아이와 찍은 사진을 정상적 시각으로 볼 수 없다. 그런 사진이 있는 이유는 비석을 중국 하북성에서 배로 실어와 조작했으니, 차마 그 앞에서 자신이 들어간 사진을 찍을 수 없었기 때문일 것이다.

넷째, 비석의 성분을 분석한 결과 대동강 유역에서 생성된 화강암이 아니고, 그리고 2000년 전에 만든 비석 기초에 시멘트를 사용했는데, 이는 결정적 조작의 증거로 본다.

북한 학자들이 점제현 신사비의 화강암 성분을 분석한 결과 부근의 화강석과는 크게 다른 것으로 밝혀졌다. 온천군 부근에는 질 좋은 화강암이 많아 지금도 평양 일대에서는 이곳의 화강암을 많이 이용하고 있다고 한다. 비석을 만들 수 있는 석재가 가까이 있는데 다른 곳에서 가지고 올 이유가 없다. 또한 생성 연대에 대해서 흑운모를 시료로 핵분열 흔적법으로 측정한 것에 의하면, 점제비 화강암의 생성 연대는 평양 인근 온천과 용강 일대의 화강암 생성 연대보다 2천8백만 년~2천2백만 년이 더 오래다. 이것은 점제비 화강암이 근방의 화강암과는 완전히 구별되는 다른 지방의 화강암이라는 사실을 말해준다. 이런 모든 증거가 신사비가 일제에 의해 조작되었음을 강하게 시사하고 있다.

 출토되었다고 주장하는 유적과 유물 분석만으로도 평양 지역에 낙랑군이 설치되지 않았다는 사실을 분명하게 확인할 수 있다. 낙랑군이 하북성 일대에 있었다는 중국 고대 사서는 너무나 많고 앞으로도 더 많은 문헌 사료가 발견될 것이다. 우리 사학계의 유적과 유물해석은 원칙이 있다. 일본 사학자들이 주장하는 것은 검증 과정을 생략하고 무조건 신봉한다. 그러나 북한에서 출토된 유적과 유물에 대한 해석은 한국사에 불리할 경우만 신봉하고, 한국사에 유리한 유적과 유물에 대한 해석이 나오면 일제히 부인하거나 침묵한다.

6장 위만조선과 진국 및 삼한의 관계

대한민국의 국호는 삼한에서 나왔고, 한민족의 뿌리는 조선과 삼한에 있다. 왜냐하면 고조선이 멸망한 이후로 위만조선과 진국이 세워졌고, 진국에 이어서 삼한이 등장했기 때문이다. 문헌상이나 금석문에 등장하는 삼한일통(三韓一統)에서 삼한이란 고구려, 백제, 신라의 삼국(三國)을 말하는 것이 아니라 마한, 진한, 변한의 삼한을 의미한다.

삼한의 정체성은 중국에서 발견된 당시 직접 기록으로 고구려와 백제 유민들의 묘지명을 보면 짐작할 수 있다. 예를 들면 고구려가 멸망한 뒤 당나라로 끌려간 고구려인들이 남긴 묘지명에서는 스스로 삼한인, 조선인이라고 칭하고 있다. 당나라에 귀화한 고현(高玄) 묘지명에서 요동삼한인(遼東三韓人)으로 부르면서 고구려 왕실 가문이라 기록하였다. 고구려 말 귀족 출신 무장으로 당에 투항한 고자(高慈) 묘지명에서는 조선인(朝鮮人)이라고 하였는데, 선조는 추모왕을 따라 고구려를 건국한 후 대대로 공후 재상이 되었으며, 20대조 밀(密)은 연나라 모용씨가 고구려에 침입하였을 때 결정적인 공을 세워 왕으로부터 고씨를 사성 받고 대대손손 후(侯)에 봉해졌다고 기록되어 있다. 그리고 연개소문 둘째 아들 연남산(淵男山) 묘지명에서 요동조선인(遼東朝鮮人)이라고 했고, 동명의 후예가 진실로 조선을 세웠다고(東明之裔寔爲朝鮮) 기록하였다. 분명하게 요동을 고구려라 말하고, 고구려가 조선을 계승한 나라였다고 인식하였다.

그리고 『구당서』 동이열전[1]에 따르면, 당(唐)나라는 고구려가 망했을 때 유민을 달래기 위하여 마지막 왕인 보장왕을 조선왕으로 봉하여, 안동(安東)에서 살며 고구려를 진무하는 주(主)로 삼았다. 고구려왕이 아니라 조선왕이라고 하여 고구려 사람들을 진압, 위무하는 주군으로 삼았다. 당나라는 고구려가 조선을 뒤이은 나라인 것을 알고 있었다. 고구려 후손의 묘비명과 『구당서』가 입증하듯이 고구려 사람은 조선인이고 삼한인이었다. 또한 백제는 왕성을 부여씨로 하고, 한때 국명으로 남부여를 사용하는 등 부여에 대한 계승 의식을 뚜렷이 보였지만, 조선에 대해서는 별다른 기록이 없다. 백제 의자왕 아들 부여융 묘지명에서 백제진조인(百濟辰朝人)이라는 표현이 나온다. 진조(辰朝)의 후손이란 말이다. 그리고 신라도 고조선에 대한 기록이 드물지만, 고구려나 백제와 달리 건국신화에서 고조선 유민과 연관성이 직접적으로 기록된 유일한 나라다. 따라서 삼국 모두 조선, 부여(扶餘), 삼한을 같은 족속으로 인식하였고, 통

---

1 『구당서』 동이열전 당(唐) 의봉(儀鳳) 연간(676~678년) 고종(高宗)은 고장(高藏)에 개부의동삼사(開府儀同三司) 요동도독(遼東都督)을 제수(除授)하고 조선왕에 봉하여, 안동에서 살며 본번(本蕃, 고구려)을 진무하는 주(主)로 삼았다(儀鳳中 高宗授高藏開府儀同三司遼東都督 封朝鮮王 居安東 鎭本蕃爲主).

틀어서 말할 때는 조선이라고 말했음을 알 수 있다.

역사는 기록된 시점을 잘 살펴보고 해석해야 한다. 『사기』 및 『한서』에는 조선열전이 있다. 그러나 위만조선이 멸망한 이후 편찬된 『후한서』, 『삼국지』, 『진서』 등의 사서에서 조선열전은 없어지고 동이열전(東夷列傳)으로 기록되어 있다. 그래서 『후한서』 및 『삼국지』 이후부터 조선 관련 기사는 사라지고 부여, 고구려, 옥저, 동예, 한(韓) 등에 관한 기록만 실려있다. 강대국이었던 위만조선이 멸망한 이후 동이에 많은 나라가 새로 생긴 것으로 보인다.

이에 대한 근거로 『후한서』 동이열전2 서문을 보면, 동이는 대부분 토착민이었고, 동시에 『후한서』 동이열전 예전(濊傳)3은 동이 중에서 예(濊), 옥저, 고구려가 모두 조선의 땅에 있다고 하였다. 본래 예, 옥저, 고구려는 조선 토착민이라는 말이다.

1. 진국의 건국

위만조선과 거의 같은 시기에 진국이 세워졌다. 위만에 멸망한 준왕은 한(韓) 지역으로 들어간 후에 국명을 조선이 아닌 진국으로 바꾼 것으로 보인다. 아마도 위만조선 때문에 조선이라는 국명을 쓸 수가 없었기 때문이다. 준왕이 진국을 건국하자 위만조선을 따

---

2 『후한서』 동이열전 동이는 거의 모두 토착민(土着民)이다(東夷率皆土著).
3 『후한서』 동이열전 예전 예, 옥저, 구려는 본래 모두가 조선의 땅이다(濊及沃沮句驪 本皆朝鮮之地也).

르지 않던 지역들이 진국의 일원이 된다.

『사기』 조선열전4에 따르면, 위만조선은 건국 이후 주변 진번, 임둔 등의 세력들이 복속하지 않자, 군대를 동원하여 복속시켰고 영토를 크게 넓혔다고 하였다. 그리고 『한서』 조선전5은 위만조선이 한나라에 대한 진국의 조공을 막은 것이 조한 전쟁의 이유라고 하면서 한무제는 진국의 입조를 방해한다는 이유로 기원전 109년 위만조선을 공격했다고 기록하였다. 따라서 분명히 우거왕 시대에 진국과 위만조선이 동시에 존재했었다. 이를 보면 위만조선은 고조선 전체가 아니라 일부를 멸하고 세워졌다고 보아야 한다. 당연히 위만조선을 침탈하여 세워졌다는 한사군도 고조선의 일부인 위만조선이 위치한 지역에 세워졌다.

진국이 어디에 있었는지 살펴본다. 『삼국지』6는 『위략』을 인용하여, 진국은 위만조선의 남쪽이 아니라 동쪽에 있었다고 하였다.

---

4 『사기』 조선열전 이를 기회로 만(滿)은 병사의 위세와 재물을 얻게 되어 그 주변의 소읍들을 침략하여 항복시키고 진번, 임둔 등을 모두 복속시켜서 수천 리의 땅을 얻었다(以故滿得兵威財物侵降其旁小邑 眞番臨屯皆來服屬 方數千里).
5 『한서』 조선전 손자 우거로 왕위가 전해지니 많은 한인(漢人)이 망명해 와서 조선은 더욱 부강해졌다. 우거는 한나라에 입조(入朝)하지 않을뿐더러 진번 옆에 있는 여러 나라가 천자를 알현코자 입조하는 것을 방해하였다(傳子至孫右渠 所誘漢亡人滋多 又未嘗入見 眞番旁眾國 欲上書見天子 又擁閼不通).
6 『삼국지』 조선상 역계경(歷谿卿)이 우거왕에게 간하였으나 들어주지 않으므로 동쪽에 있는 진국으로 갔으며 그때 백성 2천여 호가 따라갔다(朝鮮相歷谿卿以諫 右渠不申 東之辰國 時民隨出居者 二千餘戶).

통설대로 위만조선이 한반도 평양에 있었다면 진국은 남쪽에 있어야 마땅하다. 진(辰)은 12간지에서 북방 용(龍)인 현무를 의미하고, 사전적으로는 총 혹은 대표라는 뜻이다. 그리고 일월성신(日月星辰)의 신(辰)에서 별이란 뜻도 있는데 북신(北辰)이라고 할 때는 북극성을 말한다. 그런데 대조영이 세운 나라의 이름도 진국(振國)이었다. 『구당서(舊唐書)』 발해조(渤海條)에서 왕을 진국왕(振國王)으로 기록하고 있다. 한자로 진(振)은 진(辰)과 유사한 뜻이다.

2. 진국의 멸망과 삼한의 등장

조한 전쟁 때 위만조선은 한나라에 격파되었지만, 진국이 격파되었다는 말은 없다. 이상하게 위만조선이 건국할 때부터 기록에 나타나는 진국도 위만조선의 멸망과 동시에 명확한 이유가 없이 기록이 자취를 감춘다는 점이다. 이후 사서에 진국 대신에 삼한이 나오기 시작한다.

사서를 보면 『한서』에서 처음으로 위만조선 동쪽에 거주하는 집단을 진국이라고 명칭하였다. 그런데 『삼국지』에서 진수는 어떠한 설명도 없이 그들을 한(韓)이라고 칭하였다. 진수는 반고가 미처 생각하지도 못했던 한이라는 존재를 말하고 있다. 추론해 보면, 위만조선의 계속된 침략에 따라 진국의 영역은 한(韓) 지역으로 축소될 수밖에 없었을 것이다. 그래서 강역이 위만조선 남쪽에 있던 한 지역으로 축소된 진국을 계속해서 진국으로 기록하면 혼란을 겪을 수가 있으므로 삼한으로 바꾼 것으로 보인다.

문제는 『삼국지』와 『후한서』에서 진국과 삼한이 어떤 관계였는지 전혀 다르게 기술하고 있다는 점이다.

첫째, 진한만이 진국 후신으로 보는 견해가 있다. 즉 진한이 세워지기 이전에 진국이라 불렀다는 주장이다. 『삼국지』 동이전7에 따르면, 진한은 예전의 진국으로 마한의 동쪽에 있었다. 진국에서 진한으로 발전하였고, 진왕이 월지국(月支國)을 다스리는 존재로서 진한십이국(辰韓十二國)이 진왕에 속한다고 했다. 또한 『위략』도 진국을 진한의 전신(前身)으로 보았다.

둘째, 진국을 삼한의 총칭이라고 보는 견해가 있다. 즉 삼한이 나타나기 이전에 그곳 모두를 진국이라 했다는 주장이다. 『후한서』8는 마한, 진한, 변진의 삼한 모두가 옛 진국의 후신으로 보고 있다. 삼한 모두가 진국에서 발전했고, 진왕이 목지국(目支國)에 도읍하여 삼한 전체를 다스린다고 했다. 즉 진왕이 도읍한 나라를 『삼국지』는 월지국, 『후한서』는 목지국이라고 하였다.

이상하게 『위략』에 나오는 변한은 『삼국지』와 후한서에는 변진(弁辰)이란 말로 바뀐다. 아마도 변한 사람들이 진한 사람들과 뒤섞여 살았기 때문으로 보인다. 그리고 진왕이 도읍한 나라를 『삼국지』는 월지국, 『후한서』는 목지국이라고 하였다. 그런데 『진서』에

---

7 『삼국지』 동이전 진한은 옛 진국이다(辰韓者古之辰國也).
8 『후한서』 한(韓)은 3개 종류가 있다. 마한, 진한, 변진으로 나뉘어 있으며 78국이다. 모두 옛 진국이다(韓有三種 一曰馬韓 二曰辰韓 三曰弁辰 凡七十八國 皆古之辰國也).

따르면, 마한, 진한, 변한의 삼한은 원래 세 종족(種族)이었지만, 문화적 유사성으로 인하여 모두 삼한이라는 범주에 속한다고 하였다. 결론적으로 진국이 삼한 전체의 전신이었고, 어떤 계기나 사건을 통해 세 부류로 분할된 것이 삼한이라고 보는 견해가 타당하다.

3. 한국과 중국 사서의 삼한에 대한 다른 관점

이전 중국 사서는 고조선과 중국의 교섭 기록이 거의 전부였지만, 『삼국지』 위서 동이전에는 동이족의 다양한 활동이 기록되어 있다. 구체적으로 부여의 영고(迎鼓), 고구려의 동맹(東盟), 동예의 무천(舞天)[9]과 호랑이 숭배, 삼한의 천군(天君)[10]과 소도(蘇塗) 등이 수록되어 있다는 특징이 있다.

문제는 우리 사서인 『삼국사기(三國史記)』와 『삼국유사』에서 삼

---

9 부여의 영고, 고구려의 동맹, 동예의 무천 추수 감사제 성격을 지니는 제천의식으로 부여의 영고는 12월에 고구려의 동맹과 동예의 무천은 10월에 열렸다. 『삼국지』 위서 동이전 부여조(魏書 東夷傳 夫餘條) 기록을 보면, "은력(殷曆) 정월에 하늘에 제사하고 나라 사람들이 크게 모여서 연일 마시고 먹고 노래하고 춤추니, 이름하여 영고라 한다. 이때에는 형벌과 옥사를 판결하고 죄수들을 풀어준다(以殷正月祭天 國中大會 連日飮食歌舞 名曰 迎鼓 於是時 斷刑獄解囚徒)"고 하였다. - 출처: 한국민족문화대백과사전
10 천군 마한 때 소도라는 특수한 신성 지역을 지배하던 제사장(祭司長)의 칭호이다. 제정(祭政)이 일찍부터 분리된 후 삼한 사회에는 족장 외에 제사권을 장악하는 제사장, 즉 천군을 각 읍(邑)마다 1명씩 두었다. - 출처: 위키백과

한 관련 기록이 중국 사서인 『삼국지』, 『후한서』와 전혀 다르다는 점이다. 즉 12세기에 편찬된 2차 사료인 『삼국사기』와 『삼국유사』에 기록된 사실이 3세기에 편찬된 1차 사료인 『삼국지』 동이전 기록이나 같은 내용에 기반하여 5세기에 편찬된 『후한서』 기록과 충돌한다.

『삼국지』 위서 동이전에서 삼한은 3세기경까지 수십 개의 소국이 병립해 있는 상태였다고 말한다. 이에 반해 『삼국사기』는 기원전 1세기 무렵 신라, 고구려, 백제가 각각 건국되었고, 삼국은 건국 직후부터 주변 국가들에 대한 정복 전쟁에 나서고 있음을 보여주어 건국 초기부터 강력한 고대국가였던 것으로 서술하였지만, 삼한은 흔적이 거의 없고 단편적인 사실만 기록하고 있다. 그리고 삼한에서 삼국이 비롯되었다는 것을 인정하지 않았고, 동시대 부여, 동예, 옥저, 가야 등의 역사도 빠져있다.

하지만 『삼국유사』는 『삼국사기』와 다르게 『통전』과 『후한서』를 인용하여 삼한에 관한 역사를 비교적 상세하게 기록하였다. 『통전』은 당(唐) 두우(735~812년)가 쓴 책으로 모두 200권의 분량인데, 정치제도에 관한 일종의 백과사전이다. 그런데 『삼국유사』에서 인용했던 기록은 현존하는 『통전』과 『후한서』 기록에서 정확하게 확인되지 않는다는 점은 유의해야 한다.

『삼국유사』는 조선의 유민(遺民)들이 나뉘어 한(韓) 70여 국으로 되었으며, 강역이 모두 사방 백 리나 되었다고 하였다. 구체적으로 『후한서』를 인용하여, 서한은 조선의 옛 땅에 처음 4군을 두었다가 뒤에는 2부를 두었으나, 법령이 점차 번거로워지면서 갈라져

78국으로 나뉘었다고 하였다. 주석하기를 마한은 서쪽에 있으면서 54개의 작은 고을(小邑)을 모두 나라로 일컬었으며, 진한은 동쪽에 있으면서 열두 개의 작은 고을을 나라로 일컬었으며, 변한은 남쪽에 있으면서 열두 개의 작은 고을을 각각 나라로 일컬었다. 따라서 『삼국유사』는 삼한 종족을 조선의 유민으로 설정하여 조선 → 4군 → 2부 → 삼한 78국의 역사적 변천 과정으로 상정하고 있음을 확인할 수 있다.

삼한 존재가 논란이 되는 이유는 신라, 백제, 가야가 삼한 소국들에서 발전한 국가라고 보는 시각이 일제 강점기 이래 현재 우리 사학계 통설이기 때문이다. 일제 사학자들이 이 부분만 『삼국사기』를 버리고 중국 측의 『삼국지』와 『후한서』를 받아들인 이유는 임나일본부를 살리기 위해서였다. 한반도 남부에 임나일본부가 존재하기 위해서는 건국 초기부터 백제, 신라, 가야라는 강력한 고대국가가 존재해서는 안 되고 삼한 78개 소국의 하나가 되어야 했기 때문이다.

해방 이후 우리 사학계는 임나일본부는 부인하면서도 『삼국지』와 『후한서』에 기록된 삼한은 인정하여 상호모순적인 논리를 낳게 되었다. 사학계 주장을 따르면, 기원전에 이미 백제와 고구려라는 강력한 고대국가가 존재했다는 『삼국사기』의 초기 기록은 부정될 수밖에 없다. 이러한 『삼국사기』 초기 기록 불신론에 근거하여 삼한이 기원전 2세기경부터 3세기경까지 존속했다고 보는 주장에 따르면, 백제는 마한의 한 개 소국에 불과하고, 신라와 가야는 경상도 지역에 있는 진한과 변한의 한 개 소국에 불과하게 된다. 원삼국(原

三國) 시대라는 말도 이런 주장에 맞추다 보니 등장한 조어이다.

결론적으로 『삼국지』와 『후한서』에서 한(韓)과 관련한 기록을 근거로 『삼국사기』 초기 기록을 전부 부정하는 역사 인식은 비과학적이다. 분명하게 중국 사서 동이전에 삼한 이외에 부여, 고구려, 백제 등의 기록이 별도로 나오기 때문이다. 따라서 삼국과 삼한이 한반도가 아니라 대륙에 같이 있었다면 사서 사이에 어떤 모순점 없이 설명이 가능하다.

4. 『삼국사기』의 삼한론

『삼국사기』는 최치원(崔致遠)의 삼한론(三韓論)을 인용해서 설명하고 있다. 『삼국사기』 최치원 열전을 보면, 최치원은 마한은 고구려, 변한은 백제, 진한은 신라라고 단언했다. 최치원의 주장은 당(唐)나라 태사시중에 보낸 편지에 나온다. 당에서도 마한이 고구려가 되었다는 공감대가 형성되었기에 이런 주장을 하였다고 보인다. 그렇다면 최치원의 시각은 어느 정도 역사적 사실을 근거로 한 것이며, 김부식은 당시에 상식으로 여겨진 내용을 기술했다고 보아야 한다.

『삼국유사』에서 일연도 최치원의 견해에 따르면서 보충 설명하고 있다. 즉 지금 사람들이 마한을 백제라고 말하는 것은 잘못이고, 마한은 고구려, 변한(卞韓)은 백제, 진한은 신라라는 최치원의 인식이 옳다고 하였다. 또한 백제가 변한을 차지했기 때문이 아니라 백제 땅에 변산(卞山)이 있어서 변한이라 한다는 설명을 하고 있다. 그래서 『삼국유사』, 『고려사』, 『고려사절요』 등에서는 변한(弁韓)이 아니라 변한(卞韓)으로 기록되어 있다.

문제는 최치원의 삼한론은 한반도 지리 조건으로는 설명이 되지 않는다는 점이다. 특히 마한이 고구려가 되었다는 주장은 우리 상식과 정면으로 배치된다. 우리 사학계는 삼한론을 부정한다. 실증주의와 거리가 먼 사학계의 이런 태도로 인해 마한이 왜곡되고 최치원이 오해받고 있다. 하지만 실증 사학이란 문헌 기록을 정확히 분석하고 사료에 기초하여 판단해야 한다. 사학계 주장의 가장 큰 문제는 고구려가 삼한을 계승한 국가라고 기록된 사실을 묻어 버림으로써 중국의 동북공정에 대항하는 근거를 사장해 버렸다는 점이다.

『삼국사기』가 비록 기록을 자의적으로 선택하는 방법을 택했지만, 거짓 기사는 많이 삽입하지 않았다고 보인다. 예를 들면, 김부식은 『삼국사기』에 온조왕 때 마한이 멸망했다는 기록과 100년 후 고구려와 요동 정벌을 함께 한 마한의 존재를 같이 기록하여 2개의 모순된 사료를 포함하였다. 김부식은 2개의 모순된 기록이 모두 사실이 될 수 있는 경우로 마한이 온조왕에 의해서 멸망했지만, 고구려와 함께 요동을 정벌할 수 있는 지역에 부활했을 것으로 추측하였다. 이것이 김부식의 마한 멸망 사건에 대한 의견이다.

『삼국사기』 백제 온조왕 기록을 보면, 멸망한 마한 세력은 사학계 주장처럼 한반도 서남부로 간 것이 아니라 한산 이북에 강제로 이주했다고 나온다. 이어서 이 지역의 주민들이 고구려로 이주했다는 기록이 나온다. 마한이 한반도 남부에서 멸망한 것이 아니고 온조왕에 의해서 축출되어 한산 이북의 요동 가까운 곳에서 명맥이 유지되었다면, 그 이후 기록에서 사라진 마한은 고구려에 흡수되었을 가능성이 있다. 이것은 김부식이 추론한 마한이 온조왕 때에 멸망했으나 고구려와 함께 요동 정벌을 할 수 있는 지역에 부활했다는 것이 사실이라는 점을 시사한다. 따라서 마한이 고구려가 되었다는 최치원 주장이 잘못이라고 보기 어렵다.

마한이 멸망 후 한반도 백제 서남부에서 계속 유지되었다는 사학계 주장이 사실이라면 다음과 같은 문제점이 생기게 된다.

첫째, 마한이 한반도 서남부에 있었다면 백제, 신라, 왜, 가야 등과 어떤 형태로든 접촉이 있었을 것이고, 기록이 남아있어야 하지만 이와 관련한 기사가 전혀 없다. 둘째, 『진서』에 마한이 3세기까지 중국과 외교 활동을 유지했던 기록이 남아있지만, 마한이 한반도 서남부에 있었다면 적대국이었던 해양 강국 백제를 지나서 머나먼 중국과 외교 활동을 한다는 것은 불가능하다.

결론적으로 마한의 명맥이 유지되었다고 가정한다면, 사학계가 주장하는 한반도 서남부가 아니라 고구려와 같이 요동 정벌을 할 수 있는 지역에 있어야 합리적이다.

우리 사학계가 『삼국사기』 초기 기록 불신론을 내세우기 위한 근거로 내세운 『삼국지』와 『진서』의 마한 기록은 오히려 김부식의 추론이 옳다는 것을 시사한다. 또한 최치원의 주장이 잘못이라고 볼 수 없지만, 단순하게 고구려는 마한, 백제는 변한, 신라는 진한이 되었다고 보기에는 많은 의문점이 있다. 고조선이 멸망함에 따라 삼한은 전신이었던 조선과 동격으로 이해했다고 보인다. 위만이 조선을 공격하여 왕이 되었고, 준왕은 도망가서 마한에서 건국하였기에 마한은 실제로는 조선이었고, 도읍지만 옮겼을 뿐 별로 달라진 것이 없었다. 따라서 조선을 계승하려는 의식이 있었던 고구려가 마한의 적통을 승계했다고 말할 수 있다.

그러면 마한이 고구려에 흡수되었다는 가정을 『삼국사기』와 『후한서』에서 검증해 본다. 『삼국사기』 고구려 본기[11] 기록을 통해서

---

11 『삼국사기』 고구려 본기 태조대왕 69년(121년) 봄, 한나라 유주자사 풍환(馮煥), 현토태수 요광(姚光), 요동태수 채풍(蔡諷) 등이 군대를 이끌고 침략해 와서 예맥거수(穢貊渠帥)를 공격하여 죽이고 무기와 군마, 재물을 모두 빼앗았다. 이에 왕이 아우 수성을 보내 병력 2천여 명을 거느리고 풍환과 요광 등을 맞아 싸우게 하였다. 수성이 사신을 보내 거짓으로 항복하자, 풍환 등이 이를 믿었다. 그에 따라 수성이 험악한 요충지를 근거지로 삼아 대군을 막고, 몰래 3,000명을 보내 현토와 요동 두 군을 공격하여 그 성곽을 불태우고 2천여 명을 죽이고 사로잡았다(六十九年 春 漢幽州刺史馮煥 玄菟大守姚光 遼東大守蔡諷等 將兵來侵 擊殺穢貊渠帥 盡獲兵馬財物 王乃遣弟遂成 領兵二千餘人 逆煥光等 遂成遣使詐降 煥等信之 遂成因據險以遮大軍 潛遣三千人攻玄菟遼東二郡 焚其城郭 殺獲二千餘人).
여름 4월, 왕이 선비 8,000명과 함께 요대현(遼隊縣)으로 가서 공격하였다. 요동태수 채풍이 군대를 거느리고 신창(新昌)으로 나와 싸우다가 죽었다. 공조연(功曹掾) 용단(龍端)과 병마연(兵馬掾) 공손포(公孫酺) 등이 온몸으로 채풍을 막다가 모두 진영에서 죽었다. 죽은 자가 1백여 명이었다(夏四月 王與鮮卑八千人 往攻遼隊縣 遼東大守蔡諷 將兵出於新昌 戰沒 功曹掾龍端 兵馬掾公孫酺 以身扞諷 俱沒於陣 死者百餘人).
12월 왕이 마한, 예맥 1만여 기를 거느리고 현토성(玄菟城)을 에워싸자, 부여왕이 아들 위구태를 시켜 병사 2만을 이끌고 한 군사와 항전하여 아군이 대패했다(王率馬韓穢貊一萬餘騎 進圍玄菟城 扶餘王遺子尉仇台領兵二萬 與漢兵幷力拒戰 我軍大敗).

도 마한이 한강 이남에 있지 않았음은 입증된다. 마한이 한강 이남에 있었다면 고구려와 같이 요동을 공격한다는 것은 이치에 맞지 않는다. 『후한서』12에도 같은 내용의 기사가 있는 것으로 보아 마한이 고구려와 함께 요동과 현토성을 공격한 기사는 사실로 인정해야 한다. 『삼국사기』뿐만 아니라 『후한서』에 같이 나와 있는 기록을 믿지 않을 이유가 없다. 여기서 말하는 요동이란 하북성 보정시에 있었던 초기 요수(지금 남역수) 동쪽 지역을 말한다.

    70년 왕이 마한, 예맥과 함께 요동을 침공하니 부여왕이 구원병을 보내 현토를 구하는 동시에 아군(我軍)을 격파했다(王與馬韓穢貊侵遼東 扶餘王遣兵救破之).

12 『후한서』 안제(安帝) 건광 원년(121년) 봄, 유주자사 풍환, 현토태수 요광, 요동태수 채풍 등이 군사를 이끌고 요새를 나가 예맥의 거수를 사로잡아 목을 베고 병력과 말, 재물들을 노획하였다(幽州刺史馮煥 玄菟太守姚光 遼東太守蔡諷等將兵出塞擊之 捕斬濊貊渠帥 獲兵馬財物).

이에 궁(태조왕)이 세자 수성을 보내 2,000여 명을 거느리고 요광 등을 따라잡은 후 사자를 보내 거짓으로 투항하니 요광 등이 속아 넘어갔다. 수성이 그 일로 지세가 험한 요지를 거점으로 삼고 대군을 차단하면서 한편으로는 3,000명을 몰래 보내 현토, 요동을 공격하고 성곽을 불태워 2,000여 명이 사상하였다. 이에 광양군, 어양군, 우북평군, 탁군의 속국에서 3천여 기병을 뽑아 함께 구원하게 했는데 맥인(貊人)은 이미 떠난 뒤였다(宮乃遣嗣子遂成將二千餘人逆光等 遣使詐降 光等信之 遂成因據險阨以遮大軍 而潛遣三千人攻玄菟遼東 焚城郭 殺傷二千餘人 於是發廣陽 漁陽 右北平 涿郡屬國三千餘騎同救之 而貊人已去).

안제 연광(延光) 원년(122년) 부여왕이 아들 위구태에 구원병을 주어 현토를 구하도록 하였다. 고구려, 마한, 예맥을 공격하여 격파하였다(夫餘王遣子尉仇台 將兵救玄菟 擊高句麗 馬韓 穢貊 破之).

5. 중국 사서의 삼한 관련 기사

삼한에 대한 가장 오래된 기록은 중국 25사 가운데 3세기 서진 시대 진수가 작성한 『삼국지』 동이전이다. 이후 『후한서』 동이열전, 『진서』 사이전(四夷傳)은 『삼국지』 내용을 재구성하여 기록하였다. 『삼국지』, 『후한서』, 『진서』에 나오는 삼한 관련 기록은 조금씩 다른 면이 있지만, 이들 사서에서 삼한에 관한 기록은 대부분 삼한과 중국의 조공 관계 서술이 차지하고 있다.

『삼국지』 동이전에서는 준왕(準王)은 그의 근신과 궁인들을 거느리고 해(海)로 도망가서 한(韓)에 거주하였고 스스로 한왕이라 칭했다고 말하였고, 『후한서』 동이열전에 따르면, 고조선 준왕이 위만에게 패하여 남은 무리 수천 명을 거느리고 해로 가서 마한을 공격해 쳐부수고 스스로 한왕이 되었다고 기록하였다. 그러면서 『삼국지』와 『후한서』에 따르면, 삼한은 마한 54개국, 진한 12개국, 변한 12개국 등 모두 78개국의 소국들로 구성된 정치집단이라고 하였다. 중국 25사에 나타난 삼한 78국의 대륙 존재에 따른 실상이다.

당시 한반도 남부에서 이들 삼한 78국이 있을 자리는 없다. 삼한이 존재했던 곳으로 『삼국지(三國誌)』 동이전 한전(韓傳)[13]에서 낙랑

---

13 『삼국지』 동이전 한전 후한 시대 환제와 영제 말기 한(韓)과 예(濊)가 강성하여 군현에서 제대로 통제하지 못하여 군현의 많은 백성이 한으로 흘러 들어갔다. 건안(196~219년) 중에 공손강이 둔유현 남쪽의 황무지를 나누어 대방군으로 만들었다. 공손모(公孫模), 장창(張敞) 등을 보내 유민을 불러 모으고, 군대를 일으켜 한과 예를 정벌하자 옛 백성들이 점점 돌아왔고 그

군 둔유현 남쪽에 대방군이 있었고, 대방군 남쪽에 마한, 진한, 변한이 있는데 모두 합쳐 한국이라 기록하였다. 또한 『후한서』를 보면, 마한의 위치는 삼한 중에서 서쪽에 있는데 그 북쪽은 낙랑군, 남쪽은 왜와 붙어있고, 진한은 마한의 동쪽에 있는데 그 북쪽은 예맥과 붙어있고, 변진(변한)은 진한의 남쪽에 있는데 남쪽은 왜와 붙어있다고 기록하였다.

중국 사서에 나오는 고대 한국의 동쪽과 서쪽은 해로 막혀있고, 남쪽은 왜와 붙어있다. 따라서 남쪽이 바다인 한반도 남부는 삼한의 위치가 될 수 없다. 또한 한의 강역이 사방 4천리인 대국이었으나 지금 남한의 면적은 사방 천 리에 미치지 못한다. 따라서 마한, 진한, 변한, 낙랑군, 왜, 말갈이 같이 있을 수 있는 곳은 고대 황하 하류였던 지금 하북성 지역밖에 없다. 삼한 지역에서 백제와 신라가 기원하였고, 바로 북쪽에서 고구려가 건국되었다. 그리고 삼한이 중국과 국경 부근에 있었기 때문에, 중국 사서에 삼한에 관련된 역사적 사실들이 기록될 수밖에 없었다.

1) 마한

사서에 따라 마한 실상이 다르며, 진왕에 관한 서술도 차이가 있

후 왜(倭)와 한이 드디어 대방에 속하게 되었다(桓靈之末 韓濊彊盛 郡縣不能制 民多流入韓國 建安中 公孫康 分屯有縣以南荒地 爲帶方郡 遣公孫模張敵等 收集遺民 興兵伐韓濊 舊民稍出 是後 倭韓遂屬帶方).

어 어느 기록을 택하느냐에 따라 마한의 역사는 달라질 수밖에 없다. 한 지도층 계급14에는 신지(臣智), 험측(險側), 번예(樊濊), 살해(殺奚), 읍차(邑借) 등 5단계의 고유 칭호가 있었는데, 마한은 신지와 읍차 두 단계만 있었다고 설명되어 있다.

『삼국지』 동이전을 보면, 진왕이 월지국을 다스리는 존재로 진한 십이국이 진왕에 속했고, 항상 진왕은 마한 사람이 대대로 잇는다고 기록했다. 마한은 50여 나라와 약 10만 호가 있었다고 하여 나라의 평균 호수는 약 2천 호이다. 4~5천의 규모를 넘어서는 대형 국가들은 적었다는 추정은 가능하다. 호(戶)와 가(家)가 같다고 말할 수는 없으나 비슷한 개념으로 보인다. 하지만 『후한서』 동이열전은 진왕이 마한 목지국에 도읍하여 삼한 전체를 다스린다고 했다.

『후한서』에 마한인은 양잠할 줄 알며, 면포를 만든다는(馬韓人知田蠶 作綿布) 기록이 있다. 면포(綿布)는 면직물을 말하고 마한 시대 이미 면직물을 만들고 있었다. 따라서 면직물이 처음 생산된 때가 고려말 문익점이 목화를 들여온 이후라는 말은 사실이 아니다. 고조선 때부터 이미 품질 좋은 백첩포(白疊布)라는 면직물(무명천)을 만들어 썼고, 고구려, 백제, 신라, 고려 때는 품질이 좋아서 중국에 선물로 보내기도 했다. 이는 나무에 열리는 목면을 사용한 것이 아

---

14 **한 지도층 계급** 삼한 사회의 지배 계층 즉 부족이나 국가의 지도자들 사이의 위계와 권력 구조를 나타내는 명칭에 5단계 칭호가 있다. 신지는 각 부족이나 지역을 다스리는 최고 지도자를 뜻하며, 험측은 신지의 보좌관이나 부수장, 또는 그에 준하는 지위의 지도자를 의미한다. 삼한 사회에서 가장 낮은 계급의 지배자를 나타내는 읍차는 지방 사회에서 가장 말단의 행정 권력을 가진 인물로 볼 수 있다.

니라 풀에 열리는 초면을 사용한 것이다. 품질은 초면으로 만든 백첩포가 목면보다 훨씬 좋았다. 하지만 초면은 솜이 작게 달려서 생산량이 적었고 그래서 후에 생산량이 많은 목화를 사용하게 되었다. 목화는 원래 중국에서 자라는 것이 아니라 인도의 열대기후에서 자라고 생산되는 품종을 중국이 가져다가 재배에 성공한 것이다. 고대부터 재배하던 초면을 고려 때 포기하고 원래 인도산인 중국 남부의 목면을 받아들인 이유는 품질을 포기하고 양을 택했다는 의미이다.

특히 소도는 천신에게 제사 지내던 성스러운 장소로, 천신을 모시는 삼한이 예맥 계통과 다른 사회였음을 알 수 있다.『삼국지』동이전에 의하면, 삼한의 여러 나라에서 천군이라는 제사장을 두고 천신에게 제사를 지냈다고 한다. 그리고 나라마다 소도라고 부르는 별읍(別邑)이 있었는데, 바로 제사를 지내는 장소였다. 소도는 신에게 제사 지내는 제단이라는 의미의 수두나 높은 지대라는 의미의 솟터에서 유래한 것으로 보기도 하지만, 일반적으로 마을 입구에 세우는 나무 장대인 솟대에서 유래된 말로 보고 있다. 방울과 북을 매달아 놓은 큰 나무가 바로 솟대이며, 이 솟대를 중심으로 제의가 행해졌을 것이다. 영고탑(寧古塔)은 소도 제천의 장소로, 북을 울리며 신의 강림을 맞이하는 영고제(迎鼓祭)를 지내던 터이다.

한편 소도에서 제의를 주관한 천군은 제사장으로, 정치적 지도자와 구별된다. 이는 고조선에서 단군왕검이 제사장과 정치적 지도자의 역할을 함께 수행했던 것과 차이가 있다. 제정일치 사회였던 고조선과 달리 삼한은 종교와 정치가 분리된 사회였다. 소도에 관해서 『삼국지』, 『후한서』, 『진서』, 『통전』 등에 기록이 있다. 그중 자세한 내용은 『삼국지』 한전[15]과 『후한서』 한전[16]에 전하고 있다.

2) 진한

마한과 달리 진한의 선주민에 대해서 이론이 많이 있는데 사서를 보면 대략 세 가지 주장으로 요약할 수 있다.

첫째, 진한 사람은 진(秦)나라에서 망명한 사람들이라고 말한다. 즉 『삼국지』와 『후한서』 기록에 따르면 한(韓)은 대방의 남쪽에 있고, 3종이 있는데 마한, 진한, 변한이다. 진한은 옛 진국이다. 진한은 마한의 동쪽에 있는데 진한의 노인들이 자신들은 진나라에서 망명한 사람들로서 노역(勞役)을 피하여 한국에 오자 마한이 그들의 동쪽 지역을 분할하여 주었다고 기록되어 있다. 그리고 진한 초기에는 마한의 제도에 의해 움직여졌으나 후에 진한이 독자적으로 자립하게 되었음을 말하고 있다.

---

15 『삼국지』 한전 귀신을 믿으므로 국읍(國邑)에서는 각기 한 사람을 뽑아 천신에 대한 제사를 주관하게 하였는데 천군이라 부른다. 또 이들 여러 나라에는 각각 별읍이 있는데 이것을 소도라 한다. 큰 나무를 세우고 거기에 방울과 북을 매달아 놓고 귀신을 섬긴다. 사방에서 도망해 온 사람들은 모두 여기에 모여 돌아가지 않는다. 그들이 소도를 세운 뜻은 마치 부도(浮屠)를 세운 것과 같으나 그 행해진 바의 선악은 달랐다.

16 『후한서』 한전 여러 나라의 고을에는 각각 한 사람이 천신에게 지내는 제사를 주관한다. 이 사람을 천군이라고 부르고, 또 소도를 세운다. 큰 나무를 세우고 거기에 방울과 북을 매달아 놓고 귀신을 섬긴다.

둘째, 최치원의 주장으로 진한은 원래 연나라 사람이 피난 와서 생겼다는 주장으로 연나라에 있던 탁수(涿水) 이름을 따서 그들이 사는 읍과 마을을 사탁, 점탁으로 불렀다고 하였다.『삼국유사』도 진한(辰韓) 유민들은 연(燕)나라 탁수 유역에서 이주해 왔다고 하였다. 연(燕)나라 탁수가 흐르던 지역은 지금 하북성 탁주시 옆을 흐르는 옛 탁수였던 북거마하(北拒馬河) 유역이었다.

셋째,『삼국사기』신라본기 기록으로, 여기에서는 조선의 유민이 산과 계곡에 나누어 살면서 6촌을 이루었다고 기록되어 있다.

세 가지 주장을 종합해 보면, 전국시대 연나라가 멸망하자 연나라 백성이 먼저 탈출했고, 이후 만리장성의 노역을 견디지 못해 진(秦)나라 백성이 한(韓)으로 도망갔다. 이렇게 유민들이 몰려들자, 마한 왕은 국경에서 멀리 떨어진 동쪽 끝의 진한에 가서 조선의 유민과 함께 살도록 조치한 것으로 보인다. 산서성과 하북성 등에서 만리장성을 쌓는 노역을 하던 사람들이 이를 피하여 멀리 한반도까지 피난을 갈 수 없다. 이런 기록으로 보더라도 삼한은 중국 하북성에 있어야 한다.

3) 변한

변한은『삼국지』와『후한서』에는 변진이라고 기록되어 있다. 진한과 변진은 지역적인 경계로 구분되지 않고 전체적인 문화 기반이 같은 것으로 나타난다.

『삼국지』위지 동이전에는 변진, 진한 24국을 나누지 않고 함께 수록하였다. 즉 변진한은 모두 24국이고, 큰 나라는 4~5천 가(家), 작은 나라는 6~7백 가이며 모두 4~5만 호이고, 변진과 진한은 잡거(雜居)를 하였고, 언어, 계율과 법속(法俗, 세속생활), 의식주 생활이 같고, 다만 제사 풍속만이 다르다고 하였다.『후한서』에 따르면, 변진은 남쪽에 있고, 마한은 서쪽에 있고, 진한은 동쪽에 있다고 하였다.『통전』[17]에서도 변진은 진한과 섞여 살며, 성곽과 의복이 모두 같고, 언어와 풍속도 같다고 한다.

요약하면 삼한은 기원전 194년 고조선에서 쫓겨난 준왕이 마한에 자리를 잡아 왕에 오른 이후 마한, 진한, 변한 등에 건국된 소국들을 아우르는 개념이다. 삼한은 완전한 고대국가라기보다는 성읍 혹은 읍락 국가들의 연맹체에 가까운 형태였다고 보는 시각이 일반적이다. 마한의 경우 영역이 넓었고 목지국 같은 맹주 국가가 있었지만, 소국들은 연맹체로 존속하거나 서로 세력을 넓혔던 것으로 보인다.

광개토대왕비에서 내가 몸소 다니며 약취(略取)해 온 한인과 예인들만을 데려다가 무덤을 수호하고 소제하게 하라는 구절로 보아 삼한인과 예족의 동예, 맥족의 고구려를 서로 구분하고 있음을 알 수 있다. 또한 부여융 묘지명을 보면, 공은 어려서부터 남다른 모습

---

17 『통전』 변진은 진한과 함께 섞여 살았다. 역시 성곽(城郭)도 있었다(弁辰與辰韓雜居 亦有城郭).
의복(衣服)이나 거처(居處)도 진한과 같았다. 언어와 풍속도 서로 같았다. 귀신에게 제사 지내는 것은 다른 데가 있었다. 부엌을 만들었는데 모두 집의 서쪽에 있었다(衣服居處與辰韓同 言語風俗相似 祠祭鬼神有異 施竈皆在戶西).

을 보였고, 일찍부터 뛰어난 용모를 지녔으니, 그 기세가 삼한을 압도하였고, 그 이름이 양맥(兩貊)에 드날렸다는 구절이 있는데, 역시 삼한과 함께 예맥을 따로 구분했다. 양맥은 두 맥족이라는 뜻으로 백제와 고구려를 뜻한다.

　삼국 중에서 신라는 맥족이 아니라 한(韓)족 계통이었다. 그리고 신라는 양맥 계통인 고구려와 백제를 멸망시키고 삼한일통의 대업을 완성한다.『삼국사기』신문왕 12년 조 기사에는 생전에 어진 신하 김유신을 얻어 한마음으로 정치를 하여 삼한을 통일하였으니, 그의 공업이 크지 않다고 할 수 없다고 기록하였다. 마한을 고구려가 점령했고, 변한을 백제가 차지하였기에 삼국통일이 아니라 삼한일통으로 불렀다고 보인다.

3부 부여

7장 부여의 기원과 건국신화
8장 부여, 북부여, 동부여
9장 부여, 고대국가의 성립과 발전

7장 부여의 기원과 건국 신화

부여는 수준 높은 철제 무기를 사용한 군사 강국이었고, 동시에 반농반목의 경제로 농사와 목축을 병행하였지만, 본질은 기마민족으로 집마다 모두 갑옷과 무기가 있었다. 또한 부여는 은나라 역법을 사용하였으며, 궁궐과 성책 등 발전된 제도와 조직을 가졌었다. 부여 신분 계급은 왕(王), 4가(四加)와 대사(大使), 사자(使者) 등의 지배층과 하호(下戶)라고 불리는 농노, 노예로 구성된 피지배 계급으로 나뉘었다. 가장 높은 관리의 이름에 가축 이름을 붙였는데 이른바 4가로 마가(말), 우가(소), 저가(돼지), 구가(개)라고 했다. 가(加)는 대인이라는 호칭이다. 국도(國道)만 왕이 직접 지배하였고, 4가(四加)는 국왕의 통솔을 받으면서 강역을 4개로 나누어 사출도(四出道)를 다스렸다. 4가는 호족과 하호들을 영솔하며 자기 영역에서 왕과 다름없는 존재였으며 왕이 정치를 잘못하면 4가들이 쫓아낼 수 있었다. 적의 침입이 있을 때는 4가가 친히 출전하고, 하호는 군역과 군량을 부담했다.

부여는 맥족과 예족으로 구성되었다. 맥족과 예족은 본래 다른 족속이었지만, 차이를 구별하기가 어려웠다. 맥은 선진 시기의 문헌에 빈번히 나오는데 특히 전국시대는 흉노와 더불어 중국 북방에서 활동하였음을 알 수 있다. 맥은 호맥, 만맥, 이맥 등의 용례에서 볼 수 있듯이 호(胡), 만(蠻), 이(夷) 등과 같이 사용되었다. 반면에 예(濊)는 선진 시기 문헌에 몇 차례 나오고, 거주지에 대해서는 언급이 없다. 한무제 때 편찬된 『회남자』에 흉노가 예(濊)의 가죽옷을 생산한다는 구절이 있어 흉노 인근으로 고조선 서북부 지역에 있었다고 추론할 수 있다. 이후 고조선 말기에는 낙랑 남부에서 예군(濊君) 남려(南閭)의 세력이 등장하고 있다.

사서에서 대표적으로 맥족이 세운 국가는 부여, 고구려, 백제, 발해 등이었고, 예족이 세운 국가는 예국과 동예였다. 고구려의 지배 종족이 맥족이었다는 사실은 광개토태왕 비문의 수묘인(守墓人) 호구에 대한 부분에서 새로 들어온 한(韓)과 예(濊)에 대한 구절로 알 수 있다. 발해의 시조 대조영도 발해는 부여, 옥저, 변한, 조선과 주변 땅을 완전히 장악했다고 하여 부여를 오랜 조상의 나라로 보았다. 북송 시대 편찬된 『무경총요』도 발해가 부여에서 떨어져 나온 집단이었다고 말하고 있어, 발해도 고구려와 백제처럼 맥족 계통인 부여에서 갈라져 나온 것으로 보았다.

1. 부여의 건국 시기

부여 건국에 관하여 『논형』을 보면, 북이(北夷) 고리국(槀離國) 출신 동명(東明)이 남하해 세운 국가가 부여이며, 부여가 세워지기 전 그 지역에는 예인(濊人)이 살았다고 하였다. 고리국은 탁리국(槖離國) 혹은 색리국(索離國)이라고도 부른다. 그렇다면 부여 지배층은 맥족으로 예족의 땅에 침입하여 건국했다고 볼 수 있다.

부여는 고조선의 뒤를 이어 우리 역사상 두 번째 고대국가였다. 부여는 중국 문헌에서는 부여(夫餘), 한국 문헌에서는 주로 부여(扶餘)로 표기된다. 단재 신채호는 주동력이 되는 종족을 주족(主族)으로 보고, 주변의 종족은 객족(客族)으로 보았다. 그러면서 기존의 기자조선, 마한, 신라로 이어지는 삼한 정통론을 부정하고, 부여주족론(扶餘主族論)을 제기하였다. 신채호는 한마디로 우리 민족사를 부여족이 성하고 쇠퇴하고 사라지고 커지는 성쇠소장(盛衰消長)의 역사라고 말하였다.

중국에서 선진 시대[1]는 전설상의 삼황오제 시대와 하(夏)나라, 상(商)나라, 주(周)나라를 포함한다. 고대 전설상의 삼황은 복희씨(伏羲氏), 신농씨(神農氏), 황제(黃帝)[2]이다. 그런데 중국 한족이 시조로 받

---

1 **선진 시대** 선진시대는 진(秦)시황의 중국 통일 이전의 시기를 통틀어 일컫는 것으로, 중국 문명이 발생한 이래 하, 상, 주의 3개 왕조와 춘추전국시대까지를 포함한다. 기원전 21세기부터 천하를 통일한 기원전 221년까지이다. 하나라는 기원전 2070년, 상나라는 기원전 1600년, 주나라는 무왕이 상나라를 멸망시킨 기원전 1046년 건국되었다고 한다. - 출처: 위키백과
2 **복희씨** 팔괘(八卦)를 창시하여 점술과 우주를 이해하는 방법을 전파했다고 하며 사람들에게 어업과 사냥을 가르쳤다고 한다.
  * **신농씨** 중국 전설에서 농업의 신으로, 인류에게 농사짓는 법을 가르친 인물이며 곡식 재배법과 약초를 사용하는 법을 전파했다고 한다.

드는 황제보다도 앞선 시기에 동양 인류의 시조라 해도 과언이 아닌 복희씨가 있었다. 복희(伏羲) 시대는 씨족사회였다. 공자는 황제 이전에 신농씨가 있었고 신농씨 이전에 복희씨가 있었다고 말했다. 중국에서 복희를 한족의 시조로 보지 않았기 때문에 사마천이 쓴 『사기』는 황제로부터 시작된다.

그리고 황제의 대를 이은 다섯 사람의 성천자(聖天子)를 오제(五帝)3라고 부른다. 즉 중국 고대의 이상적인 통치자로 소호(少昊) 금천, 전욱(顓頊) 고양, 제곡(帝嚳) 고신, 제요(帝堯) 도당, 제순(帝舜) 유우이다. 그런데 요(堯) 임금 때 홍수가 자주 일어나 백성들이 고통받는 일이 잦자 곤(鯀)4에 치수(治水)의 임무를 명하였으나 실패하고

---

* **황제** 중화 문명의 창시자로 여겨지며, 치수 사업을 통해 홍수를 다스리고, 문자, 달력, 의학, 음악 등 다양한 문화를 발전시켰다 한다.

3 오제
  * **소호** 음악과 예술을 중시하고, 천문학과 음악을 발전시켰으며 주로 동쪽을 다스렸다고 한다.
  * **전욱** 황제의 손자로 법과 도덕을 중시하여 통치했으며, 덕을 베풀며 다스렸다고 한다.
  * **제곡** 전욱의 후계자로, 황제의 후손이며 농업과 교육을 중시했으며 제요와 제순의 통치에 큰 영향을 미친 인물이라 한다.
  * **제요** 가장 위대한 성군으로 꼽히며, 후계자로 덕 있는 사람을 직접 찾아 제순을 후계자로 삼았다.
  * **제순** 제요의 뒤를 이은 성군으로 그의 덕과 지혜로 인해 제요에 발탁되었다.

4 곤(鯀) 『사기』에 의하면 아버지는 전욱이고 하나라의 우가 자식이다. 황하의 범람이 그치지 않았기 때문에 요 임금은 곤에게 치수를 맡겼으나 9년이 지나도 범람이 진정되지 않았기 때문에, 곤을 대신해 순을 등용했다. 이 치적으로 임금이 된 순은 사람들이 곤을 죽인 것이 아닌가 의심했

만다. 다시 순(舜)임금 때 곤(鯀) 아들 우에 치수를 맡겨 성공한다. 순임금이 우(禹)의 업적과 사람됨에 감복하여 자리를 선양하였고, 순이 죽은 후 우가 제위에 올랐다.

제우(帝禹)는 중국 최초의 왕조인 하(夏, 기원전 2,070년경)나라를 세웠고 이로부터 중국을 화하(華夏)라고 일컫게 되었다. 우는 구주(九州)를 개통했고, 구산(九山)과 구천(九川)까지도 개통하였다. 우임금의 아들 계(啓)가 이어받아 왕조를 건립하였다. 이때부터 선양제(禪讓制)가 없어지고 상속제(相續制)에 의한 최초의 왕조가 출현하였다고 한다. 하나라는 기원전 21세기에서 기원전 16세기까지 이어졌다. 하나라가 실재했다면 산서성 남서부를 중심으로 하는 황토대지(黃土臺地)에 있었을 가능성이 높다.

발굴된 유물로 왕조의 실재성이 온전하게 인정되는 나라는 기원전 16세기 하남성 지역에서 건국했던 상나라이다. 사서에 따르면 하나라 마지막 걸왕(桀王)을 물리친 성탕(成湯)이 상나라를 건국했다. 상나라는 약 1,700m 토벽으로 둘러싸인 정주(鄭州)를 중심으로 하여 도시국가를 형성하였고, 성문 밖에는 청동기, 도기(陶器), 골기(骨器)를 만드는 공장과 주거가 발굴되었다. 상나라는 여러 번 천도하는데 중기 도읍으로 박(亳), 이후 은허로 천도하였고, 여기서 귀갑, 우골에 새겨진 점복문(占卜文), 즉 갑골문자의 기사(記事), 궁전, 능묘의 유적과 유물이 발견되었다. 20세기에 들어서 은허(殷墟)의

으므로 순임금은 곤의 아들인 우에게 곤의 사업을 계승하게 했다. 이후 아들인 우가 하나라의 왕으로 즉위했다 한다. – 출처: 위키백과

발굴이 진행됨에 따라서 상(商)나라는 화북(華北)에 군림하였던 실재 왕조였음이 판명되었다. 상족들은 은을 도시 이름으로만 쓰고, 부족 이름은 상(商)이라 했다. 갑골문에서 상족 조상들은 삼황오제에 들어가는 제곡 고신씨까지 거슬러 올라간다. 이후 기원전 11세기 섬서성에서 세력을 키운 화하족의 주(周)나라는 하남성에 있던 동이 계통의 상나라를 멸망시키고, 이어서 산동성에 있었던 토착 동이 세력을 공격하였다. 주나라 조상은 상나라와 다르게 황제 계통으로 보는데, 황제 헌원부터 서주 초대 군주인 무왕까지 총 19대에 불과하다.

부여 관련 기록은 선진 시대의 문헌으로 『일주서』, 『논어주소(論語注疏)』, 『죽서기년』, 『상서대전』, 『논어』, 『산해경』 등에 나온다. 즉 부여라는 이름은 『산해경』은 불여(不與), 『일주서(逸週書)』는 부루(符婁), 『논어주소』는 부유(鳧臾), 『상서대전』과 『사기』는 부여 등으로 나타나고 있다.

첫째, 『산해경』 대황북경(大荒北經)[5]에서 호(胡)에 불여국(不與國)이 있다고 하였다. 『산해경』은 요순시대에 나온 책으로 동양 최고(最古)의 지리서이다. 치수 사업을 벌이는 과정에서 얻은 지식을 엮어서 만들었다고 전해진다. 즉 치수 사업을 벌이게 되면서 이전에는 가보지 못했던 강의 상류와 하류 지역까지 그곳의 풍토와 다양

---

5 『산해경』 대황북경 호에 불여국이 있는데 성이 열(烈)이며 기장을 먹는다 (有胡不與之國 烈姓 黍食).

한 산물을 보게 되었다. 이런 탐사와 여러 나라 사람들과 교류하게 되면서 그곳의 지리, 신화, 전설 등을 보고 듣고 기록해 놓은 것들이 모여 『산해경』이 되었다.

둘째, 『시경』 노송(魯頌)⁶에서 부여 관련 명칭이 나온다. 노송이란 서주시대에 동이족을 몰아내고 노나라를 세운 주공(周公)을 칭송하기 위해 자손들이 쓴 글이다. 노송에 나타나는 부(鳧), 역(繹), 서국(徐國), 회이(淮夷), 만맥, 남이는 노나라 건국 당시 산동성, 강소성 일대에 분포해 있던 동이족을 가리킨다. 특히 부(鳧)는 구이의 다섯 번째인 부유를 말한다. 그런데 『논어』 자한(子罕) 편에서 구이의 다섯 번째인 부유가 바로 부여라는 내용이 나온다. 부유는 원래 산동성 임기(臨沂) 일대에 있었고, 부유(浮楡) 혹은 어여(於余)라고도 하였다.

남북조시대 고야왕(顧野王, 519~581년)이 편찬한 지리서인 『여지지(輿地志)』⁷에 복희씨 활동무대가 부유 발원지인 부산⁸이었다는 기록은 중요한 의미가 있다. 중국인이 한족의 시조로 받드는 황제보

---

6 『시경』 노송 부산(鳧山)과 역산(繹山)을 차지하고 마침내 서국의 영토를 짓밟아 해방(海邦)에 이르렀다. 회이, 만맥, 남이가 따르지 않는 이가 없었고, 감히 응하지 않는 이가 없어서 노후(魯侯)에 순종했다(保有鳧繹 遂荒徐宅 至于海邦 淮夷蠻貊 及彼南夷 莫不率從 莫敢不諾 魯侯是若).

7 『여지지』 부산은 추현(鄒縣)에 있다. 살피건대, 어태(魚台) 지방의 지형이 마치 오리가 날아가는 모양과 비슷하다. 세상에서는 복희가 이곳에서 팔괘를 그었다고 한다.

  * 『여지지』는 중국 최초의 공식 지리지로, 남북조시대 북위(北魏) 효문제(孝文帝) 때 고야왕(高揮王)이 513년경에 편찬했다. 여지(輿地)는 땅의 정보를 수레에 담듯이 정리했다는 뜻이고, 도서(圖書)는 지도와 지리서라는 의미다. 또한 고야왕은 543년에 부수별 한자 사전인 옥편을 편찬했다.

다도 훨씬 앞선 시기에 동이족 시조인 복희씨가 있었고, 활동무대는 다름 아닌 부여의 발원지 부산이었다는 기록은 매우 중요한 의미가 있다.

셋째, 『상서대전』9을 보면 주나라 무왕 시대에 처음으로 부여 이름이 나온다. 주 무왕이 상(商)나라를 멸망시키던 기원전 1046년경 동쪽에 부여가 있었다. 분명하게 부여가 기원전 11세기 이전에 존재했음을 입증한다. 또한 『상서대전』에서는 해동(海東) 제족(諸族)이 부여를 따른다고 하여 부여가 동북아의 막강한 제국으로 존재했음을 기록하고 있다. 당시 해동의 여러 이(夷)에는 구려(駒麗), 부여, 한(馯), 맥의 족속이 있었다. 특히 부여와 조선이 나오는 시기가 겹쳐서 나타난다. 즉 기자가 도망해서 조선으로 갔다는 기록과 동시에 나온다.

---

8 부산 원화지(元和志)에 따르면 부산이 추현 동남쪽 28리에 있다. 지금 산동성 추성(鄒城)에서 멀지 않은 미산호(微山湖) 부근에 부산이 있었으며, 이곳에 복희의 사당을 비롯한 유적들이 집중해 있다. 이런 유적은 부산이 복희씨의 주요 활동무대로 동이 문화의 발상지 가운데 하나였고, 동이족인 부유의 근거지였음을 말해주고 있다.

9 『상서대전(尙書大典)』 주 무왕이 상나라를 무찔렀을 때 해동의 모든 오랑캐는 부여에 속해 있으며, 이들 모두와 길을 통하였다(武王克商 海東諸夷 夫餘之屬 皆通道焉).

* 『상서대전』은 진(秦) 말기 때 복생(伏生)이 지은 중국에서 가장 오래된 사서이다. 한나라가 천하를 통일하고 효문제가 복생을 찾았을 때 이미 90세였다. 효문제 재위가 기원전 179년부터 기원전 165년이니 거기서 90년을 소급하면, 기원전 269년부터 255년 사이가 복생의 출생 연도가 된다.

선진 시대 문헌을 보면 부여 건국 시기가 우리가 생각하고 것보다 훨씬 이전 시기로 나타난다. 이런 기록은 역사적으로 고증할 수 있는 시대를 넘어서기는 하지만 기원전 3세기 진(秦)나라 이전 한족(漢族)들이 부여라는 나라에 관해서 분명하게 인식하고 있음을 알 수 있고, 『상서대전』에는 구체적으로 주 무왕 시기에 분명히 부여가 존재했다는 기록이 있다. 통설에서 부여 건국 시기는 최소한 기원전 2세기 이전으로 보고 있다. 하지만 『상서대전』뿐만 아니라 『산해경』, 『사기』화식열전 등에도 부여가 언급되는 점으로 볼 때 건국 시기는 주 무왕 시기인 기원전 1046년경 이전으로 보는 것이 타당하다.

2. 부여 건국 위치

별개의 나라로 존재했던 예(濊)와 맥은 세월이 지나면서 차츰 융합하여 어느 시점에는 예맥으로 불리게 되었다고 보인다. 그래서 『한서』 주석에서 안사고는 예(濊)와 예(穢)는 같다고 하였고, 장안은 예(濊)는 맥이라 하였다. 『사기색은』도 맥은 예(濊)라고 주석하여 이 시기에는 통합된 것으로 보았다.

그런데 고조선 서북부에서 예족(濊族)과 맥족(貊族)의 결합이 되었다는 것을 짐작할 수 있는 근거는 『사기』에서 흉노가 상곡(上谷)에서 동호를 격파하고 예맥, 조선과 접하였다는 기록이 있기 때문이다. 당시 상곡 위치가 고조선 서쪽에 해당한다. 이에 따라 상곡

북쪽에서 예맥의 결합이 이루어졌고, 이 지역이 부여가 처음으로 세워진 건국지였다고 보인다. 상곡은 진(秦)나라가 조(趙)나라 공자(公子)였던 가(嘉)가 세운 대(代)를 멸하고, 그곳에 처음으로 군(郡)을 설치했다. 이후 상곡군(上谷郡)은 한나라의 최전방 지역이었고, 속현이었던 조양현(造陽縣)은 중요한 요새였다.

사마천이 지은 『사기』에는 조양(造陽)이 기록되어 있는데, 조양은 한나라 상곡군에 속한다고 하였다. 그런데 『한서』 지리지(地理志) 상곡군 조에는 뜻밖에도 조양현이 나오지 않고, 단지 저양(沮陽)이란 지명만 나온다. 즉 한나라 동북방 최전방 지역인 상곡군의 15현 중 하나로 요새였던 조양현의 당시 지명은 저양현(沮陽縣)이었다.

『한서』 지리지에 따르면 상곡군은 진(秦)나라에서 처음 설치했고, 15개 현(縣)이 있다고 하였다. 즉 조양현(沮陽縣), 천상현(泉上縣), 반현(潘縣), 군도현(軍都縣), 거용현(居庸縣), 구무현(雊瞀縣), 이여현(夷輿縣), 영현(寧縣), 창평현(昌平縣), 광녕현(廣寧縣), 탁록현(涿鹿縣), 차거현(且居縣), 여현(茹縣), 여기현(女祈縣), 하락현(下落縣) 등이다.

사마천은 『사기』에서 연나라 장성 서단이 조양이고, 동단이 양평이라고 하였다. 당시 연나라는 외적에 대비하기 위해 2개의 장성을 쌓았다. 즉 소왕(昭王) 이전의 연장성(燕長城)과 소왕 때 만든 진개(秦開)의 연장성(燕長城)으로 일명 연진(燕秦) 장성이다. 진개의 연장성은 전국시대 말기에 수축한 장성으로 가장 중요한 사료는 『사기』 흉노열전[10]이다. 이에 따르면, 연나라가 조양에서 양평까지 장성을

---

10 『사기』 흉노열전 그 후 연나라에 현명한 장수 진개가 있어 호(胡)에 볼모

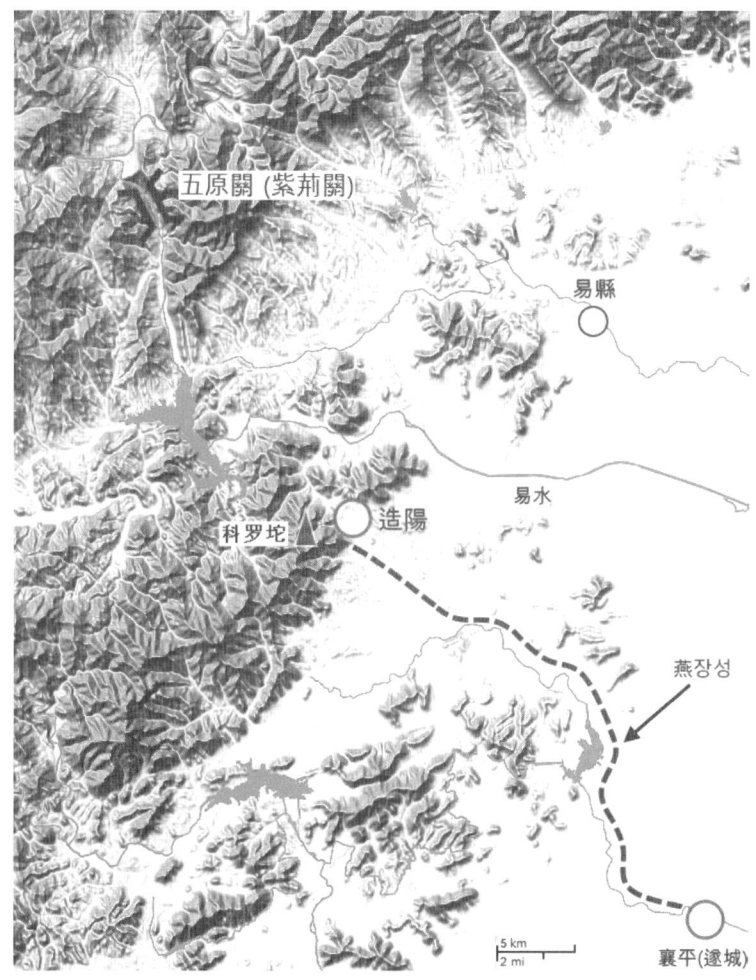

상곡군 조양(造陽)현 위치

연 북장성의 서단 조양 위치는 지금 보정시 역현 자형관 일대이다. 하북성 역현 서쪽 40km 지점에 위치한 자형관은 거용관(居庸關)과 도마관 사이에 있으며, 함께 내삼관 이라 불린다. 또 자형관에 인접한 과라타 봉우리는 이른바 역수장성의 서북 기점이 다. - 출처: "진개 연장성의 기점 조양은 하북성 보정시 역현의 자형관 일대에 있었다." 2019.6.21. 15:14 〈지구인의 고대사공부방〉 https://earthlin9.tistory.com/10
* 오원관(五原關) 자형관(紫荊關)역현(易縣) 역수(易水) 과라타(科羅扢) 양평(襄平)

3부 부여 **259**

쌓았으며, 상곡, 어양, 우북평, 요서, 요동군 등 5군을 설치하여 동호를 막았다고 하였다. 『태평환우기』[11]도 『사기』를 인용하여, 연 장성 주경(走俓)은 조양에서 시작해서 양평에 이르렀다는 기록이 있다. 또한 『전한서』[12]에서 구체적으로 조양은 상곡 변경에 있고, 양평은 요동에 있다고 하였다.

『중국고금지명대사전(中国古今地名大辞典)』[13]에서 상곡이 옛 보정, 역주(易州), 선화(宣化)라고 하였다. 따라서 상곡은 지금 하북성 보정 북쪽에 있는 역현 지역으로 진한 시대에는 상곡군 영역이었다.

상곡 변경에 있었던 조양은 진개가 동호를 막기 위하여 소왕 때 쌓았다고 전해지는 연장성 서쪽 기점으로 위치하는 지금 보정시 역

로 갔는데 호가 매우 신임했다. 돌아와 동호를 습격해 격파하니 동호가 천여 리를 물러났다. 형가와 함께 진시황을 암살하려 했던 진무양이 진개 손자이다. 연나라는 또한 장성을 쌓았는데, 조양에서 양평까지이다. 상곡, 어양, 우북평, 요서, 요동군을 설치하여 (동)호를 막았다(其後燕有賢將秦開 爲質於胡 胡甚信之 歸而襲破走東胡 東胡卻千餘里 與荊軻刺秦王秦舞陽者 開之孫也 燕亦築長城 自造陽至襄平 置上谷 漁陽 右北平 遼西 遼東郡以拒胡).

11 『태평환우기』『사기』에 이르기를 연나라가 장성을 쌓았는데 조양에서 양평까지 이르렀다. 조양은 즉 연나라 지명이다(燕長城 史記云 燕築長城自造陽至襄平 造陽即燕之地名).

12 『전한서』(안)사고가 말하기를 조양은 지명으로 상곡 변경에 있고 양평은 즉 요동의 치소이다(師古曰 造陽地名在上谷界 襄平即遼東所治也).

13 『중국고금지명대사전(中国古今地名大辞典)』 전국 시기 조(趙)나라의 공자 가(嘉)가 스스로 대(代)왕이 되어 군사를 상곡에 주둔시켰다. 진나라가 대(代)를 멸하고 상곡군을 설치하였다. 옛 보정(保定), 역주(易州), 선화(宣化)이다. 순천(順天)과 하간의 일부에 미친다. 모두 다 그 지경이다(戰國時 趙公子嘉自立爲代王 軍上谷 秦滅代 置上谷郡 舊保定 易州 宣化 及順天河間之一部 皆其境).

현 자형관 일대이다. 자형관(紫荊關)은 하북성 역현 서쪽 40km 지점의 자형재 위에 있다. 자형관은 기원전 239년 진나라 여불위가 편찬한 『여씨춘추』[14]에서 천하구새(天下九塞) 가운데 하나인 형원(荊阮)으로 문헌상에 처음 등장한다. 그리고 자형관 협로가 역현 당호진 인의장(仁義庄)의 과라타 바로 앞까지 이어진 것으로 보아 애초에 군사적 요충지였음이 분명하다. 『바이두 백과』[15]를 보면 자형관은 거용관과 도마관 사이에 있으며, 함께 내삼관(內三關)이라 불린다.

우리 사학계는 조양 위치에 대하여 대체로 지금의 하북성 장가구(張家口) 일대인 것으로 의견이 수렴한다. 하지만 『사기』에서 기록한 조양 위치는 장가구에서 동남쪽으로 한참을 내려온 보정시 서북부 역현 자형관 일대라는 점에서 학계의 견해와 많은 차이가 있다.

3. 부여의 건국 신화

건국 신화는 국가라는 형태의 기원을 내포한다는 특성을 가지며,

---

14 『여씨춘추』 어떤 곳이 구새(九塞)인가. 대분, 명액, 형원, 방성, 효, 정형, 영자, 구주, 거용이다(何謂九塞 大汾 冥阨 荊阮 方城 殽 井陘 令疵 句注 居庸).
15 『바이두 백과』 명대(明代)로부터 현재까지 하북성 경내 내장성 언저리의 거용관(居庸關), 자형관, 도마관 등 3관문이 내삼관을 이루었다(明代時以現今 河北省境內 沿內長城 一路的 居庸關 紫荊關 倒馬關 三關為內三關).

신화의 발전 단계로 보면 여러 신화 중에서 가장 나중에 나타난 형태라 할 수 있다. 또한 건국 신화는 나라를 처음 세운 왕과 서로 뗄 수 없는 관계가 있으므로 건국 시조 신화라고도 할 수 있다. 우리나라에서는 고조선의 건국 신화를 비롯하여 북부여, 동부여, 고구려, 백제, 신라 및 가락의 건국 신화 등이 이에 해당한다.

우리나라에서 부여 관련 사서로 『삼국유사』, 『제왕운기』 등이 있다. 『삼국유사』에서 건국 시조가 북부여는 해모수(解慕漱), 동부여는 해부루(解夫婁)로 각각 기록되어 있다. 문제는 우리 사서와 중국 사서에 전하는 부여 건국 시조 기록이 전혀 다르다는 점이다.

진한(秦漢) 이후 부여가 기록된 대표적인 사서로 『논형』, 『위략』, 『후한서』, 『삼국지』, 『진서』, 『양서』, 『북사(北史)』, 『자치통감』 등이 있다. 이상하게 중국의 사서는 『삼국유사』에 나오는 해모수와 해부루 관련 기록은 없고 오직 동명 신화만 나온다. 즉 『논형』, 『삼국지』, 『후한서』 등은 부여 건국 신화로 동명 신화를 전하고 있다. 그리고 고구려와 백제의 출자를 밝히는 과정에서 동명 신화를 전하는 『양서』 고구려전, 『수서(隋書)』, 『북사』 백제전 등도 있다. 본래는 고구려와 백제 시조를 밝히는 내용으로 동명 신화를 독자적으로 채록하여 전하는 것이 아니라 부여로부터 비롯된 국가라는 인식으로 덧붙여 기록하고 있다.

1) 부여 건국 시조는 동명

중국 사서는 부여의 건국 설화를 동명 신화라고 기록하였다. 동명 신화에 관한 문헌 자료는 두 계통으로 나뉜다. 하나는 부여의 건국 신화로서 동명 신화를 전하는 『논형』 길험편과 『위략』, 『삼국지』와 『후한서』 부여전을 들 수 있고, 또 다른 계통은 고구려와 백제의 출자 계통을 밝히면서 동명 신화를 전하는 사서로 『양서』 고구려전과 『수서』와 『북사』 백제전에 전하는 것이 대표적이다.

주목되는 사실은 중국 측 문헌에서 주몽은 고구려 시조로 나오고 있음에 비해, 동명은 부여 시조로 각각 나타나고 있다는 점이다. 이는 편찬자들이 고구려와 부여 시조를 각기 주몽과 동명으로 구분하여 인식하였음을 보여준다.

이에 따라 중국 사서를 근거로 동명을 부여 전체의 건국 시조로 보는 주장이 있다. 또 다른 주장은 동명을 부여 전체의 건국 시조로 보지 않는데, 동명이 부여의 왕이 된 정확한 시기를 알 수도 없으면서 건국 시조로 보는 것은 성급하다는 이유이다. 하지만 고구려와 백제에서 동명왕 사당을 만들고 제사를 지냈다는 점을 보면 동명을 부여 전체의 건국 시조로 보는 주장이 타당해 보인다.

부여 시조가 동명이라는 근거는 85년경 후한 시대 왕충이 쓴 『논형』 길험편(吉驗篇)[16]에 처음으로 실린 동명왕 신화다. 『논형』 길

---

16 『논형』 길험편 북이 고리국 왕의 시비(侍婢)가 임신하였다. 왕이 죽이려 하니, 시비가 대답하여 말하기를 달걀만한 크기의 기운이 하늘에서 저에게로 와 임신하게 되었습니다. 후에 아들을 낳자, 돼지우리에 던져두었으나, 돼지가 입김을 불어넣으니 죽지 않았다. 다시 마굿간에 두어 말이 밟아 죽이도록 하였으나, 말이 또한 입김을 불어 넣어 죽지 않았다. 왕이 하늘의 아들인가 여겨 그 어미가 거두어 기르도록 하였다. 이름을 동명이라 하고 소와 말을 기르도록 하였다(北夷橐離國王侍婢有娠 王欲殺之 婢對

험편에 실린 동명 신화는 1세기 훨씬 이전에 형성된 신화라는 점을 확인할 수 있다.『논형』길험편과『위략』,『삼국지』,『후한서』에 기록된 동명 신화는 약간의 차이가 나타나지만, 동일한 자료에 의한 것으로 보아도 무방하다.

그런데『양서』고구려전17은 고구려가 부여의 한 갈래임을 전제로 고구려의 출자로서 동명 신화를 기록하였고, 신화 내용은『후한서』내용을 거의 그대로 옮겼다. 이는 고구려의 주몽 신화가 양나라에 직접 전해진 것이 아니라, 고구려가 부여계의 한 갈래라는 인식에 맞추어『양서』를 편찬하는 사관들이『후한서』부여전의 동명 신화를 고구려 출자에 덧붙여 기술한 결과로 볼 수 있다. 하지만

曰 有氣大如雞子 從天而下 我故有娠 後產子 捐於豬溷中 豬以口氣噓之 不死 復徙置馬欄中 欲使馬借殺之 馬復以口氣噓之 不死 王疑以爲天子 令其母收取奴畜之 名東明 令牧牛馬).

동명의 활 솜씨가 뛰어나자 왕은 나라를 빼앗길 것이 두려워 그를 죽이려고 했다. 동명이 남쪽으로 도망가다가 엄체수(掩淲水)에 이르러 활로 물을 치니 물고기와 자라가 떠올라 다리를 만들어 주었고, 동명이 건너자, 물고기와 자라가 흩어져 추적하던 병사들은 건널 수 없었다. 부여에 도읍하여 왕이 되었다. 이것이 북이에 부여국(夫餘國)이 생기게 된 유래이다(東明善射 王恐奪其國也 欲殺之 東明走 南至掩淲水 以弓擊水 魚鼈浮爲橋 東明得渡 魚鼈解散 追兵不得渡 因都王夫餘 故北夷有夫餘國焉).

17 『양서』동이열전 고구려 동명은 이를 밟고 강을 건너 부여에 이르러 왕이 되었다. 그 후손의 한 지파(支派)가 구려의 종족이 되었다. 그 나라는 한 대의 현토군에 있다(東明乘之 得渡 至夫餘 而王焉 其後支別 爲句驪種也 其國漢之玄菟郡也).

요동 동쪽에 있으며, 요동으로부터 천 리 떨어져 있다. 한위(漢魏) 시대에는 남쪽으로 조선, 예맥, 동쪽으로 옥저, 북쪽으로 부여와 인접해 있었다(在遼東之東 去遼東千里 漢魏世 南與朝鮮穢貊 東與沃沮 北與夫餘接).

『수서』와 『북사』 백제전에 실려있는 동명 신화는 『양서』와는 다르다. 두 사서에 보이는 동명 신화는 분명하게 부여 건국자로서 동명 신화를 서술하고 있다. 즉 『수서』와 『북사』의 편찬자들은 백제가 부여의 별종이라는 인식하에 『삼국지』 등에 수록된 부여의 동명 신화를 백제의 시조 전승에 추가하였다.

결론적으로 당나라 초에 편찬되었던 『양서』 고구려전이나 『수서』와 『북사』 백제전의 동명 신화는 앞선 시기의 『삼국지』나 『후한서』의 동명 신화를 그대로 옮긴 것에 불과하고, 삼국지에 인용된 『위략』의 동명 신화도 『논형』 기사와 상통하므로 동명 신화의 기본 자료는 1세기경에 채록된 『논형』의 동명 신화에 근거한다고 볼 수 있다.

2) 북부여 건국 시조 해모수

『삼국유사』는 북부여 건국 시조 해모수를 천제(天帝)라고 하였다. 부여가 천자의 나라였다는 기사를 보면, 부여의 위상이 어떠했는가를 가늠할 수 있다. 중국에서 전국시대까지는 왕을 천자라고 하였고, 진(秦)부터 왕을 황제라고 했다. 해모수는 군주에 대한 존칭으로 단군처럼 지도자를 뜻하는 말이다.

첫째, 『삼국유사』 북부여기[18]에는 북부여(北扶餘) 시조를 천제 해

---

18 『삼국유사』 북부여기 고기(古記)에 이르길, 전한 선제(宣帝) 신작 3년(기원전 58년) 임술 4월 8일 천제가 오룡거(五龍車)를 타고 흘승골성(訖升骨城)에 내려왔는데 대요(大遼) 의주 경계에 있다. 도읍을 세우고, 왕이라 일컬

모수라고 하면서, 해모수가 나라 이름을 북부여라고 지었다고 했다. 그리고 북부여 왕도였던 흘승골성이 요나라 의주 경계에 있다고 하였다. 그러나 『삼국사기』 기록과 비교해서 볼 때 해모수가 북부여라는 국명을 지었다기보다는 기존의 국명을 계승했다는 의미로 보는 것이 타당하고, 또한 『삼국사기』는 『삼국유사』와 다르게 해모수가 자칭 천제자(天帝子), 즉 천제의 아들이라고 하였다. 해모수는 우리말 해머슴을 한자로 음차한 것으로 해의 아들이라는 뜻이다.

『삼국유사』에서 기원전 58년 해모수가 북부여를 건국했다는 기록은 착오로 보인다. 해모수가 아들 해부루를 낳고, 해부루가 다시 금와(金蛙)를 얻고, 금와왕 시대 유화 부인에서 주몽(朱蒙)이 태어나는데 고구려를 건국한 때가 기원전 37년이다. 따라서 사건의 흐름으로 보면 기원전 58년 북부여를 건국할 수는 없는 일이다.

또 다른 오류를 예로 들면, 해모수는 북부여 신화에서는 해부루 아버지이며, 고구려 신화에는 주몽 아버지로 나온다. 『삼국유사』에

으며 국호를 북부여라 하였다(古記云 前漢書宣帝 神爵三年壬戌四月八日 天帝降于訖升骨城 在大遼醫州界 乘五龍車立都稱王 國號北扶餘).

스스로 이름을 해모수라 하고, 아들을 낳아 이름을 부루(夫婁)라 했는데, 해(解)를 씨로 삼았다. 이는 곧 해를 말하는 것으로 태양의 아들, 하늘의 아들이라는 뜻이다(自稱名解慕漱 生子名扶婁 以解爲氏焉).

이후 부루왕은 상제의 명령에 따라 동부여로 도읍을 옮기게 되고, 동명제(東明帝)가 북부여를 이어 일어나 졸본주(卒本州)에 도읍을 세우고 졸본부여가 되었으니 곧 고구려 시조이다(王後因上帝之命移都于東扶餘 東明帝継北扶餘而興立都于卒本州爲卒本扶餘 即高句麗之始).

서 해부루는 해모수 아들이 분명한데 주몽은 해모수 아들인지 아닌지가 분명치 않다. 만약 주몽이 해모수 아들이라면 해부루와 주몽은 형제지간이 된다. 그런데『삼국사기』에서 유화부인(柳花夫人)은 기원전 24년(추모왕 14년) 8월 동부여(東扶餘)에서 죽었는데, 금와(金蛙)는 태후(太后)의 예(禮)로써 장례를 지내고 신묘(神廟)를 세워 주었다. 유화부인이 금와왕에 의해서 태후의 대접을 받았다면 중요한 시사점이 될 수 있다.

유화부인이 금와왕의 태후라면 해부루의 비(妃)가 되는 문제점이 발생하기 때문이다. 고구려에 있어서도 유화는 추모왕의 태후이다. 유화부인은 동부여와 고구려 양쪽에 걸쳐 태후의 자리에 있을 수 있는 인물이라는 추정이 가능해진다. 따라서『삼국유사』북부여 조에서 해부루를 해모수 아들로 기록하였지만, 이 점은 오류일 수밖에 없다.

그래서『삼국사기』와『삼국유사』고구려 조에서 해모수와 해부루는 혈통 관계가 없다는 기록이 타당해 보인다.『삼국유사』기이(紀異) 고구려[19]조를 보면, 상제 즉 하늘을 주재하는 최고의 신이었

---

19 『삼국유사』기이 고구려 기원전 58년 시조 동명성제(東明聖帝)의 성은 고씨(高氏)이고 이름은 주몽이다.
이에 앞서 북부여왕(北扶餘王) 해부루가 이미 동부여로 피해 갔다. 부루가 죽자, 금와가 왕위를 계승하였다. 이때 금와는 태백산 남쪽 우발수(優渤水)에서 어떤 여자를 만나 여기로 온 이유를 물어보았더니, 여자가 말하였다.
저는 하백(河伯)의 딸로 이름은 유화(柳花)라고 합니다. 여러 동생과 놀러 나왔습니다. 그런데 그때 한 남자가 자신을 천제의 아들 해모수라고 말

던 해모수가 내려와 북부여 왕이었던 해부루에게 도읍을 이동하라고 명한다는 기록이 있다. 해부루는 다시 가섭원으로 천도하여 동부여왕이 되었다. 마찬가지로『삼국사기』는 당시 부여의 왕이었던 해부루가 국가를 통치하고 있었는데, 천제자를 자칭하는 세력이 나타나서 땅을 내놓으라고 하여 해부루는 백성들을 이끌고 원래 살던 땅을 천제자 세력에게 내어주고 동쪽의 가섭원으로 옮긴 후 해모수가 도읍하고 새로운 국가를 열었다고 하였다. 해모수를 자칭 천제자라고 기록했다. 그리고 해모수가 북부여 왕성인 해(解) 씨를 사용하면서 북부여를 계승했다고 하였다.

이상한 사실은 고구려 건국 신화를 전하는 가장 오래된 자료인 광개토왕릉비나『위서』에는 해모수가 등장하지 않는다는 점이다. 따라서 해모수 신화는 원래 북부여 건국 신화로 전승되었는데, 고구려가 부여를 병합한 뒤 부여 사람을 무마하기 위하여 고구려의 건국 신화와 재구성한 것으로 보인다.

둘째,『삼국사기』고구려 본기[20]를 보면, 해모수는 태백산 남쪽인

하고는 저를 웅신산(熊神山) 아래 압록강 변에 있는 집으로 유인하였습니다. 거기서 남몰래 정을 통해 놓고는 가서 돌아오지 않았습니다. 부모님께서는 제가 중매도 없이 혼인한 것을 꾸짖으시고는, 마침내 저를 이곳으로 귀양 보내셨습니다.

20 『삼국사기』고구려 본기 부여왕 해부루가 늙도록 아들이 없어서 자식을 얻고자 산천에 제사를 드리러 가다가, 그가 탄 말이 (신비한 연못) 곤연(鯤淵)에 이르러 큰 돌을 보고 눈물을 흘렸다. 왕이 이상하게 여겨 그 돌을 옮기게 하니 금색 개구리(蛙) 모양의 어린아이가 있었다. 하늘이 내게 자식을 내린 것이라고 기뻐하면서 왕이 거두어 길렀다. 이름을 금와라 짓고, 장성하자 태자로 삼았다. 후에 재상 아란불(阿蘭弗)은 하늘이 내게 내

우발수로 나갔다가, 하백녀(河伯女) 유화가 놀러 온 것을 보고, 유화

려와 장차 내 자손에게 이곳에 나라를 세우게 할 것이니 너희는 피하거라. 동쪽 바닷가에 가섭원이라는 땅이 비옥하고 오곡이 잘 자라니 도읍할 만하다고 말하였다. 아란불이 왕에게 권하여 그곳으로 도읍을 옮겨 나라 이름을 동부여라고 하였다(先是 扶餘王解夫婁 老無子 祭山川求嗣 其所御馬至鯤淵 見大石 相對流淚 王怪之 使人轉其石 有小兒 金色蛙形 王喜曰 此乃天賚我令胤乎 乃收而養之 名曰金蛙 及其長 立爲太子 後其相阿蘭弗曰 日者天降我曰 將使吾子孫 立國於此 汝其避之 東海之濱有地 號曰迦葉原 土壤膏腴宜五穀 可都也 阿蘭弗遂勸王 移都於彼 國號東扶餘).

옛 도읍지에는 어디부터 왔는지 알 수 없으나 천제의 아들 해모수라고 자칭하는 사람이 와서 도읍하였다. 해부루가 죽자, 금와가 뒤를 이어 즉위하였다(其舊都有人不知所從來 自稱天帝子解慕漱 來都焉 及解夫婁薨 金蛙嗣位). 이때 태백산 남쪽 우발수에서 한 여인을 발견하고 물으니 대답하기를, 나는 하백의 딸 유화(柳花)입니다. 여러 동생과 노는데, 그때 천제의 아들 해모수라고 하는 자가 나를 웅심산(熊心山) 아래 압록수 가의 집으로 꾀어서 사통하고 돌아오지 않아, 부모가 나를 책망하여 우발수에서 귀양살이하게 되었다고 하였다. 금와는 이상하게 여겨서 유화를 방 안에 가두었는데, 햇빛이 비치어서 몸을 피하였으나 쫓아와 비치었다. 그래서 임신하여 알 하나를 낳았는데 크기가 다섯 되쯤 되었다. 왕이 그 알을 버려 개와 돼지에게 주었는데 모두 먹지 않았고, 길 가운데에 버렸는데 소와 말이 피했다. 이후 들판에 버렸는데 새가 날개로 덮어주었다. 왕이 갈라 버리고자 하였는데 깰 수 없었고 끝내 그 어미에게 돌려주었다. 그 어미는 물건으로 감싸서 따뜻한 곳에 두었는데 한 남자아이가 껍질을 깨고 나왔으니 골격과 겉모습이 영특하였다. 나이 겨우 7세에 총명하고 남달랐으며 스스로 활과 화살을 만들어 쏘았는데 백발백중이었다. 부여의 속어로 활 잘 쏘는 이를 주몽이라고 하므로 그것으로 이름하였다(於是時 得女子於太白山南優渤水 問之 曰我是河伯之女 名柳花 與諸弟出遊 時有一男子 自言天帝子解慕漱 誘我於熊心山下 鴨淥邊室中私之 卽往不返 父母責我無媒而從人 遂謫居優渤水 金蛙異之 幽閉於室中 爲日所炤 引身又避之 日影又逐而炤之 因而有孕 生一卵大如五升許 王棄之與犬豕 皆不食 又棄之路中 牛馬避之 後棄之野 鳥覆翼之 王欲剖之 不能破 遂還其母 其母以物裹之 置於暖處 有一男兒破殼而出 骨表英奇 年甫七歲

를 유인하여 압록변(鴨淥邊)에 있는 자기 집으로 유인해서 관계한 후 추모왕을 낳는다. 그리고 해부루가 곤연에서 아들 금와를 얻게 되는 이야기, 해부루가 재상 아란불의 주청으로 동부여로 옮겨가는 이야기, 금와가 왕이 되고 나서 유화가 낳은 알에서 주몽이 탄생하는 이야기, 주몽의 아버지가 해모수라는 이야기, 주몽이 고구려를 세우는 이야기 등이 나온다. 이후 주몽은 동부여에서 탈출하여 졸본에 이르러 고구려를 세웠다. 이때 나이가 22세이며, 기원전 37년이다.

『삼국사기』에서 해모수와 유화가 관계를 가졌던 압록강의 한자가 『삼국유사』에 기재된 압록강과 다르다. 『삼국사기』에선 압록(鴨淥)으로 기재하였고, 『삼국유사』에선 압록(鴨綠)으로 기재했다.

주몽은 동부여에서 해부루 아들 금와왕(金蛙王)이 즉위한 후에 유화부인이 낳은 알에서 태어났는데, 해모수를 주몽의 아버지로 기록할 뿐 해부루 아버지라는 내용은 없다. 그리고 광개토태왕 비문이나 모두루(牟頭婁) 묘지21 등의 금석문에서 해모수라는 이름은 보

疑然異常 自作弓矢射之 百發百中 扶餘俗語 善射爲朱蒙 故以名云).
21 **모두루** 고구려 광개토왕 때 북부여 수사(守事)를 맡았다. 관등은 대사자(大使者)였다. 모두루의 존재는 1935년 10월에 중국의 길림성(吉林省) 집안현(集安縣)의 동북, 즉 북한의 자강도 만포의 맞은편 언덕인 하양어두(下羊魚頭)에서 발견된 모두루 묘지명에 의하여 비로소 세상에 알려졌다. 묘지명에 의하면 모두루 선조는 북부여 출신으로 동명성왕과 함께 북부여로부터 내려왔으며, 4세기 초에는 대형(大兄) 염모(冉牟)가 크게 활약하여 모두루 일가족을 중흥시켰다고 한다. 묘지명의 문맥으로 보아 염모 이후에 모두루 일족이 왕권에 밀착되어 대대로 중용되었으며 세습적으로 북부여를 지배하였다는 사실을 추정할 수 있다. - 출처: 한국민족문화

이지 않고, 추모왕이 천제의 아들로 나온다는 이유로 해모수를 실존 인물이 아니라 신화에서만 나오는 인물로 보기도 한다.

3) 동부여 건국 시조 해부루

『삼국유사』 동부여22 조에 따르면, 북부여 왕이었던 해부루가 상제의 명에 따라 피난하여 동쪽의 가섭원으로 옮겨가 동부여를 건국하였고, 해부루가 죽은 후 금와가 왕위에 올랐다. 북부여 건국 연도를 『삼국유사』 기록대로 기원전 59년으로 본다면, 동부여에서는 해부루 왕이 건국한 지 1년도 안 되어 죽고, 아들 금와왕이 순식간에 장성하여 동부여 왕위에 오른다. 이것은 모순이며 많은 의문을 남긴다.

북부여왕 해부루가 가섭원으로 천도했고, 이곳이 북부여 두 번째 수도였다. 이후 국호를 동부여로 바꾸고 다시 가섭원에서 북옥저 땅에 있었던 책성(柵城)으로 수도를 옮겼다고 하였다. 책성은 치구

대백과사전
22 『삼국유사』 동부여 북부여왕 해부루의 재상 아란불의 꿈에 천제가 내려와 이렇게 말하였다. 장차 내 자손에게 이곳에 나라를 세우도록 할 것이니, 너는 다른 데로 피해 가라, 동명왕이 장차 일어날 조짐을 말한 것이다 (北扶餘王解夫婁之相阿蘭弗 夢天帝降而謂曰 將使吾子孫立國於此 汝其避之 謂東明將興之兆也).
동해 물가에 가섭원이 있는데, 땅이 기름져 왕도로 삼기에 적당하다. 아란불은 왕에게 권고하여 도읍을 옮기고 국호를 동부여라 하였다(東海之濱 有地名迦葉原 土壤膏 宜立王都阿蘭弗勸王移都於彼 國號東扶餘).

루 혹은 책구루라고 불렀는데 구루는 우리말의 골을 의미하고, 당시 읍성을 부르던 말이었다.

이후 책성은 고구려가 점령하여 초기부터 동북부 요충지로 매우 중요시되었다. 고구려 후기에도 책성에는 최고 지위의 지방관 욕살(褥薩)이 파견되었고 동북부 지방통치의 중심지로서 기능하였다. 욕살은 중국 삼국시대 도독(都督)이나 당나라 시대 절도사(節度使)와 유사한 역할을 담당하였다. 고자묘지(高慈墓誌)에 책성의 욕살로 보이는 고량(高量)이 기록되어 있었다.

『삼국사기』 고구려 본기[23]에는 태조왕(太祖王) 98년(46년)과 102년(50년) 두 차례에 책성 관련 기록이 나온다. 당시 국왕의 순수(巡狩)[24]는 강역 관리라는 고도의 정치적인 행위였다. 특히 태조왕이 책성에 거의 8개월가량 장기간 머물고 있음을 보면 이 지역을 매우 중시했음을 짐작할 수 있다. 또 217년 한나라 평주에서 망명한 하요(夏瑤) 등 1천여 가(家)를 책성에 안치(安置)했다는 기록도 있다. 그래서 435년 장수왕(長壽王) 시대에 고구려를 방문했던 북위 사신 이

---

23 『삼국사기』 고구려 본기 98년(46년) 3월, 왕이 동쪽 책성으로 가는 도중에 책성 서쪽 계산(罽山)에 이르러 흰 사슴을 잡았다. 책성에 도착하여 여러 신하에게 연회를 베풀어 술을 마시면서, 책성 관리들에게 물품을 정도에 따라 하사하고, 그들의 공적을 바위에 새기고 돌아왔다. 10월 왕이 책성에서 돌아왔다(四十六年 春三月 王東巡柵城 至柵城西罽山 獲白鹿 及至柵城 與羣臣宴飮 賜柵城守吏物段有差 遂紀功於岩 乃還 冬十月 王至自柵城).
102년(50년) 8월, 사신을 보내 책성의 백성들을 위무했다(五十年 秋八月 遣使安撫柵城).

24 순수 임금이 나라 안을 두루 살피며 돌아다니던 일.

오(李傲)는 고구려의 동북 영역이 책성을 경계로 하였다고 기록하였다.

『신당서(新唐書)』 발해전(渤海傳)[25]에 따르면, 발해 국토는 5경 15부 62주이다. 숙신의 옛 땅으로 상경(上京)을 삼으니 용천부(龍泉府)이며 용주, 호주, 발주의 3개 주를 다스리고, 남부를 중경(中京)으로 삼으니 현덕부이며 노주, 현주, 철주, 탕주, 영주, 흥주의 6개 주를 다스리고, 예맥의 옛 땅으로 동경을 삼으니 용원부(龍原府) 혹은 책성부(柵城府)라고도 하며 경주, 염주, 목주, 하주의 4개 주를 다스리고, 옥저의 옛 땅으로 남경(南京)을 삼으니 남해부(南海府)이며 옥주, 정주, 초주의 3개 주를 다스리고, 고구려의 옛 땅으로 서경(西京)을 삼으니 압록부(鴨淥府)이며 신주, 환주, 풍주, 정주의 4개 주를 다스린다고 하였다.

예맥의 옛 땅으로 책성부였던 동경용원부(東京龍原府) 속현 염주(鹽州)가 하북성 북경시 동남쪽 무청현(武淸縣)에 있었다는 기록이 있다. 『요사』[26]를 보면 염주는 본래 발해 용하군(龍河郡)이었고, 개주

---

[25] 『신당서』 발해전 예맥의 옛 지역을 동경으로 삼고 부의 이름을 용원부라고 하였다. 또한 책성부라고도 하였는데, 경주(慶州), 염주, 목주(穆州), 하주(賀州)를 관할하였다(濊貊故地爲東京曰龍原府 亦曰柵城府 領慶鹽穆賀四州).

[26] 『요사』 개주(開州)에 진국군(鎭國軍) 절도사를 두었다. 본래 예맥의 땅이다. 고구려가 경주로 하였고, 발해는 동경용원부(東京龍原府)로 하였고 궁전이 있었다. 경주, 염주, 목주, 하주 등 4주 일을 도독하였다(開州 鎭國軍節度 本濊貊地 高麗爲慶州 渤海爲東京龍原府 有宮殿 都督慶鹽穆賀四州事).
염주는 본래 발해 용하군이다. 옛 현(縣)인 해양현(海陽縣), 접해현(接海縣), 격천현(格川縣), 용하현(龍河縣) 4개는 모두 폐지되었다. 호수는 300이다. 개주에 예속되어 있으며, 거리는 140리이다(鹽州 本渤海龍河郡 故縣四 海陽

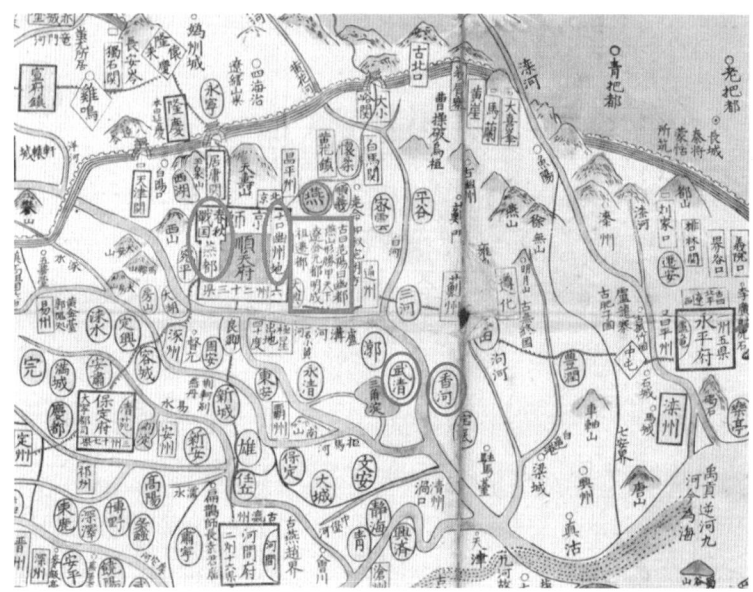

발해 염주성이 있었던 무청현(352쪽 지도 참고)
발해의 동경은 책성부 혹은 동경용원부라 불렸고, 그의 속현 염주는 하북성 북경시 동남쪽 무청현이고 그 동쪽으로 향하현(香河縣)이 있다. 여러 사서를 종합적으로 살펴보면, 해부루가 도읍한 책성은 하북성 무청현, 향하현 일대로 추정된다.
* 무청(武淸) 향하(香河) 풍윤(豊潤)

서쪽 140리에 있다고 하였다. 요나라가 염주 속현 4개를 모두 폐했다고 하는데 실상은 고려에 점령되었던 것으로 보인다. 『고려사』에서 고려가 발해 염주를 차지함에 따라 염주가 안서도호부에 속했다고 하였다.

또 다른 근거로 청나라 고지도를 보면 하북성 무청현에 염성(鹽城)이 그려져 있는데 바로 발해 염주였다. 또한 1678년 청나라 고

接海 格川 龍河 皆廢 戶三百 隸開州 相去一百四十里).

조우(1631~1692)가 편찬한 『독사방여기요』[27]에 따르면 염주성(鹽州城)이 개주 서북쪽에 있었고, 목주성(穆州城)이 개주 서남쪽 120리에 있다고 하였다.

요나라가 회동 원년(938년) 무청, 곽현(漷縣), 통현(通縣)의 일부분을 떼어내어 향하현을 설치했다. 지금 하북성 무청현 동쪽으로 향하현이 있다. 향하현 고성은 일명 천하 제일성인데, 명나라 초기 연왕 주체가 도읍으로 삼기 위해 북경성을 본떠서 개축했고, 청대에 다시 개축했다. 그런데 향하현 고성은 고구려성 특징인 치와 옹성을 가지고 있다. 원래 고구려성의 형태로 지어졌으니, 처음 만든 나라가 고구려라고 생각할 수 있다. 성을 쌓은 다음 붙여서 또 쌓은 이중성 구조인데 수도 혹은 중요한 요충지가 아니면 이런 식으로 성을 쌓지는 않는다.

여러 사서를 종합적으로 살펴보면, 해부루가 도읍한 책성은 하북성 무청현, 향하현 일대로 추정된다. 그런데 동부여 건국지에 대해 많은 이들이 동해만 집착하여 김부식 이래 지금까지 동부여 위치를 고증하는 데에 혼란을 주었다. 통설에서는 동부여를 두만강 유역으로 비정하는데, 두만강 유역에서 동부여의 근거지로 삼을 수 있는 고고학 유물이 전혀 발견되지 않고 있다. 하지만 동해를 중국 관점에서 동쪽 바다로 본다면 상충하지 않는 답이 나올 수 있다.

북부여, 동부여 신화에 당시 부여인의 인식이 얼마나 반영이 되

---

[27] 『독사방여기요』 염주성은 개주 서북쪽에 있다. 요나라 지리서에는 개주에서 140리 거리라고 한다. 발해가 설치했다. 또 목주성이 있는데 개주 서남쪽 120리에 있다. 역시 발해가 설치했다.

었는지 당대 기록이 전혀 없는 상황에서 알기가 어렵다. 그런데도 동부여, 북부여 신화는 『삼국유사』에 전해지고 있다. 하지만 온전히 전해진 형태는 아니었고, 부여와 관련이 깊은 고구려나 백제가 신화를 윤색하고 이 기록을 토대로 지금과 같은 형태로 전해졌을 것이다. 최종 승리국인 신라가 관계가 거의 없는 북부여, 동부여 건국 신화에 개입하여 윤색할 이유는 없다. 물론 고구려가 북부여, 동부여 신화를 기록할 때 추모왕 아버지인 해모수 행적을 정당화시키기 위해 북부여, 동부여 신화를 윤색했을 수 있지만, 국호는 물론 다른 사건에 개입하여 윤색한 흔적은 뚜렷하게 보이지 않는다. 예를 들어 가섭원 천도 과정을 보면, 천제의 예언 운운하면서 해모수의 북부여 점령과 해부루의 가섭원 천도를 정당화시키려는 흔적이 역력하다. 또한 백제도 신화를 윤색했을 가능성이 있겠으나 그런 흔적은 거의 보이지 않는다.

고구려는 적극적으로 부여를 계승했다고 주장하지 않았다. 오히려 북부여를 무너뜨리고, 멸망 직전까지 동부여를 압박했다. 이런 논란에도 불구하고, 부여가 고구려인에게 주는 의미는 남달랐을 것이다. 고구려가 부여 동명의 건국 설화와 닮은 건국 설화를 가지고 있다는 점을 보면 부여로부터 받았을 정신적인 영향력이 잘 드러난다. 따라서 당시 부여인들의 인식이 비교적 온전한 형태로 오늘날까지 전해졌을 가능성이 크다.

여기서 중요한 역사적 사실은 명나라와 조선 초기 국경이 향하현 동쪽에 있었던 연산관(連山關)이라는 점이다. 『조선왕조실록』에서 15세기 중엽까지 조선과 명은 연산(連山)과 파절(把截)을 경계로 삼는다고 하였다.

이에 대한 근거로, 첫째 정도전은 태조 1년(1392) 10월 남경에 갔다가 이듬해 3월 돌아오는 길에 요동 지역의 여진족 우두머리들을 만났다. 정도전이 여진족 장수들을 만나 회유했다는 보고를 받은 명나라 주원장은 조선의 의도를 크게 의심했다. 그래서 국서를 보내 이성계를 협박했다. 이성계는 주원장의 무례한 태도가 불쾌했지만 불과 1년 전 세워진 조선이 명나라와 전쟁을 치를 수는 없다고 판단했다. 그래서 1393년 8월 29일 서북면으로 사람을 파견해 요동에서 도망친 조선 사람 박용(朴龍) 등 122호와 가족 388명을 요동도사에 인도하고, 여진 사람 구을토(仇乙吐) 등 25호와 가족 116명을 명나라 우군도독부에서 파견한 천호 왕씨에 인계했다. 그리고 파절천호(把截千戶) 김완귀도 함께 보냈다.

둘째, 연산관은 아골관(鴉鶻關)으로도 불렀다. 『조선왕조실록(朝鮮王朝實錄)』[28]에 따르면 아골관 남쪽에 애양보(靉陽堡)가 있는데 우

---

[28] 『조선왕조실록』 성종 1년(1470년) 1월 13일, 성절사(聖節使)의 통사(通事) 최유강(崔有江)이 문견사건(聞見事件)을 아뢰기를, 요동부터 우리 국경(國境)에 이르기까지 긴 방어용 담(長墻)을 쌓고 5개 방어 보(堡)를 설치하여 군인(軍人)을 나누어 정해 두고, 또 지휘(指揮)와 도제조(都提調)를 설치하여 장담을 지키게 했습니다(聖節使通事崔有江啓聞見事件曰 自遼東至我國境 築長墻 設五堡 分定軍人 又設指揮及都提調 以守長墻).

첫째 동주보(東州堡)로 요동과 거리는 이틀 길, 수호(守護)하는 군대는 정군(正軍)이 7백 명, 여정(餘丁) 즉 추가 인력이 7백 명이나 되며, 둘째 마근단보(馬根單堡)로 동주보와 거리가 이틀 길, 군사의 수효는 동주보와 같으며, 셋째 청하보(淸河堡)로 마근단보와 거리가 하루 길, 그 군사의 수효는

리 창성(昌城)과 서로 마주 본다고 하였다. 또한 『동국여지승람』
에서 의주(義州) 동쪽 200리에 창성이 있었고, 창성에서 서쪽으로
100리에 아골산(鴉鶻山)이 있다고 하였다.

따라서 아골산이 조선과 명의 경계였고, 아골산 북쪽은 올량합
(兀良哈)이 차지했고, 남쪽은 애양보가 있었다. 또한 올량합은 조선
에 충성했다고 하니 북경 동쪽 풍윤현(豊潤縣) 근처까지 조선의 영
향력 아래 있었다고 볼 수 있다.

청나라 지도를 보면, 풍윤현에 아골산이 있고, 옥전현(玉田縣)에
청하(淸河)가 표기되어 있다. 최부(崔溥)의 『표해록(漂海錄)』29에도 풍
윤현에 아골산이 있고, 그 옆에 성이 있다고 했다. 명사에 나오는
풍윤(豊潤)의 환향하(環香河)와 『표해록』의 환향하(還鄕河)는 한 글자
가 다르지만, 두 개의 강이 같은 강이라는 사실을 알 수 있다.

또한 같으며, 넷째 감양보(瞰陽堡)로 군사의 수효는 또한 같았으며, 다
섯째 애양보로 우리 창성과 서로 마주 보고 있으며, 감양보와 거리가 하
루 길, 수호하는 군대는 정군이 1천 명, 여정이 1천 명이었습니다(二日程
守護正軍七百 餘丁七百 二曰馬根單堡 距東州二日程 軍數與東州同 三曰淸河堡 距馬
根單一日程 其軍數亦同 四曰瞰陽堡 其軍數亦同 五曰靉陽堡 與我國昌城相對 距瞰
陽一日程 守護正軍一千 餘丁一千).

* 성절사는 왕이나 황제의 생일 등 특별한 절기를 축하하기 위해 파견된
사신이고, 통사는 사신을 수행하면서 통역을 담당하거나, 외교 문서 전
달 및 외교적 의사소통을 담당하는 관리이다.

29 최부의 『표해록』 성종 19년(1488년) 4월, 풍윤현을 지났다. 이날은 흐렸
습니다. 일찍 출발하여 경수(涇水)에 이르렀는데, 경수는 또 환향하(還鄕
河)라고도 하며, 하류는 양하(梁河)로 들어갔습니다. 당태종(唐太宗)이 요
동을 정벌하고 돌아올 때 환향하란 이름을 지었다고 전합니다.

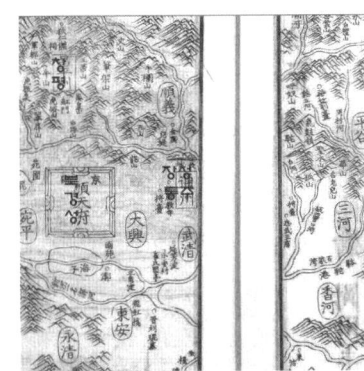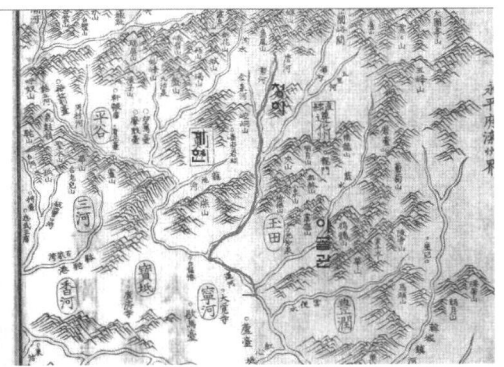

아골관 위치
향하현 동쪽에 연산관 곧 아골관이 있다.

 부여는 한국 고대사에서 원류적 성격을 가지는 국가이다. 부여가 단지 고조선과 더불어 이른 시기에 고대국가를 형성하였다는 의미에서가 아니라, 소위 부여족들의 이동 결과로 고구려와 백제가 등장하였고, 특히 백제는 부여의 계승자임을 대내외적으로 표방하였다는 점이다. 물론 부여와 고구려 및 백제 건국의 주체 세력이 어떠한 연관성이 있는지 아직 불분명한 면이 많이 있다. 하지만 무엇보다도 중요한 정치 이념의 표상인 고구려와 백제의 건국 설화에 부여의 동명 신화가 재현되고 있다는 점은 어떠한 형태로든 고구려와 백제의 지배 세력이 부여와 깊이 연관되어 있음을 보여준다고 할 수 있다.

8장 부여, 북부여, 동부여에 대한 개념

중국 사서인 『한서』, 『후한서』, 『삼국지』, 『논형』에 나오는 부여와 우리 사서인 『삼국사기』와 『삼국유사』에 나오는 해모수가 세운 북부여, 해부루가 세운 동부여 등 마치 세 개의 부여가 있는 것처럼 보여서 부여사를 이해하는 데 혼선을 초래한다. 부여, 북부여, 동부여가 서로 다른 국가인지 아니면 같은 국가인지에 대해서 네 가지 견해가 있다.

첫째 견해는 부여, 북부여, 동부여를 별개의 실체로 보는 주장이다. 먼저 부여가 건국되었고, 건국한 시조를 동명으로 본다. 하지만 동명이 부여를 건국한 시기가 사서에 기록되지 않았기 때문에 건국 시기에는 의문점이 있다. 그리고 부여에서 갈라져 나온 세력이 북부여와 동부여를 건국하여 3개가 별개의 국가라고 본다. 즉 부여 세력 중에서 일부가 북쪽으로 이주하여 북부여를 건국하였고, 북부여로부터 갈라져 나온 세력이 동쪽으로 이동하여 세운 나라가 동부여로 보고 있다. 따라서 북부여가 동쪽으로 이동한 후 국명을 동부여로 바꿨다는 주장은 오류이다.

별개의 실체로 보는 근거를 사서에서 찾아보면, 원래 부여 이른바 동명 부여는 49년 후한과 처음으로 공식 접촉을 시작하였다. 그런데 사서를 보면 동명 부여와 북부여, 동부여는 전한 및 후한 시대에 같이 존재했던 시기가 있으므로 부여와 북부여, 동부여를 같은 실체로 보기 어렵다. 부여와 북부여를 다르게 기록한 실례를 찾아본다.

5세기경 만들어진 광개토태왕 비문[1]은 고구려인들이 광개토대왕과 시조 추모왕의 업적을 기리기 위해서 세웠다. 추모왕이 고구려를 건국했기에 광개토대왕의 업적이 나올 수 있었다는 생각에서 시조 이야기를 맨 처음에 서술하였다.

역사 문헌은 단 한 자도 그냥 넘기면 안 된다는 것이 원칙이다. 그런데 통설에서 광개토태왕 비문 해석은 유(惟)자가 아! 등으로 쓰는 감탄사라는 사실을 무시하고, 야(也)자가 한 문장이 끝날 때 쓰는 어조사라는 사실도 무시한다. 더 큰 문제는 비문의 주어가 누구인지도 말하지 않는다는 점이다. 이에 따라 첫 구절을 정확하게 해석해 본다.

"아! 옛날 시조 추모왕께서 창업하신 터전이다. 추모왕께서는 북

---

1 **광개토태왕 비문** 왕은 북부여에서 오셨으며 천제의 아들이고 어머니는 하백의 따님이다. 알을 깨치고 세상에 나오셨다(惟昔始祖鄒牟王之創基也 出自北夫餘 天帝之子 母河伯女郎 剖卵降世).
성스러운 □□□□□가 있었다. 길을 떠나 남으로 순행하시는 도중에 부여 엄리대수(奄利大水)를 거쳤다(生而有聖□□□□□命 駕巡幸南下 路由夫餘奄利大水).

부여(北夫餘)에서 나오셨으며 천제의 아들이시고 어머니는 하백의 따님이시다. 알을 깨고 세상에 나오셨다."

고구려 역사에서 중요한 의미가 있는 광개토태왕비도 북부여와 부여를 다르게 인식하고 있다. 즉 비문에서 추모왕이 출자한 곳이 분명하게 북부여라고 기록하였고, 또한 부여와 북부여가 같았다면 추모왕이 남으로 순행하시는 길에 부여 엄리대수를 거쳐서 이런 표현을 쓸 수 없다. 북부여와 부여는 다른 국가였기 때문에 구분하여 표기했다.

『북위서(北魏書)』[2] 고구려 열전을 보면, 추모왕이 태어난 곳이 부여로 나온다. 북위 선무제(宣武帝)는 고구려인 황후의 아들이다. 『북위서』에 나오는 부여는 후한이 등장하기 이전에 건국되었다가 바로 고구려에 통속(統屬)되었으므로 북부여로 볼 수밖에 없다. 왜냐하면 부여 즉 동명 부여는 후한과 많은 교류가 있었기 때문이다. 통속이란 직할 통치함을 의미한다. 그리고 우리 사서에 없는 여달(閭

---

[2] 『북위서』 애초에 주몽이 부여에 있을 때 아내가 임신했었는데, 주몽이 도주한 이후에 아들을 출산했다. 처음 아들의 이름은 여해(閭諧)였다. 성장 이후에 주몽이 국주(國主)가 된 것을 알고 즉시 모친과 도망하여 주몽에게 귀의했다. 이름을 여달로 바꾸고 국사를 위임하였다(初朱蒙在夫餘時 妻懷孕 朱蒙逃後生一子 字始閭諧 及長知朱蒙為國主 即與母亡而歸之 名之曰閭達 委之國事).
주몽이 죽고 여달이 죽고 아들 여율이 왕위를 이었다. 여율이 죽고 아들 막래가 왕위를 이었다(朱蒙死閭達代立 閭達死子如栗代立 如栗死子莫來代立).
이후 부여를 정벌하여 크게 깨트리고 마침내 통속하였다(乃征夫餘 夫餘大敗 遂統屬焉).

達), 여율(如栗), 막래(莫來)라는 이름을 가진 왕들이 등장한다. 이런 기사가 있는 이유는 고구려 출신인 북위(550~577년) 황후와 재상을 통해서 많은 정보가 알려졌기 때문으로 보인다. 차이점은 『북위서』는 고구려 초기에 부여를 통속하였다고 말하고, 『삼국사기』[3]는 고구려가 부여의 항복을 받았다고 하였다.

둘째 견해는 부여와 북부여를 동일 국가로 보고, 동부여는 별개의 실체로 보는 주장이다. 현재 통설로 인정받고 있는데 북부여를 별개의 국가가 아니라 부여와 같은 나라로 본다. 즉 해모수가 신진 집단으로 원래의 부여를 멸망시키고, 그 자리를 차지하여 새로운 국가로 북부여를 세웠다. 그리고 동부여는 북부여로부터 갈라져 나온 세력이 세운 나라로 보고 있다.

셋째 견해는 북부여와 동부여를 동일 국가로 보고, 부여는 별개의 실체로 보는 주장이다. 고조선시대부터 부여라는 거수국이 있었고, 부여 북쪽에 있던 나라가 북부여이며, 북부여의 해부루가 동해 가섭원으로 이동한 것이 동부여이다. 하지만 이런 주장의 문제는 고구려 건국 당시 북부여와 동부여가 같은 시기에 다른 지역에 실

---

3 『삼국사기』 대무신왕 5년(22년) 7월 부여왕 종제가 백성에게 우리 선왕이 별세하고 나라가 멸망하여 백성들이 의지할 곳이 없고, 왕의 아우는 도망가서 갈사에 도읍을 정하였으며, 나 역시 불초하여 나라를 부흥시킬 수 없다고 말하고, 만여 명의 백성을 데리고 귀순해 왔다. 왕이 그를 왕으로 봉하여 연나부에 있게 하였다. 그의 등에 낙 무늬가 있다고 하여 성씨를 낙으로 정하여 주었다(5年 秋七月 扶餘王從弟 謂國人曰 我先王身亡國滅 民無所依 王弟逃竄 都於曷思 吾亦不肖 無以興復 乃與萬餘人來投 王封爲王 安置掾那部 以其背有絡文 賜姓絡氏).

재했다는 사실을 간과하고 있다는 점이다. 이에 대한 근거로 광개
토태왕 비문4을 보면, 추모왕(기원전 37년~기원전 19년) 시대에 북
부여, 동부여가 존재하였다는 기록이 있다.

넷째 견해는 세 개의 부여를 모두 동일 실체로 주장한다. 하지만
하나의 부여로 보기에는 절충하기 어려운 모순점들이 있다. 즉 해
모수가 건국한 북부여 이전부터 중국 사서에 이미 부여가 문헌에
나타나고 있었기 때문이다.

결론적으로 여러 사서에서 나오는 근거를 살펴보면, 부여, 북부
여, 동부여는 각각 별개의 실체로 보는 주장이 타당하다.

1. 중국 사서에 나오는 동명 부여

후한 왕충이 쓴 『논형』 길험(吉驗)편에 수록된 동명 신화는 최소
1세기 말 이전에 채록되었을 것으로 추정된다. 『논형』 길험5편에

---

4 광개토태왕 비문 동부여(東夫餘)는 과거 추모왕 때부터 속민(屬民)이었는
데, 중간에 배반하여 조공을 바치지 않았다(庚戌 東夫餘 舊是 鄒牟王屬民 中
叛不貢).

5 『논형』 길험편 북이 탁리국 왕의 시비가 임신하였기에 시비를 죽이고자
하였다(北夷橐離國王侍婢有娠 王欲殺之).
  옛(故) 북이에 부여국이 있었다. 동명의 모친이 임신하였을 때 하늘에서
기운이 내려오는 것을 보았다. 출산 후 버렸지만, 돼지와 말이 기운을 불
어주어 살게 하였다(故北夷有夫餘國焉 東明之母初妊時 見氣從天下 及生 棄之
豬馬以氣呼之而生之).

따르면, 동명이 탁리국을 떠나 남쪽으로 엄체수(掩㴲水)를 건너 도망하여 부여에 도읍을 정했다고 하였다. 당시 부여 즉 동명 부여는 기원전 202년 한나라 건국 과정에 도움을 주었고, 이후 때로는 한나라를 침략하거나 조공하였기에 동명 신화가 기록되었다고 보인다.『논형』에서 부여는 북이라고 하였고, 고구려는 동북이(東北夷) 또는 고이(高夷)라고 불렸다. 그런데 당(唐) 안사고(581~645년)는 부여도 동북이라고 말하였다.『사기집해(集解)』[6]에서 후한 정현(鄭玄, 127~200년)은 숙신을 동북이라고 하였다.

『논형』 기사와 비슷한 내용이 위(魏)나라 역사서『위략』에도 실렸고, 다시 이를『삼국지』부여전에서 인용하면서 동명 신화를 전하였다. 또한『후한서』동이전에 전하는 동명 신화도 삼국지를 토대로 작성된 것이 확실하다. 정리하면『위략』과『삼국지』,『후한서』에 기록된 부여의 건국 신화인 동명 신화는 모두 같은 자료인『논형』에 근거한 것으로 동일 계통의 자료에 근거하고 있지만, 동명의 출신지에 대하여『논형』은 탁리국,『삼국지』는 고리국(高離國),『후한서』는 색리국으로 다르게 기술되었는데, 편찬 과정에서 비슷한 글자로 기록되었다고 보인다. 엄수(掩水), 시엄수(施掩水), 엄체수(掩㴲水) 경우와 마찬가지이다.

『삼국지』동이전은 3세기 후반에 편찬되었는데, 부여가 매우 강력해서 일찍이 적에게 멸망한 적도 없고 적에게 파괴된 적도 없다

---

6 『사기집해(史記集解)』 정현이 말하기를 식신(息愼)은 숙신이라 부르기도 한다. 동북이이다(集解 鄭玄曰 息愼 或謂之肅愼 東北夷).

고 하였다. 그러면서 본래 부여 땅의 주인은 예족이었는데, 새로운 종족이 망명해 와서 예를 쫓아내고 새로운 지배자가 되었다고 하였다. 새롭게 이주해 온 종족을 『삼국지』는 고리국 왕자였던 동명 집단으로 말한다.

그런데 『삼국사기』는 동명 부여를 구분하지 않고 기록하여 문제점이 발생한 것으로 보인다. 더구나 고려 시대 이후의 문헌에서 동명왕은 고구려 시조 추모를 지칭하는 명칭으로 사용되기도 하였다. 하지만 북부여와 동부여 왕의 계보는 동명 부여와 전혀 다른데, 해모수, 해부루, 금와, 대소 등이 동명 부여의 왕 계보에는 없다. 또한 광개토대왕릉비 및 모두루 묘지명 등 고구려 금석문에서 시조를 오직 추모(주몽)로 표기하고 있을 뿐 동명이라 한 예는 없고, 고구려 당대 인물인 연남산 묘지명에서는 동명과 추모를 서로 다른 사람으로 분명히 구분하고 있다.

중요한 사실은 동명 부여가 백제로 이어졌다는 점이다. 즉 중국 사서인 『주서』, 『북사』, 『수서』, 『책부원귀(册府元龜)』[7]에서 동명 후손이라고 하는 구태(仇台)가 대방의 옛 땅에 백제(百濟)를 세웠다고 하였다. 특히 『북사』 열전 백제전[8]에서 구태가 백제를 건국하여 동

---

7 『책부원귀』 중국 북송 시대 왕흠약(王欽若)·양억(楊億) 등이 편찬한 유서(類書: 오늘날 일종의 백과사전)로, 『태평광기(太平廣記)』, 『태평어람(太平御覽)』, 『문원영화(文苑英華)』와 함께 사대서(四大書)로 꼽힌다. 원래의 책 이름은 『군신사적(君臣事迹)』이다. 상고시대부터 오대까지 중국의 역대 황제·재상·관료의 정치에 대한 사적을 모아 분류하였다. - 출처: 위키백과

8 『북사』 열전 백제전 동명의 후손으로 구태가 있으며, 매우 어질고 신의가 두터웠다. 처음으로 대방의 옛 땅에 나라를 세웠다. 한나라 요동태수(遼

이 중에서 강국이 되었다고 전한다. 그래서 『삼국사기』 잡지 제사[9] 조에 백제는 도읍에 시조 구태 사당을 세우고 해마다 네 번 제사를 지낸다고 기록되어 있다. 따라서 북부여와 고구려에서 출자하여 백제를 건국한 온조왕의 해씨 세력과 전혀 다른 동명 부여에서 출자한 것으로 보이는 초고왕, 구수왕, 비류왕 그리고 근초고왕 이후 백제왕들은 모두 부여 씨를 성으로 삼았다. 백제왕 중에서 이들 부여 씨 계통이 구태 후손으로 보인다.

2. 우리 사서에 나오는 북부여와 동부여

『삼국사기』와 『삼국유사』 등의 여러 사료에는 부여, 동부여, 북부여, 졸본(卒本)부여로 지칭되는 다양한 부여의 존재가 혼재하여 기록되어 있다. 이는 부여사 인식 체계를 짜는 데 적지 않은 혼선을 초래한다. 문제는 중국이 알고 있었던 부여 즉 고구려와 자주 충돌한 동명 부여와 고구려 금석문에 나오는 북부여와 동부여는 전혀 다른 국가라는 점이다. 핵심은 동명 부여, 북부여, 동부여가 어떤 관계였는지를 구명하는 데 있다.

東太守) 공손도는 딸을 시집보냈는데, 마침내 동이 중에서 강국이 되었다. 당초에 백여 가가 건너왔다고 해서 백제라고 불렀다.

[9] 『삼국사기』 잡지(雜志) 제사(祭祀) 『책부원귀(冊府元龜)』에서 백제는 사계절의 가운데 달마다 왕이 하늘과 5제의 신에게 제사를 지냈으며, 도읍에 시조 구태 사당을 세우고 해마다 네 번 제사를 지낸다고 기록되어 있다.

현재 우리 학계 다수는 북부여가 곧 동명 부여이며, 동부여는 훗날 북부여로부터 갈라져 나온 세력이 세운 나라로 보고 있지만, 광개토태왕 비문 등과 사서를 보면 동명 부여와 해모수의 북부여는 다른 나라임이 분명하다.

광개토태왕 비문에서 옛적 추모왕(鄒牟王)이 나라의 기초를 세웠는데 북부여에서 태어났다고(惟昔始祖鄒牟王之創基也 出自北夫餘) 말하였고, 모두루 묘지명(墓誌銘)에는 하박(河泊)의 손자요, 일월(日月)의 아들 추모성왕(鄒牟聖王)은 북부여에서 태어났다고(河泊之孫 日月之子 鄒牟聖王 元出北夫餘) 기록하였다.

『삼국사기』에 의하면, 북부여 해부루 왕이 동해의 가섭원으로 천도하여 동부여가 건국되었다. 동부여는 북부여에 비교해 기원이 늦다. 『삼국유사』 북부여기에 따르면, 북부여가 기원전 59년(前漢書宣帝神爵三年壬戌四月八日)에 건국되었고, 해부루 왕이 동쪽으로 가서 동부여를 건국하기 전에 북부여의 왕이었다고 한 것으로 볼 때 동부여 이전에 북부여가 있었다는 사실을 분명히 알 수 있다. 해부루가 동부여를 건국하고, 다음 왕위를 계승한 금와왕이 주몽을 입양하여 주몽은 동부여에서 성장한다.

그리고 흔히 고구려가 자국을 기준으로 북부여와 동부여라는 명칭을 만든 것으로 본다. 그러나 고구려가 북부여, 동부여라는 명칭을 만들었을 것이라는 주장은 오류이다. 북부여와 동부여는 고구려가 자국을 중심으로 부여한 명칭이 아니라 북부여와 동부여가 스스로 만든 국명이다. 그 근거를 찾아본다.

첫째, 『삼국사기』와 『삼국유사』를 보면 고구려 자국 신화에서조

차 동부여와 북부여 명칭은 고구려를 기준으로 했던 국명이 아니라 부여, 동부여, 북부여 사람들의 주체적인 인식으로 기재되어 있다. 이를 가지고 고구려가 자국을 중심으로 북부여, 동부여라는 명칭을 만들었을 것이라고 어떤 근거도 없이 해석할 이유가 없다.

둘째, 고구려 금석문을 보면 북부여, 동부여 명칭이 고구려가 자국을 중심으로 만든 명칭이라고 추정할 만한 기록은 보이지 않는다. 광개토태왕비 금석문에서 알 수 있는 사실은 북부여에서 추모왕이 태어났고, 동부여는 광개토태왕이 정벌한 국가라는 정도다. 동부여가 추모왕 때부터 속민이라는 기록이 과장일 수 있지만, 추모왕 때에 존재했다는 것까지 부정할 수 없다. 『북위서』와 광개토태왕비를 종합하면, 북부여는 고구려 초기에 통속되었고, 동부여는 추모왕 때부터 속민이었지만 광개토태왕이 다시 정벌했다는 결론에 도달한다.

셋째, 『위서』에서 두막루(豆莫婁) 위치가 옛 북부여가 있던 땅이라고 하였다. 두막루는 스스로 북부여 후예를 자처했다. 두막루 사신은 중원 국가들에 자신들은 북부여 후예인데 고구려가 북부여를 멸해서 나하(那河)를 건너 두막루를 세운 것이라고 말한 바 있다. 이때 두막루는 고구려에 대해 적개심을 드러낸 상황으로 굳이 자신들의 선조 나라를 멸망시킨 고구려 입장에 따라서 북부여라는 표현을 쓸 이유가 없다. 분명히 두막루가 기록에 나타난 470년대 이전에 북부여가 고구려에 의해 멸망당했다는 역사적 사실이 있었다.

북부여와 동부여가 별개 국가였다면 이후 우리 사서에는 어떻게 기록되어 있는지 살펴보아야 한다.

『삼국사기』를 따르면 고구려 역사에서 2대 유리왕 아들인 3대 대무신왕 시대는 고구려가 강국으로 도약하는 중요한 전환점이 되었다. 특히 동부여 정벌과 낙랑국 멸망 등은 대무신왕의 업적을 상징적으로 보여준다. 20년 부여의 대소왕이 붉은 까마귀를 보내며 전쟁을 선포했고, 대무신왕은 이에 대응하여 동부여를 공격하였다. 이 전투에서 고구려 장군 괴유가 대소왕을 참살하며 승리하였고, 고구려는 북부여 계승의 정통성을 주장하게 되었다.

이상하게 『삼국사기』 고구려 본기[10]에서 당시 대소왕이 다스리

---

10 『삼국사기』 고구려 본기 유리왕 28년(9년) 가을 8월, 부여왕(扶餘王) 대소(帶素)의 사신이 와서 왕을 꾸짖으며 말하였다. 우리 선왕과 당신의 선군(先君) 동명왕은 좋은 사이였는데, 동명왕이 우리 신하들을 꾀어내어 도망쳐 이곳에 와서 성을 수리하고 백성을 모아 나라를 세웠다. 대개 나라는 크고 작음이 있고, 사람은 어른과 아이가 있다. 작은 나라가 큰 나라를 섬기는 것이 예이며, 어린이가 어른을 섬기는 것이 순리이다. 지금 왕이 예와 순리로 나를 섬기면 하늘이 반드시 도와서 나라의 운수가 오래 보존될 것이나, 그렇지 않으면 사직 보존이 어려울 것이다(二十八年 秋八月 扶餘王帶素使來讓王曰 我先王與先君東明王相好 而誘我臣逃至此 欲完聚以成國家 夫國有大小 人有長幼 以小事大者禮也 以幼事長者順也 今王若能以禮順事我 則天必佑之 國祚永終 不然則欲保其社稷難矣).

유리왕 29년(10년) 여름 6월 모천(矛川) 가에서 검은 개구리가 붉은 개구리와 떼지어 싸웠는데, 검은 개구리가 이기지 못하고 죽었다. 사람들이 검은색은 북방 색이다. 북부여가 파멸할 징조라고 말하였다(二十九年 夏六月 矛川上有黑蛙與赤蛙群鬪 黑蛙不勝 死 議者曰 黑北方之色 北扶餘破滅之徵也).

유리왕 31년(12년) 한 왕망이 우리 군사를 징발하여 호(胡)를 정벌하려고 하였으나 가려고 하지 않아 강제로 보냈더니 모두 새외(塞外)로 도망쳤다. 그래서 법을 어겨 도적이 되었다. 요서 대윤 전담(田譚)이 추격하였으나 죽임을 당하자, 주군(州郡)이 허물을 우리에게 돌렸다(三十一年 漢王莽

고 있던 나라가 유리왕 28년(9년)에는 부여로 나오고, 유리왕 29년(10년)은 북부여, 유리왕 31년(11년)은 부여라고 기록하였다.

대소왕이 나오는 나라가 단순히 동부여 오기라고 보기 어려우며, 동부여에서 다시 북부여로 바뀐 데에는 이유가 있을 것이다. 즉 해모수 북부여와 동쪽으로 쫓겨난 해부루 동부여는 서로 알력이 상당했을 것이다. 해모수는 북부여를 탈취하고 이후로 행적이 기록에 없다. 이로 볼 때 북부여 해모수 왕조는 바로 몰락했고, 동부여는 고구려에 멸망한 북부여의 정통성을 자기들이 계승한 것으로 주장했다고 보인다. 이에 대한 근거로 『삼국사기』 백제본기에서 해부루가 동부여가 아니라 북부여왕으로 나온다.

그런데 『삼국사기』는 백제 건국 세력이 북부여 혹은 고구려라는 서로 다른 전승을 기록하고 있다. 『삼국사기』 백제본기(百濟本記) 본문에 의하면, 백제는 고구려 시조인 주몽의 둘째 아들 온조가 형 비류와 함께 남하해서 건국하였다고 한다. 반면 『삼국사기』 동일 기사의 주(註)에 의하면, 백제의 시조는 온조의 형인 비류인데 북부여왕 해부루(解扶婁) 서손(庶孫) 우태(優台)의 아들로 되어 있다. 동일

發我兵伐胡 吾人不欲行 強迫遣之 皆亡出塞 因犯法爲寇 遼西大尹田譚追擊之 爲所殺 州郡歸咎於我).
엄우(嚴尤)가 아뢰었다. 맥인이 법을 어겼으나 마땅히 주군에 명해서 위안하여야 합니다. 지금 함부로 큰 죄를 씌우면 반란을 일으킬까 두렵습니다. 부여 무리 중에 반드시 따라 응하는 자들이 있을 것인데, 흉노를 아직 누르지 못한 터에 부여와 예맥(濊貊)이 다시 일어난다면 이것은 큰 걱정거리입니다(嚴尤奏言 貊人犯法 宜令州郡 且慰安之 今猥被以大罪 恐其遂叛 扶餘之屬 必有和者 匈奴未克 扶餘濊貊復起 此大憂也).

사서에 다른 시조 전승이 수록되어 있다. 즉 백제 건국 시조 온조는 고구려 주몽의 후손, 비류는 북부여 해부루 후손으로 서로 다른 계통이었다.

3. 북부여와 동부여의 멸망

사서에서 북부여 멸망 시기는 확실하지 않다. 그런데 북부여가 고구려에 의해 멸망당한 시기를 추론하는 데 중요한 사실은 광개토태왕비와 두막루11 존재이다. 『위서』 두막루 전에서, 두막루는 물길(勿吉)의 북쪽 천 리에 있으며, 낙읍(洛邑)에서 8천 리를 가면 옛날 북부여라는 기사가 있다.

첫째, 광개토태왕비에 고구려와 인접한 북부여 정벌 기사가 나오지 않는 것으로 보아 광개토태왕 즉위 이전(391년) 어느 시기 고구려에 의해 멸망한 것으로 보인다.

둘째, 5세기 모두루 묘지명에 북부여를 군(郡)으로 표현하였고, 광개토태왕의 신하인 모두루가 북부여 성민과 곡민을 관할하는 수사로 파견되었다. 북부여 지역을 군이라고 표현한 것으로 볼 때 북

---

11 **두막루** 부여의 유민들이 나하를 건너가 건국한 나라이다. 대막루(大莫婁), 대막로(大莫盧), 달말루(達末婁)라고도 부른다. 중국의 『위서』 물길전에는 물길의 사신인 후니지(侯尼支)가 486년 북위에 사신으로 입조하였는데, 그때 물길 주변에 있던 대막로국에서도 북위에 사신을 보내어 조공을 바쳤다고 기록되어 있다. - 출처: 위키백과

부여는 광개토태왕 시대에 이미 고구려의 행정 체제 안에 들어왔다는 사실을 알 수 있다. 북부여가 광개토태왕(391~410년) 이전 고구려에 의해 멸망했다는 확실한 문헌적 근거이다. 그래서 장수왕 시대 435년 북위 이오(李傲)는 사신으로 고구려에 갔고, 그 결과 『위서』에서 고구려 북계(北界)가 옛 부여에 이른다고 기록했다.

셋째, 470년대 두막루가 사서에 처음 등장한다. 『신당서』에 두막루는 스스로 북부여 후예라고 하는데, 고구려가 그 나라를 멸망시켜서 나머지 사람이 나하를 건너서 두막루를 건국하였다고 나온다. 두막루 건국이 고구려가 북부여를 멸하고 북부여 유민들이 나하를 건너가서 이뤄졌다는 의미이다.

『위서』 두막루 전이나 『신당서』 기록을 종합하면, 두막루 건국 시기는 5세기 중엽 이전이라고 추정할 수 있다. 485년과 486년 물길은 북위에 사신을 파견했는데 이때 두막루인 듯한 대막로국(大莫盧國)이 사신을 파견한 기록이 나오기 때문이다. 하지만 북부여 멸망과 두막루 건국을 470년대로 단정할 수 없다. 470년대는 두막루가 사서에 등장한 시기일 뿐 국가 성립 시기로 볼 이유는 없으며, 건국 초기에 세력이 미미했기에 470년대 이전에는 국제무대에 알려지지 않았을 가능성도 있기 때문이다. 두막루는 726년 발해 2대 무왕에게 멸망했다. 이러한 사실을 종합해 보면, 북부여는 광개토태왕 이전 고구려에 의해 멸망했고, 그 시기는 『북위서』에 따라 고구려 초기 막래(대주류왕) 시기라고 본다.

그리고 동부여 멸망이 『삼국유사』 동부여 조에는 지황(地皇) 3년 임오(壬午)에 이르러서 고구려왕 무휼(無恤)이 이를 쳐서 대소를 죽이니 이것으로 나라가 없어졌다고 하였다. 하지만 『삼국사기』 고구려 본기 대무신왕 5년(22년) 조에는 대무신왕이 대소를 죽였으나, 그 나라는 멸망시키지 못했다고 기록하여 차이를 보인다.

『삼국사기』 고구려 본기[12]에 따르면, 대무신왕의 부여 공격이 있

---

12 『삼국사기』 고구려 본기 대무신왕 5년(22년) 2월 왕은 부여국 남쪽으로 진군하였다. 그 땅은 진흙이 많았으므로 왕은 평지를 골라 군영을 만들고 안장을 풀어 병졸들을 쉬게 하였는데, 두려워하는 태도가 없었다. 부여왕은 온 나라를 동원하여 출전해서 고구려가 방비하지 않는 사이에 엄습하려고 말을 채찍질하여 전진하였으나, 진창에 빠져 나아갈 수도, 물러설 수도 없었다. 왕은 이때 괴유(怪由)에 지시하였다. 괴유가 칼을 빼서 소리지르며 공격하니 모든 군대가 무너져서 지탱할 수 없었으며, 곧바로 전진하여 부여왕을 붙잡아 머리를 베었다. 부여 사람들이 왕을 잃어 기력이 꺾였으나, 스스로 굴복하지 않고 고구려군을 여러 겹 포위하였다. 왕은 군량이 다하여 군사들이 굶주리므로 두려워서 어찌할 바를 모르다가, 하늘을 향하여 영험을 비니 홀연히 큰 안개가 피어나, 7일 동안이나 지척 간에 사람을 분간할 수 없었다. 왕은 풀로 허수아비를 만들고 무기를 쥐고 있는 것처럼 군영 안팎에 세워 거짓 군사들을 만들어 놓고, 사잇길을 따라 군사들을 숨기며 밤을 타서 빠져나왔다. 이때 골구천(骨句川)의 신비로운 말과 비류원(沸流源)의 큰 솥을 잃었다. 이물림(利勿林)에 이르러 군사들이 굶주려 일어나지 못하므로, 들짐승을 잡아서 먹을 것을 주었다(五年 春二月 王進軍於扶餘國南 其地多泥塗 王使擇平地爲營 解鞍休卒 無恐懼之態 扶餘王擧國出戰 欲掩其不備 策馬以前 陷濘不能進退 王於是揮怪由 怪由拔劍號吼擊之 萬軍披靡 不能支 直進執扶餘王斬頭 扶餘人旣失其王 氣力摧折 而猶不自屈 圍數重 王以糧盡士饑 憂懼不知所爲 乃乞靈於天 忽大霧 咫尺不辨人物七日 王令作草偶人 執兵立營內外爲疑兵 從間道潛軍夜出 失骨句川神馬 沸流源大鼎 至利勿林 兵飢不興 得野獸以給食).

왕은 나라에 이르러 여러 신하를 모아 잔치를 베풀며 말하였다. 내가 덕이 없어서 경솔하게 부여를 정벌하여, 비록 그 왕은 죽였으나 그 나라를 멸하지 못하고, 또 우리 군사들과 물자를 많이 잃었으니, 나의 잘못이다.

3부 부여 295

기 전에 대소왕의 동생이 도망쳐서 갈사(曷思)에 도읍했다는 기록이 있고, 전쟁 이후 사촌 동생은 일만 명을 이끌고 고구려에 스스로 귀부(歸附)하는 상황까지 발생한다.

사서를 보면 부여는 물길의 침략을 받아 고구려 내지로 옮겨왔고, 마침내 문자왕 3년(494년) 고구려에 합병되었다. 494년 고구려에 항복한 부여는 북부여가 될 수 없고 동부여가 될 수밖에 없다. 그런데 410년 광개토태왕이 정벌한 동부여는 다른 국가 정벌의 기술처럼 전투 기사가 보이지 않는다. 따라서 동부여는 대무신왕 공격으로 완전히 멸망한 것이 아니라 최소한의 영토를 가진 채 고구려 속국으로 계속 남았다고 보인다. 그러므로 457년 북위에 조공한 부여, 475년 물길에 공격당한 부여, 494년 물길에 쫓겨서 고구려로 귀부한 부여는 모두 동부여로 추정된다.

> 이윽고 친히 죽은 자를 조문하고 아픈 자를 위문하여 백성들을 위로하였다. 이리하여 나라 사람들이 왕의 덕과 의(義)에 감격하여, 모두 나라의 일에 목숨을 바치기를 바랐다(王旣至國 乃會羣臣飮至曰 孤以不德 輕伐扶餘 雖殺其王 未滅其國 而又多失我軍資 此孤之過也 遂親吊死問疾 以存慰百姓 是以國人感 王德義 皆許殺身於國事矣).
> 7월 부여왕의 사촌 동생이 나라 사람들에게 말하였다. 선왕이 죽고 나라가 망하여 백성들이 의지할 데 없는데, 왕의 동생이 도망쳐서 갈사에 도읍하였다. 나도 불초하여 다시 나라를 일으킬 수가 없다. 마침내 만여 명과 함께 투항해 오니, 그를 왕으로 봉하여 연나부(掾那部)에 두고, 등에 줄무늬가 있었으므로 낙(絡)씨 성을 주었다(秋七月 扶餘王從弟謂國人曰 我先王 身亡國滅 民無所依 王弟逃竄 都於曷思 吾亦不肖 無以興復 乃與萬餘人來投 王封爲 王 安置掾那部 以其背有絡文 賜姓絡氏 冬十月 怪由卒 初疾革 王親臨存問 怪由言 臣 北溟微賤之人 屢蒙厚恩 雖死猶生 不敢忘報 王善其言 又以有大功勞 葬於北溟山陽 命有司以時祀之).

9장 부여, 고대국가의 성립과 변천

우리나라 학계에서는 부여가 고대국가의 원형이 시작된 시기를 기원전 3~2세기경으로 보고 있다. 하지만 중국 사서를 보면, 부여는 기원전 11세기 이전부터 존재했고, 이후 부여로부터 부여족 계열의 여러 나라가 파생되었기 때문에 고대국가 성립 시기가 기원전 3세기 훨씬 이전으로 추정된다.

중국 사서에 나오는 부여전(扶餘傳)은 동명 신화부터 시작한다. 1세기 이전에 형성된 것으로 추정되는 동명 신화는 부여가 국가를 형성할 때 만들어진 건국 신화의 일종이다. 중국 사서인 『논형』, 『위략』, 『삼국지』, 『후한서』, 『진서』 등에 나오는 부여전은 모두 동명 신화를 기록하고 있다. 특히 부여족 즉 맥족 계통의 고구려, 백제 등 여러 국가는 동명 신화를 공유했다. 그래서 고구려와 백제 모두 초기부터 동명묘(東明廟)라는 사당을 설치하였다. 또한 백제의 마지막 국호가 남부여(南扶餘), 왕실의 성씨는 부여 씨였고, 개로왕이 북위에 올린 상표문에 백제와 고구려는 부여에서 출자했다고 기록되어 있다.

중요한 사실은 고구려와 백제, 중국에서도 동명왕(東明王)과 추모왕이 다른 사람이라는 인식을 반영해 역사를 기록했다는 점이다. 연개소문 아들 천남산묘지명(泉男産墓誌銘)[1]을 통해 동명과 주몽은 다른 사람임을 확인할 수 있는데, 즉 동명은 나라를 열었고(계국, 啓國)하였고, 주몽은 도읍을 열었다(개도, 開都)고 기록했다. 다시 말해 맥족으로 처음 나라를 개국한 사람은 추모왕이 아닌 동명왕이라고 보았다. 마찬가지로 속일본기에 따르면, 백제 태조(太祖) 도모대왕(都慕大王)은 일신(日神)이 강령(降靈)하여 부여 땅을 차지하여 개국하였고, 천제의 비기(祕記)를 받아 여러 한(韓)을 거느리고 왕(王)을 칭하였다고 기록하였다. 도모대왕은 바로 동명왕을 말한다. 그런데 언젠가부터 부여 동명왕과 고구려 추모왕이 동일 인물로 여겨지는 인식이 성립되어 혼란이 일어나기 시작했다.

부여사(夫餘史) 중에서 특히 동명 부여를 연구하기 위해서는 중국 전사사(前四史)와 『진서』 부여전의 기록과 추가로 부여 근처에 있었던 흉노, 오환, 선비의 연대기를 같이 비교해 보면, 동명 부여 역사 흐름을 어느 정도 파악할 수 있는 중요한 흔적이 나타난다. 전사사의 편찬 순서는 사마천의 『사기』, 반고의 『한서』, 진수의 『삼국지』, 범엽의 『후한서』이다.

---

1 천남산묘지명 옛날에 동명이 기(氣)를 느끼고 호천(滹川)을 넘어 개국(開國)하였고, 주몽은 해를 품고 패수에 임해 도읍을 열었다(개도, 開都)(昔者 東明感氣 踰滹虒川而開國 朱蒙孕日 臨浿水而開都).

1. 『사기』에 기록된 부여

부여라는 고대국가의 건국 시점을 정확히 알 수 없으나 사마천의 『사기』를 보면 늦어도 부여는 기원전 5세기부터 3세기 무렵에 이미 연나라 북쪽에 존재했음을 입증하는 기록이 있다.

『사기』화식열전(貨殖列傳)2에 부여 건국 시기와 위치를 간접적으로 알 수 있는 중요한 기록이 있다. 화식열전은 춘추전국시대와 전한 무제 때까지 부자들에 관한 기록이다. 화(貨)는 재산을 뜻하며 식(殖)은 증식을 뜻하므로 재산을 늘려 부자가 되는 방법에 관한 기록이다. 사마천은 인간의 사회적 지위와 도덕 관념 및 지방의 습속들 모두가 경제 상황에 따라 좌우된다고 인식했다.

『사기』화식열전에서 부여는 연나라 북쪽으로 국경을 맞대고 있었는데, 이때 언급한 내용에 따라 부여가 존재했던 시기를 알 수 있다. 당시 연나라는 발해와 갈석산 사이 사람이 많이 사는 곳에 도읍(都邑)을 하였다. 그리고 연나라 남쪽에 있던 조(趙)나라는 진(晉)나

---

2   『사기』 화식열전 무릇 연나라는 발해(勃海)와 갈석 사이 사람이 많이 사는 곳에 도읍이 있다. 남으로 제(齊), 조(趙)와 통하고 동북으로 호(胡)와 같이 있다(夫燕亦勃碣之間一都會也 正義勃海碣石在西 南通齊趙 東北邊胡).

상곡에서 요동까지 멀고 사람은 적으며 때때로 약탈당한다. 대개 조(趙)나라와 같이하고 대(代)의 풍속과 서로 비슷하여 생선, 소금, 대추와 조로 밥을 먹는다(上谷至遼東地踔遠人民希 數被寇 大與趙 代俗相類 而民雕捍少慮 有魚鹽棗栗之饒).

북쪽으로 오환, 부여와 이웃하였고, 동쪽으로 예맥, 조선, 진번 이익을 관장하였다(北鄰烏桓夫餘 東綰穢貉朝鮮眞番之利).

라가 기원전 403년 한위조 등 3개국으로 갈라져서 탄생한 나라로 기원전 403년 이후 상황임을 알 수 있다. 동시에 연나라는 진나라에 의하여 기원전 221년 멸망했으므로 기원전 221년 이전 상황임을 알 수 있다. 또한 『사기』에 나타난 나라 사이의 상대적 위치 관계를 고려하여, 당시 부여 영역을 추정할 수 있다.

첫째, 기원전 403년 이후와 기원전 221년 이전 기간에 연나라 북쪽으로 부여와 오환이 국경을 맞대고 있었다. 부여가 오환에 접한다는 것은 비슷한 위치에 있었다는 의미이다. 『사기』, 『한서』, 『후한서』, 『자치통감』 등은 오환(烏桓)으로 기록되어 있으나, 『삼국지』는 오환(烏丸)으로 나온다.

둘째, 『사기』 진시황 본기(本紀)3에서 조선은 진(秦)나라 동쪽에 있었고, 조선 북쪽으로 부여가 있었다. 따라서 부여 위치는 연나라와 조선 북쪽으로 있었음을 알 수가 있다. 즉 전국시대인 기원전 221년 이전 연나라 북쪽으로 부여, 예맥이 있었고, 동쪽으로 조선,

---

3 『사기』 진시황 본기 영토는 동쪽으로 해에 이르러 조선에 미친다. 북쪽으로는 하(河)를 새(塞)로 의지하고 음산을 지나 요동에 이른다(地東至海 暨朝鮮 北據河爲塞 並陰山至遼東).
조선열전에 이르기를, 연나라 전성기에 진번, 조선을 공략하고 관리를 두어 장새를 쌓았다. 이후 진나라가 연을 멸하고 요동외요를 공략하였다. 모두 연, 진이 경략한 곳이다. 우공에서 말하는 우이(嵎夷) 땅이다. 당(唐) 일행이 북융 산하 항산(恆山) 우측까지 동쪽으로 새의 담을 쌓았다. 예맥, 조선에 이르기까지가 융적의 땅이다. 이를 성전(星傳)에서 북융의 호문이라 한다(朝鮮列傳云 自始全燕時 略屬眞番朝鮮 爲置吏 築鄣塞 秦滅燕 屬遼東外徼 燕秦之所經略 蓋禹貢嵎夷之地 唐一行所謂 北戒山河 抵恆山之右 乃東循塞垣 至濊貊朝鮮 以限狄者 是也 星傳謂北戒爲胡門也).

진번 등이 존재했었다. 이미 부여는 고조선과 더불어 중국에 알려질 정도로 고대국가로서 상당 수준 성장하였다.

셋째, 『사기』흉노열전[4]을 보면, 흉노 좌방(左方)의 왕들과 장수들은 동쪽에 거주하는데 상곡군까지 이른다고 말하면서 동쪽으로 예맥, 조선과 국경을 접하고 있다고 하였다. 이상하게 부여는 나타나지 않고, 예맥이 그 모습을 드러냈다. 예맥의 정체가 부여인지 아닌지 의심스럽다. 흉노는 진한 교체기에 전성기를 이루어 묵돌 선우(單于)의 지도하에 동쪽의 동호, 서쪽의 월지를 격파하고 광대한 지역을 통치하였다.

여기서 중요한 사실은 흉노 좌방의 동쪽에 있었던 예맥 및 조선과 경계가 만리장성 동북에 있는 상곡이라는 점이다. 『사기』에 나타난 지리 관계로 추정하면, 갈석산인 지금 하북성 보정시 백석산 북쪽 근처에 상곡이 있었고, 상곡 북쪽 지역에 부여가 있었다고 추정된다.

흉노는 기원전 4세기경 처음 등장하여 당시 중국 왕조에 강력한

---

[4] 『사기』흉노 열전 묵돌(冒頓)의 대에 들어와 흉노는 가장 강성해져서 북방 오랑캐들을 모두 복종시키고, 남쪽으로 중국과 대적하기에 이르러 대대로 전해오는 관직의 명칭을 얻어 다음과 같이 기록한다(然至冒頓而匈奴最彊大 盡服從北夷 而南與中國爲敵國 其世傳國官號乃可得而記云).
좌방의 왕들과 장수들은 동쪽에 거주하고 상곡군의 동쪽에 이르며, 동쪽으로 예맥, 조선과 국경을 접하고 있었다(諸左方王將居東方 直上谷以往者).
우방(右方)의 왕들과 장수들은 서쪽에 거주하고, 상군(上郡)의 서쪽에 이르며, 월지(月氏), 저(氐), 강(羌) 등의 나라와 국경을 접하고 있었다(東接穢貉朝鮮 右方王將居西方 直上郡以西 接月氏氐羌).

위협으로 존재하였다. 중국을 통일한 진(秦)나라 시황제(始皇帝)는 기원전 215년 장군 몽염에게 30만 대군을 주어 황하 이남 중원까지 진출한 흉노를 내쫓고 전국시대 때 축조된 북방의 장성들을 모두 이어 만리장성을 수축하게 하였다. 기원전 209년 흉노가 동호를 공격해 왕이 죽기도 했었다. 그리고 기원전 206년 다시 중국을 통일한 전한 고조 유방은 기원전 200년 32만의 대군을 이끌고 산서성에 침입한 묵돌 선우의 흉노에 적극적인 공세를 펼치지만, 현재 산서성 대동시 부근인 평성(平城) 근처 백등산에서 오히려 흉노에게 포위되어 도망치는 치욕을 당해야 했다. 결국 흉노가 한나라와 전쟁에서 대승했다.

이후 기원전 200년경부터 흉노의 패권 시대가 전개된다. 이에 따라 한나라의 흉노 정책은 강경노선에서 화친 정책으로 변경되어 공주를 선우의 비(妃)인 알지(閼氏)[5]로 보내고, 막대한 양의 조공을 흉노에게 바치게 되었다. 한 고조 시절부터 대립하던 흉노족에 대해서 무제는 기원전 129년 다시 전쟁을 벌였고, 치세 전반에 걸쳐 흉노 원정은 지속되었다. 계속된 한나라 공격으로 결국 흉노는 기원전 48년경 분열되어 급속도로 쇠퇴하게 된다. 하지만 한나라도 계속되는 전쟁 비용과 토목공사 비용을 대기 위해 균수법(均輸法)과 평준법(平準法)을 도입하여 백성들에게 부담이 엄청나게 돌아갈 수밖에 없었다.

---

5   알지 최고 지배자인 선우와 결혼한 여성 곧 흉노의 왕비.

2. 『한서』에 기록된 부여

장성 북쪽에 있었던 동명 부여는 동쪽으로부터 고구려 위협과 서쪽으로 동호 등의 기마 유목민의 압박을 동시에 받고 있었다. 부여는 양대 세력에 대항하기 위하여 중원 세력과 연결을 꾀하였다. 그래서 부여와 한나라는 우호적인 관계를 유지하였고, 한나라는 부여에 대해 두터운 예우로써 대접하였다.

반표(班彪)는 사마천 사후 200년 뒤에 무제 이후의 역사를 기록하는 일을 맡았다. 그러나 완성을 보지 못하고 세상을 떠났고, 이어서 아들 반고가 아버지 유업을 받들어 집필을 계속했으나 무고와 모함으로 61세에 옥사했다. 마침내 여동생 반소(班昭)가 장령 마속(馬續)의 도움으로 『한서』를 완성했다.

결정적으로 『한서』[6]에서 『사기』에 없는 한 고조 유방의 건국 과정에서 북맥의 군사적 지원을 분명하게 보여준다. 아마도 반고는 부여 존재를 알면서 북맥으로 표현하여 강력한 부여를 드러나지 않기 위해 실체를 숨겼다고 보인다. 『사기』에서 북이 또는 동북이가 『한서』는 북맥 또는 이맥으로 나온다.

전한 초에는 흉노가 강대하여 장성 북부의 예맥족은 중국과 단절(격절, 隔絕)되어 한나라와 관계가 비교적 적었지만, 한 무제가 위만조선을 정복한 이후에 부여와 한나라는 점차 밀접한 관계를 맺

---

6 『한서』 북맥과 연나라 사람이 와서 날래고 용맹한 기병으로 한을 도왔다 (北貉燕人來致梟騎助漢).

게 되었다고 보인다. 위만조선 멸망 시점은 중국 동북방 패권이 흉노에서 한나라로 바뀐 이후다.

기원전 108년 전한 무제는 위만조선을 멸망시키고 그 지역에 낙랑, 임둔, 현토, 진번 등 사군(四郡)을 설치하였다. 그런데 소제 때 한사군에 대한 이맥의 침략 기사가 나온다. 이맥이 한나라 군현을 공격했다는 사실은 강력한 통치 체제가 구축되었다는 의미이다. 따라서 한 소제 당시 이맥의 침략은 고구려와 부여 계통의 맥족으로 추정된다.

『한서』를 보면, 무제가 처음에는 옥저 땅을 현토군으로 삼았기 때문에 현토군은 고구려 동남쪽에 있었다. 이후 소제가 기원전 76년 이맥이 침략한다고 하여 현토군을 고구려 서북쪽으로 옮겼다. 이전한 현토군은 『후한서』의 응소 주석(註釋)에 의하면 옛날의 구려(九黎)이고, 『사기색은』에서 현토는 본래 진번국이라고 하였다. 여기서 옛 현토군이 있었던 옥저를 낙랑군에 속하게 했다는 기록은 옥저가 이맥에 장악당한 사실을 감추려 낙랑군에 속하게 했다고 표현한 것이다.

이때부터 동명 부여는 본래 현토에 속했다는 사서 기록이 나온다. 이후 후한 말기에 이르러 공손도가 요동 동쪽(해동, 海東)까지 영향력을 넓혀 이민족 다스릴 때 부여가 다시 요동에 속했다고 했는데, 당시 부여는 『삼국지』에 따르면 울구태가 왕이었다.

전한 말기에 왕위를 찬탈한 왕망은 건국한 원년(기원 9년) 사신을 사방에 보내어 옛날 한의 인수(印綬)를 거두고, 새로운 왕조의 인수를 주었다. 이때 동으로 나간 사신은 현토, 낙랑, 고구려, 부여에 이르렀다고 한다. 이 기사를 통해서 부여는 이미 고대국가로서 한의 인수를 받았고, 신(新)나라 왕망 때에 이르러 개수(改授)가 있었던 사실을 알 수 있다. 옛날에는 관인(官印)을 몸에 차고 다녔는데, 수(綬)란 도장 손잡이를 묶는 끈이다. 관리의 계급이 다르면 도장을 만드는 재료나 인수의 색깔, 그리고 그것을 짜는 방법도 달랐다. 한대 인수에는 4등급이 있었다.

3. 『논형(論衡)』에 기록된 동명 부여

반고는 『한서』에서 직접적으로 부여를 언급하지 않았지만, 반표로부터 사사받은 왕충이 후한 초기에 처음으로 부여의 기원을 수록하였다. 왕충은 90년경 저술한 『논형』 길험편[7]에서 부여 시조 동

---

[7] 『논형』 길험편 북이 탁리국 왕의 시비가 임신하였기에 시비를 죽이고자 하였다. 동명의 모친이 임신하였을 때 하늘에서 기운이 내려오는 것을 보았다. 출산 후 버려졌지만, 돼지와 말이 기운을 불어주어 살게 하였다. 다시 마구간[馬欄]으로 옮겨 대신 말이 아이를 죽이게 했다. 말도 입김을 불어 아이가 죽지 않게 했다. 임금은 하늘의 아들이 아닐까 생각하여 그 어미에게 명하여 거두어 노비처럼 키우게 했다. 동명이라 이름 짓고 소와 말을 돌보게 했다(北夷橐離國王侍婢有娠 王欲殺之 東明之母初妊時 見氣從天下 及生棄之 豬馬以氣呼之而生之 復徙置馬欄中 欲使馬借殺之 馬複以口氣噓之不死 王疑以爲天子 令其母收取奴畜之 名東明 令牧牛馬).
동명은 활을 잘 쏘았는데, 왕은 동명에게 나라를 빼앗길까 두려워하여 그를 죽이고자 하였다. 동명이 달아나 남쪽으로 엄체수에 이르러 활로 물을 치자, 물고기와 자라가 떠올라 다리를 만들었다. 동명이 건너자, 물

명을 최초로 언급하였다. 즉 동명이 북이(北夷) 탁리국에서 남쪽으로 달아나 부여국을 건국했다고 하였다. 형(衡)이란 저울대의 의미로 공평하게 사실을 기록한다는 의미다.

『사기』, 『한서』에 기술된 부여는 상당히 이른 시기에 문명을 이룬 나라임을 보여준다. 이러한 문헌 자료를 통해 볼 때 부여는 늦어도 기원전 3세기 후반 무렵에는 고대국가를 형성하고 있었던 것으로 추정할 수 있다. 따라서 건국 신화인 동명 신화 역시 부여의 고대국가 성립 시기 무렵에 형성된 것으로 추정되며, 그렇다면 아무리 늦어도 기원전 2세기경에는 동명 신화가 나타났을 것이다. 현재 전하는 동명 신화가 기원후 1세기경에 채록된 것이라 하더라도, 그 시원은 3세기 정도 더 올라간 기원전 3세기 후반~2세기로 보는 것이 합리적이다.

부여의 건국 신화를 통해 크게 두 가지 사실을 알 수 있다. 하나는 부여가 건국되기 전에 부여 북쪽 지방에 북이 탁리국이 존재하고 있었고, 다른 하나는 탁리국 왕의 시중을 드는 시녀를 어머니로 하여 태어난 동명이 남쪽으로 도망쳐 엄체수를 건너 부여에 정착하여 왕이 되었다는 사실이다. 사서에 따라 동명이 남하하여 건너는 강 이름이 엄수(掩水), 시엄수(施掩水), 엄체수(掩漉水)로 차이가 있는데, 동일한 지명으로 보아야 할 것이다. 광개토태왕비에서 추모

고기와 자라들이 이내 흩어져서, 쫓던 병사들은 건널 수가 없었다. 동명은 도읍을 정하고 부여의 왕이 되었다(東明善射 王恐奪其國也 欲殺之 東明走南至掩水 以弓擊水 魚鱉浮爲橋 東明得渡 魚鱉解散 追兵不得渡 因都王夫餘).
그런 까닭으로 북이에 부여국이 있었다(故北夷有夫餘國焉).

왕이 건넜다는 엄리대수(掩利大水)도 같은 강으로 보인다.

4. 『후한서』에 기록된 부여

동명 부여는 후한(25~220년) 시대부터 중국 사서에 자주 등장한다. 『후한서』 부여전[8]을 보면, 광무제 건무(建武) 25년(49년) 부여

---

[8] 『후한서』 부여전 건무 중에 동이의 여러 나라가 모두 와서 조공했다. 건무 25년(49년) 부여왕이 사신을 보내어 조공을 바치니, 광무제가 후하게 보답하고 이에 사신이 명(命)을 받아 매년 외교관계를 유지하였다(建武中 東夷諸國皆來獻見 二十五年 夫餘王遣使奉貢 光武厚答報之 於是使命歲通).
안제 영초(永初) 5년(111년, 태조왕 59년) 3월 부여가 새(塞)를 넘어와 관리를 살상했다. 부여왕이 처음으로 보병과 기병 7~8 천명을 거느리고 낙랑을 노략질하여 관리와 백성을 죽였으나, 그 뒤에 다시 귀부하였다. 영녕(永寧) 원년(120년, 태조왕 68년), 사자(嗣子) 위구태를 보내어 궁궐에 나아와서 조공을 바치므로 천자가 위구태에 도장과 인장을 매는 끈(인수, 印綬) 그리고 금으로 만든 장식품과 비단(금채, 金綵)을 하사(下賜)하였다(安帝 永初五年 三月 夫餘夷犯塞 殺傷吏人 至安帝永初五年 夫餘王始將步騎七八千人寇鈔樂浪 殺傷吏民 後復歸附 永寧元年 乃遣嗣子尉仇台詣闕貢獻 天子賜尉仇台印綬金綵).
순제(順帝) 영화(永和) 원년(136년, 태조왕 84년) 그 왕이 경사(京師) 즉 후한의 수도인 낙양(洛陽)에 와서 조회하였다. 황제(帝)는 황실에서 사용하는 특별한 북(황문고, 黃門鼓)을 만들어 피리를 불고, 각저희(角抵戱)를 하게 하여 관람시켜 보냈다(順帝永和元年 其王來朝京師 帝作黃門鼓吹角抵戱以遣之).
환제(桓帝) 연희(延熹) 4년(161년, 차대왕 16년) 사신을 보내어 조하(朝賀)하고 공물을 바쳤다. 영강(永康) 원년(167년, 신대왕 3년) 왕(王) 부태(夫台)가 2만여 명을 거느리고 현토를 노략질하므로, 현토태수 공손역(公孫域)이 쳐서 깨뜨리고 천여 명의 머리를 베었다(桓帝延熹四年 遣使朝賀貢獻 永康元

는 후한과 처음 공식 접촉을 했다. 부여왕(夫餘王)이 사신을 보내어 조공하였고 광무제는 이에 후하게 답례하였다. 이때 부여왕 이름과 계보는 기록에 없다. 여기서 부여는 『북위서』, 『북주서』, 『수서』, 『북사』에서 말하는 고구려왕 막래(대주류왕)에 통속된 북부여를 말하는 것은 아니다. 즉 『사기』, 『한서』, 『후한서』, 『삼국지』 위지 동이전에 나오는 부여이고, 다른 말로 동명 부여라고 할 수 있다. 범엽(398~445년)의 『후한서』는 『삼국지』와 달리 부여국으로 표시하였다. 범엽은 위진남북조시대 송(宋)나라 정치가이자 역사가로 『후한서』는 『삼국지』 기사를 참조한 것으로 보인다.

부여와 후한 사이에는 두 번의 마찰이 있었다. 111년 부여왕이 보병과 기병(보기, 步騎) 7~8천 명을 거느리고 낙랑을 노략질하고, 사민(吏民)을 살상한 후에 다시 귀부하였다. 167년 부여왕 부태가 2만 명을 거느리고 현토군을 약탈하니 현토태수 공손역이 격파했다고 한다. 이 사건을 계기로 국교가 단절되었으나 일시적이었다. 그런데 부여가 111년 새(塞)를 넘어와서 낙랑을 공격하였지만, 고구려가 낙랑을 공격할 때 새를 범했다는 표현은 1회도 없다. 그래서 부여 위치를 장성 북쪽에서 찾는다면, 부여가 새를 넘어와서 낙랑

年 王夫台將二萬餘人寇玄菟 玄菟太守公孫域擊破之 斬首千餘級).
영제 희평(熹平) 3년(174년, 신대왕 10년)에 이르러 다시 공식 문서(봉장, 奉章)를 올리고 조공했다. 부여는 본래 현토에 속했는데 헌제 때 부여왕이 요동에 속하도록 요청했다(至靈帝熹平三年 復奉章貢獻 夫餘本屬玄菟 獻帝時 其王求屬遼東云).
건무 후한의 초대 황제인 광무제의 연호로 그의 본명은 유수(劉秀)이다.
각저희 씨름과 같은 고대의 무예 경기.

을 노략질한 부분을 충분히 설명할 수 있다.

부여와 한나라의 관계가 진일보하게 된 것은 후한 초부터였다. 120년 부여 왕자 위구태가 후한 낙양에 가서 공물을 바쳤고, 2년 뒤에는 위구태를 현토성에 보내어 고구려의 침입에 맞서 한을 구원하였다. 136년 부여왕이 친히 후한의 수도(경사, 京師)에 가서 조공하였는데, 매우 이례적으로 접대를 하였다. 당시 부여왕은 위구태로 나온다. 167년 부여왕 부태의 현토군 침략으로 국고가 단절되었지만, 174년부터 다시 국교가 회복되어 부여왕은 다시 공식 문서(봉장, 奉章)를 공헌했다고 한다. 따라서 동명 부여는 한나라에 적대(敵對)하거나 때로는 귀복(歸復)하면서 한나라와 함께 고구려 공격을 방해하기도 하였다. 즉 부여는 대체로 후한과 우호 관계였지만 한편으로는 전쟁도 불사했을 만큼 강력한 국가였음을 보여준다.

그런데 동명 부여는 한나라와 달리 고구려와 매우 적대적 관계였다. 『후한서』[9]와 『삼국사기』[10]에서 121년과 122년 부여가 고구

---

9 『후한서』 건광 원년(121년) 고구려왕 궁(宮, 태조대왕)이 마한, 예맥 수천 기병을 이끌고 와서 현토성을 포위했다. 부여왕은 아들 위구태와 2만 병력을 보내어 주군(州郡)의 병사들과 함께 고구려 연합군을 토벌하고 깨트렸다(建光元年 秋 宮遂率馬韓 濊貊數千騎围玄菟 夫餘王遣子尉仇台將二萬餘人 與州郡并力討破之 斬首五百餘級).
연광 원년(122년) 부여왕이 아들과 군대를 보내 현토를 구하고 고구려, 마한, 예맥을 쳐서 깨트리고 마침내 사신을 보내 조공했다(延光元年 春二月 夫餘王遣子將兵救玄菟 擊高句驪馬韓穢貊 破之 遂遣使貢獻).

10 『삼국사기』 고구려 본기 태조대왕 69년(121년) 12월 왕이 직접 마한, 예맥 1만여 기병으로 진군하여 현토성을 포위하였는데, 부여왕의 아들 위

려 태조왕이 이끄는 연합군과 무력 충돌을 했다는 같은 내용의 기록이 있다. 당시 부여왕이 직접 5만의 대군을 동원할 수 있고, 아들 위구태에 2만의 대군을 지휘하게 할 정도의 군사력을 지닌 나라가 고대국가가 아니었다고 단정할 수 없다.

　여기서 서로 모순되는 이상한 점이 있다. 『후한서』와 『삼국사기』에서 121년 12월 태조대왕이 마한, 예맥 기병을 이끌고 현토성을 공략했는데 이때 부여가 고구려의 군사작전을 방해한다. 그런데 121년 10월 『후한서』 기록은 없지만, 『삼국사기』[11] 기사에 태조왕이 부여에 있는 추모왕의 태후(유화부인) 묘에 제사 지낼 때 부여왕은 어떤 행위도 하지 않고 방관한다. 따라서 두 기사에 중대한 모순점이 있다. 아마도 그 이유는 고구려에 적대적인 부여는 동명 부여이고, 태후묘는 이미 고구려의 영향 아래에 있었던 북부여 혹은 동부여 지역에 있었기 때문으로 보인다.

　『후한서』 부여전에서

　　구태가 2만의 군사로 후한의 병력과 합세하여 막고 싸우니 아군이 크게 패배하였다(六十九年 十二月 王率馬韓穢貊一萬餘騎 進圍玄菟城 扶餘王遣子尉仇台 領兵二萬 與漢兵幷力拒戰 我軍大敗).
　　70년(122년) 왕이 마한, 예맥과 요동을 침범했는데, 부여왕이 구원병을 보내어 깨트렸다(七十年 王與馬韓穢貊侵遼東 扶餘王遣兵救破之).
11　『삼국사기』 고구려 본기　태조대왕 121년 10월 왕이 부여에 행차하여 태후묘(太后廟)에 제사를 지낸 후 백성 중에 곤궁한 사람이 있는지 묻고 재물에 차이를 두어 하사했다(六十九年 冬十月 王幸扶餘 祀太后廟 存問百姓窮困者 賜物有差).
　　숙신의 사신이 와서 자주색 여우 가죽과 흰매, 흰 말을 받쳤다. 왕은 연회를 베풀고 그들을 보내었다(肅愼使來 獻紫狐裘及白鷹白馬 王宴勞以遣之).

"부여국은 현토 북쪽 천 리에 있다. 남으로 고구려와 접하고, 동쪽은 읍루, 서쪽은 선비와 접한다. 북쪽에 약수(弱水)가 있다. 그 땅은 사방 2천 리이고 본래 예(濊)의 땅이다(夫餘國 在玄菟北千里 南與高句驪東與挹婁 西與鮮卑接 北有弱水 地方二千里 本濊地也)"라 하였다.

부여가 현토에서 천 리에 있는 지역에 있다고 하였는데, 부여 위치가 『삼국지』는 장성(長城, 만리장성) 북쪽으로 현토군에서 천리 떨어져(去玄菟千里) 있으며, 『후한서』는 현토군 북쪽으로 천리 떨어져(在玄菟北千里) 있다고 하였다. 『후한서』는 『삼국지』 기사를 축약해서 기록했다고 보인다. 또한 『후한서』 왕망전(王莽傳)[12]을 보면, 부여가 고구려, 예맥과 가까운 거리에 있음을 말하고 있다. 따라서 부여는 후한 초기 한나라와 선비 사이에서 세력을 형성하고 있었다고 보인다.

5. 옥갑(玉匣)과 금루옥의(金縷玉衣)

한나라 시대는 황제와 후왕(侯王)을 매장할 때 옥으로 만든 수의인 옥갑을 사용하였다. 고대 사람들은 옥이 시체를 부패하지 않게

---

12 『후한서』 왕망전 왕망이 고구려를 벌하려 하자 엄우가 말하였다. 지금 그들에게 지나친 죄를 물으면 다시 반란을 일으킬 우려가 있으며, 부여의 족속도 반드시 연합하거나 협력할 것이고, 아직 흉노도 쳐서 이기지 못하였는데 부여, 예맥 등이 다시 일어난다면 이는 큰 우환입니다.

만든다고 믿었다. 옥의(玉衣)는 옥갑이라고도 하는데, 죽은 자의 신분에 따라 옥 조각을 이을 때 각각 금, 은, 동, 실로 구분하여 사용했다. 옥갑을 만드는 방법은 옥을 네모, 세모 등의 얇은 옥편 조각으로 가공한 후 옥편의 귀퉁이에 작은 구멍을 뚫어서 실 즉 금, 은, 동, 비단으로 꿰어 묶는다. 이렇게 만드는 옥갑에 들어가는 옥편이 2,498매 내외이고, 옥갑의 길이는 약 1.88m 내외가 된다.

전한(기원전 206~208년) 시대는 오직 황제와 황후만이 금루옥의 즉 작은 옥 조각을 금으로 만든 실로 연결하여 만든 옷을 사용했고, 후왕은 은실의 은루옥의(銀縷玉衣)를 썼고, 제후는 동실의 동루옥의(銅縷玉衣) 혹은 비단으로 만든 사루옥의(絲縷玉衣)를 사용했다. 하지만 후한(25~220년) 시대는 옥갑의 생산에 비용이 너무 많이 들어가므로 황제의 장례를 제외하고는 누구도 옥갑을 사용하지 못하도록 제한하였다. 이후 위(魏, 220~264년)나라 문제 조비(曹丕)가 황초 3년 간소한 장례를 치르도록 박장령(薄葬令)을 내려 옥갑의 사용을 전면적으로 금하였다.

한나라에서도 황제나 후왕의 장례만 수의로 썼던 옥갑을 놀랍게도 부여에서 사용했다. 즉 중국 사서에 옥갑을 후한이 미리 만들어서 부여와 가까운 현토군 창고에 보관하고 있다가, 부여의 왕이 서거했다는 통보를 받을 때마다 장례식에 늦지 않도록 보내야 했다고 기록하고 있다. 이는 부여가 막강한 군사력을 가진 강대국이었음을 보여준다.

『삼국지』위서 부여전(夫餘傳)[13]에서 왕이 죽으면 옥갑을 수의로 사용했다고 하였고, 부여는 옥벽(玉璧)과 옥규(玉圭),[14] 옥찬(玉瓚-옥으로 만든 술 그릇) 등 옥으로 만든 것들이 오래전부터 내려오는 나라의 귀중한 보물이라고 했다. 그리고 『후한서』15에서도 부여국 왕들은 장사 지낼 때 옥갑을 사용했다고 기록하였다. 한나라는 부여왕의 장례에 사용되는 옥갑을 미리 만들어서 현토군 창고에 보관하고 있었다. 실제로 사마의(司馬懿)가 조조(曹操) 명에 따라 현토군을 장악하고 창고를 열어보니 부여왕 장례에 보내려고 준비해 두었던 옥갑이 남아있었다는 기록이 있다.

1968년 중국 고고학에서 가장 위대한 발견으로 인정되는 무덤이 발견되었다. 문화대혁명의 광기가 중국에 휘몰아치던 시기인지라 홍위병에 의해 파손될 뻔한 것을 주은래가 비밀리에 발굴 작업을 진행하였다. 무덤은 전혀 도굴되지 않았기에 어마한 양의 유물들이 나와 모두가 깜짝 놀랐다고 한다. 놀랍게도 하북성 보정시 서

---

13 『삼국지』위서 동이전 부여 한나라 때는 부여왕의 장례에 옥갑을 사용하였는데, 언제나 현토군에 미리 준비해 주었다. 왕이 죽으면 옥갑을 가져다 장사 지냈다. 공손연이 주살된 뒤에도 현토군의 창고에는 준비된 옥갑 하나가 남아있었다(漢時 夫餘王葬用玉匣 常豫以付玄菟郡 王死則迎取以葬 公孫淵伏誅 玄菟庫猶有玉匣一具).

14 옥벽 중앙에 구멍이 뚫린 원형의 옥판으로, 하늘을 상징하는 의례용 제기로 왕권과 권위를 상징한다.
　* 옥규 길쭉한 모양의 옥으로, 주로 땅을 상징하는 의례용 제기로 지상의 통치를 나타내는 중요한 상징물이다.

15 『후한서』부여국 왕들은 장사 지낼 때 옥갑을 사용하였다. 한나라 조정에서는 항상 미리 준비하여 옥갑을 현토군에 맡기어 놓았다. 부여왕이 죽을 때에 이를 취하여 장사를 지냈다(夫餘國 其王葬用玉匣 漢朝常豫以玉匣 付玄菟郡 王死則迎取以葬焉).

북쪽 만성현 릉산(陵山)에 있는 무덤에서 처음으로 금루옥의 실물이 발견되었다. 묘지명을 만들기 이전에 축조된 무덤이라, 묘주의 정체를 알 수 있는 물증은 나타나지 않았다. 다만 오수전[16]이 발견됨으로써, 오수전이 주조되기 시작한 기원전 118년 이후 무덤이란 단서를 얻었다.

보정은 북경에서 남쪽으로 120㎞ 떨어져 있고 평야 지대에 자리한 도시이다. 만성현 중심가 지역은 평원 지형이고, 서쪽으로 솟아 있는 산봉우리는 이 무덤이 위치한 릉산이 유일하다. 보정시는 지금은 하북성 성도인 석가장시(石家庄市)에 밀려 평범한 도시가 되었지만, 청나라 시대는 직예 총독부가 자리했던 곳으로 흥선대원군이 임오군란 때 이홍장에 의해 납치되어 직예 총독부에 감금되어 머물기도 했었다.

중국 주장에 따르면, 묘주를 전한 경제(景帝) 9남인 중산국 정왕(靖王) 유승(劉勝)과 왕후 두관(竇綰) 묘로 추정한다. 중산국 유승 묘라고 주장하는 만성현 릉산 묘에 대해서 살펴본다. 유승은 이복동생 한 무제보다 나이가 많았다. 사서에서 유승은 매일 술과 풍류에 빠져 살던 인물로 묘사되면서 슬하에 자식만 무려 120명을 둔 걸로 알려져 있다. 그리고 촉한(蜀漢) 유비(劉備)는 탁군 탁현(涿縣) 출

---

16 오수전 전한 무제 때인 원수 5년(기원전 118년)에 처음으로 주조되었다. 질량이 당시 도량형으로 5수(銖)였기 때문에 오수전이라고 불렸으며, 전한 이후에도 후한·촉한·조위·서진·동진·남제·양·진·북위·북제·수 왕조에서도 주조되었으며, 당나라 때인 무덕 4년(621년)에 폐지될 때까지 유통된, 중국 역사상 가장 오랜 기간에 걸쳐 유통된 화폐이다. - 출처: 위키백과

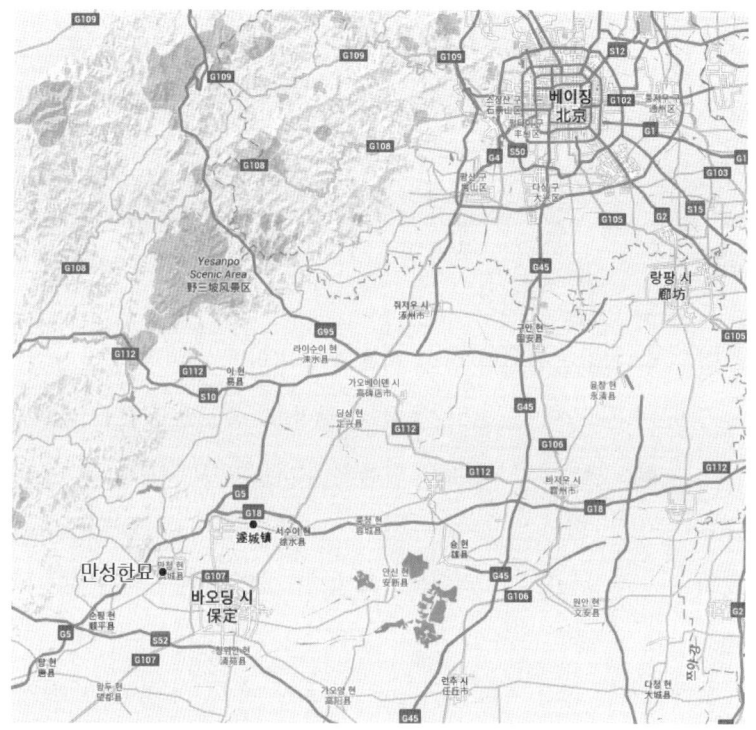

만성현 릉산 묘 위치
중국 측이 중산국 유승의 묘라고 주장하고 있는 릉산묘는 금루옥의, 장신궁등(長信宮燈) 등이 출토된 것으로 미루어 부여왕의 묘인 가능성이 높다.
*보정(保定) 수성진(遂城鎮)

신으로 중산정왕 유승 후예라고 한다. 유승이 후한이 아니고 전한 시대의 인물이고, 이후 후손에 대한 명확한 기록도 없어 유비가 중산정왕 후손이라는 주장은 확실하지는 않다.

만성현 릉산 묘는 화강암 돌산을 60m 뚫어서 최대 폭 38m, 천장 높이 7m로 만든 동굴 안에 횡혈식 무덤을 만들고 철문으로 봉쇄해 밀실 형태를 갖추어 도굴꾼 침입을 완벽하게 막을 수 있었다.

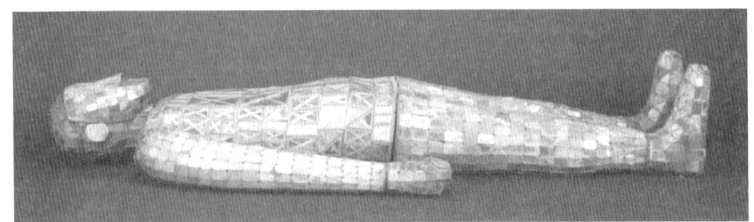

금루옥의

무덤은 하나의 궁전처럼 현실 세계를 완벽하게 재현해 놓았다. 무덤 안에는 통로, 차고, 창고, 응접실, 안방, 화장실까지 갖춰놓았다. 구조는 묘도(墓道), 용도(俑道), 남북이실(南北耳室), 중실(中室), 후실(後室) 등으로 되어 있으며, 두 개의 묘실은 규모가 크고 다양하고 호화로운 부장품으로 가득한데, 제일 끝 쪽이 금루옥의가 발견된 현장이다.

묘실에서는 찰갑, 향로, 금기, 은기, 동기, 옥기, 석기, 도기, 칠기, 견직물 등 부장품(副葬品) 약 2,800점이 출토되었고, 그중에 금루옥의, 장신궁등17 등이 포함되어 있다. 눈에 띄는 게 수십 병의 술 항아리인데 33개의 사각형 모양의 크고 작은 술 항아리가 발견되었고, 성인 남성 여럿이 수십 년을 마실 수 있는 양이라 한다. 특히 릉산의 동굴 무덤에서 발굴된 두 개의 금루옥의는 옥갑의 모습이 거의 완전하게 보존되어 있어서 세계적인 관심을 불러 모았다. 왕의

---

17 **장신궁등** 궁중에서 사용된 청동으로 만들어진 등잔. 사람의 형상을 본떠 만든 등으로, 궁녀가 무릎을 꿇고 등잔을 들고 있는 형태인데, 등잔의 연기가 궁녀의 소매를 통해 내부로 흡수되어 연기가 밖으로 퍼지지 않도록 설계되었다.

수의는 2,498개, 왕비가 입은 수의는 2,160개의 옥 조각을 금으로 만든 실로 연결했다.

그런데 묘에서 中山宦者常浴銅錠 重三斤十二兩 卅二年 第廿五 盧奴造 명문이 새겨진 청동기가 발굴되어, 최소한 32년 이상 왕으로 재위한 인물이 무덤의 묘주란 단서가 발견되었다. 그리고 중산어승(中山御丞)이라 적힌 봉니, 중산부(中山府), 중산내부(中山內府) 등이 새겨진 청동기들이 발견되어 중산국에 관련된 유물이라 추정할 수 있었다.

유승은 전한 경제 3년(기원전 154년) 6월 제후로 봉해져 처음으로 중산국 왕이 되었다. 수도는 노노(盧奴)에 두었다. 노노는 하북성 보정시 남쪽에 있는 정주시로 무덤이 발견된 보정시 만성현과 거리가 상당히 멀다. 유승이 최초로 제후국인 중산국 왕으로 봉해진 이래 10명이 왕으로 책봉되었고, 후한 초기에는 2명이 봉해졌으므로, 묘주는 이 12명 가운데 한 명에 해당할 것이다. 유승은 기원전 154년 왕으로 봉해지고, 기원전 113년 사망하였으므로 중국은 유승이 42년 재위하여 위의 모든 조건에 부합된다고 주장하였다.

하지만 중국에서 중산정왕 유승 묘라고 주장하는 보정시 만성현 릉산 묘는 오히려 부여 왕묘일 가능성이 있는데 그 근거를 살펴본다.

첫째, 전한에서는 황제와 황후만이 금루옥의를 사용했다. 전국시대 중산국과 전혀 다른 한나라 제후국인 중산국은 영지도 거의 없고 역사적으로 미미한 후국이었다. 이런 중산국이 막대한 재정이 필요한 금루옥의를 만들 경제력이 있었는지 의문이다. 또한 유승은 황제가 아니고 후왕이므로 절대로 금루옥의를 사용할 수 없고, 제후로 등급에 따라 은루옥의, 동루옥의, 사루옥의를 사용해야 한다.

실례로 1983년 6월 중국 광동성 광주시에서 공사하다 우연히 고묘(古墓)를 발견하였는데, 지상에서 17m 땅을 파고 들어가 묘실이 만들어졌다. 묘주는 남월(南越) 2대 문제(재위 기원전 137년~122년) 조호(趙胡)였다. 남월을 건국한 조타가 생전에 무제를 칭했듯이, 문제(文帝)도 생전 칭호였다. 묘에서 나온 문제행새(文帝行璽) 도장으로 묘주가 확실히 드러났다. 출토품 중 압권(壓卷)은 옥(玉) 조각을 비단실로 꿰매어 수의(壽衣)로 사용한 사루옥의다. 남월은 황제국임을 내세웠지만, 한나라와 대외 관계에서는 신하의 예를 갖추었기에 왕을 칭했다.

둘째, 전한 당시 만성은 중산국이 자국 영토로 확보하지 못했기 때문에 결코 한나라 제후국인 중산국이 관할하는 지역이 될 수 없다. 따라서 고조선과 부여가 건재하던 시점에 한나라 인부들이 고조선 혹은 부여의 땅에 속해있는 산에 들어와 무덤을 만들어 놓고 갔다는 말이다. 즉 유승 무덤을 한나라 인부들이 고조선이나 부여의 제지 없이 축조할 수 있었고, 이들이 물러간 뒤에도 고조선이나 부여는 특별히 이 무덤을 파괴하거나 도굴하지는 않았다는 말이다.

『삼국지』 위서 오환선비열전(烏桓鮮卑列傳)에 따르면, 후한 시대 부여가 우북평에서 동쪽으로 요동에 이르는 지역에 있었다. 한나라 우북평군 토은현(土垠縣)이 현재 보정시 만성현이다.

셋째, 중국 황제나 후왕이 동굴에 매장된 사서 기록은 없고, 무덤

양식도 한족과 전혀 다른 석곽묘이다. 중국 한족계 무덤은 대부분 토광묘(土壙墓)로 땅을 파서 매장한 형태다. 즉 수혈식 갱을 굴착하고 다시 수평식 횡혈을 만들어 묘실 공간을 확보한 다음 전(벽돌)을 이용해 묘실 구조를 구성하는 방식인 수혈식 관곽 묘제이다.

그런데 고조선, 부여, 고구려 등은 흔히 동굴에 매장했다. 우리 사서에서 동굴에 매장한 왕으로 『삼국사기』에는 고구려 민중왕이 있고, 『고려사』에 고려 태조 왕건 아버지 왕륭(王隆) 묘가 기록되어 있다. 또한 묘곽이 석곽묘의 형태로 발견되었다. 석곽에 판축 봉분의 형태로 조성된 묘제인데 분명히 이것은 고구려, 부여 문명권의 전형적인 묘제이다. 고구려를 대표하는 고분은 돌무지무덤(적석총, 積石塚)과 흙으로 쌓은 무덤(봉토분, 封土墳)으로서 돌무지무덤은 돌로 무덤의 봉우리 부분(분구, 墳丘)을 쌓은 무덤이며, 봉토분은 흙으로 분구를 쌓은 무덤이다. 돌무지무덤을 고구려 전기 묘제, 봉토분을 후기 묘제라고 한다.

넷째, 발굴된 부장품도 중국 한족의 유물과 차이가 있다. 왕릉의 중(中) 자형 대묘와 조주분(鳥柱盆, 새 모양의 기둥을 박은 그릇), 옥기 문화 등은 동이족이 건국한 것으로 추정되는 은(상) 문화와 놀라운 일치를 보인다.

장신궁등은 유승 비인 두태후가 거주하던 장신궁에 있던 물품이라고 한다. 외형은 궁녀가 꿇어앉아 등을 들고 있는 형태인데 금으로 도금되어 있어 당시 도금 기술의 일단을 엿볼 수 있다. 하지만 장신궁등에 있는 궁녀의 옷이 중국 복식보다는 오히려 동이족인 고조선, 부여, 고구려 옷과 유사하다.

장신궁등(長信宮鐙)   박산로

그리고 또 하나 출토된 대표적인 유물이 향로인 박산로(博山爐)이다. 부여 후손으로 남부여라고 칭했던 백제에서 만든 금동대향로의 원형 유물과 비슷하게 보인다. 부여 능산리에서 출토된 백제금동대향로(국보 제287호)의 원형은 박산로에서 찾을 수 있다. 각종 제례 행사에서 필수적인 제구인 향로는 전국(戰國)시대 말이나 한나라 초기부터 주로 황실과 귀족 사회에서 사용된 것으로 알려져 있다. 특히 향로의 받침대(승반, 承盤)가 중앙에 다리 하나를 세우고 몸통의 뚜껑이 산악형을 이룬 향로가 박산향로(博山香爐)이다. 향로의 산악형 부위에 구멍이 있어 향을 피우면 연기의 모습이 마치 봉우리 주변으로부터 생동하는 산의 기운을 보는 것과 같은 효과를 볼 수 있다고 한다. 한대의 박산로는 만성현 릉산묘뿐만 아니라 평양 석암리 9,219호 낙랑 고분에서도 출토되었다. 이 모든 정황을 보면 중산정왕 유승의 묘가 아니라 부여 왕묘라고 추정할 수 있다.

6. 『삼국지』 부여전에 기록된 부여

부여 위치를 알려주는 대부분의 중국 정사는 부여가 장성 동북쪽에 있다고 하였다. 『사기』에 나타난 부여는 장성의 북쪽으로 오환과 비슷한 위치에 존재했다. 그런데 서진 진수가 지은 『삼국지』 위서 부여전18은 『위략』을 인용하여 부여가 본래 예(濊) 땅에 세워졌다고 말한다. 즉 부여가 다른 곳에서 오기 전에는 원래 예족이 다스리던 땅으로 나라에 예성(濊城)이 있다고 하였다. 그러면서 부여 지배층은 외부에서 온 정복자로 맥족이지만, 부여왕의 도장은 예왕지인(濊王之印)이라고 하였다. 아마도 예왕(濊王)으로 인정한 이유는 다수가 예족이었기 때문일 것이다.

부여 옆에 있었던 오환과 선비는 동호로부터 파생되었다. 춘추전

---

18 『삼국지』 위서 부여전 『위략』에서 말하기를, 지금 부여의 창고에 옥벽, 규(珪), 옥잔(瓚)이 있는데 수세대를 이어온 물건이며 전달받은 세대에게 보물이 되었다. 나이 든 노인이 말하기를 선대(先代)의 선조에게서 받은 것들이다(魏略云 今夫餘庫有玉璧珪瓚 數代之物 傳世以爲寶 耆老言先代之所賜也).
본시 예(濊)의 땅이다. 그 도장에 예왕지인이란 글귀가 있고 나라 가운데에 예성이란 이름의 옛 성이 있으니, 본래 예맥의 땅이었다. 부여가 그 가운데에서 왕이 되었으므로, 자기들 스스로 망명해 온 사람이라고 말하는 이유가 여기에 있는 듯하다(本濊地也 其印文言 濊王之印 國有故城名濊城 蓋本濊貊之地 而夫餘王其中 自謂亡人抑有以也).

국시대부터 동호는 중국 동북에서 활동하던 유목민으로, 흉노의 동쪽에 있는 이민족이라는 뜻을 갖는다. 즉 동호는 특정한 부족 집단을 일컫는 표현이 아니라 연나라 동북 방면에 있던 여러 종족을 말한다. 기원전 3세기 초 흉노의 묵돌 선우가 동호를 토벌하자 동호가 오환산(烏桓山)과 선비산(鮮卑山)으로 나뉘어 달아나면서, 살아남은 자들이 오환산을 지키며 스스로 오환으로 불렀고, 선비족 역시 선비산을 중심으로 살았기 때문에 이런 명칭으로 불렀다.

『삼국지』 오환선비열전[19]을 보면, 선비족 단석괴(檀石槐)가 처음

---

[19] 『삼국지』 오환선비열전 단석괴가 즉위하여 고류(高柳)의 북쪽으로 3백여 리 떨어진 탄한산(彈汗山) 철구수(歠仇水) 위에 정(庭)을 세우니 병마(兵馬)가 심히 번성하고 동서부(東西部) 대인이 모두 귀부하였다(檀石槐旣立 乃爲庭於高柳北三百餘里彈汗山歠仇水上 東西部大人皆歸焉兵馬甚盛).

그리하여 남쪽으로 한 변방을 노략질하고, 북쪽으로 정령(丁零)을 막아서고, 동쪽으로 부여를 쫓아내고, 서쪽으로 오손(烏孫)을 공격하니 옛 흉노 지역을 모두 차지하였다. 동서로 14,000여 리(里)고 남북으로 7천여 리고, 산천(山川), 수택(水澤), 염지(鹽池)를 망라(網羅)하는데 심히 광대하다(南鈔漢邊 北拒丁令 東却夫餘 西擊烏孫 盡據匈奴故地 東西萬二千餘里 南北七千餘里 罔羅山川 水澤 鹽池甚廣).

한나라가 이를 우려하여 환제(桓帝, 146~167년) 때 중랑장 장환(張奐)을 시켜 흉노를 정벌하게 하였으나 이기지 못했다. 이에 인수를 지니고 사신을 보내 단석괴를 왕으로 봉하며 화친하려 했다. 단석괴가 받아들이지 않았고 노략질은 더욱 심해져 갔다(漢患之 桓帝時 使匈奴中郎將張奐征之 不克 乃更遣使者齎印綬 即封檀石槐爲王 欲與和親 檀石槐拒不肯受 寇鈔滋甚).

단석괴는 그 땅을 중부, 동부, 서부의 3부로 나누었다. 우북평에서 동쪽으로 요동까지 이르는 지역은 부여, 예맥과 동으로 접(接)하여 동부(東部)라 하였고 2십여 읍이 있다. 그곳의 중요한 인물(대인, 大人)은 미가(彌加), 궐기(闕機), 소리(素利), 괴두(槐頭)라 한다(乃分其地爲中東西三部 從右北平 以

왕정을 건설하였던 탄한산 근처에 철구수가 있었는데, 바로 산서성 고류(高柳) 북쪽을 흐르는 지금 동양하(東洋河)이다. 고류의 남쪽에는 대(代), 안문이 있었다. 단석괴는 남으로 한 경계 지역을 약탈하였고, 북으로 정령에 맞서 싸웠으며, 동으로 부여를 무찌르고, 서로는 오손을 격파하여, 영역이 동서 14,000여 리, 남북 7,000여 리였다. 광대한 영역을 점령한 선비족 단석괴는 영토를 중부, 동부, 서부의 3부로 나누어 각 부에 한 명의 수령을 임명하여 관할하도록 했다. 곧 동부는 우북평에서 동쪽으로 요동에 이르는 부여, 예맥 등과 접경 지역 내의 우문부(宇文部), 단부(段部) 등을 포함한 20개 성읍, 중부는 우북평에서 서쪽으로 상곡에 이르는 모용부(慕容部)를

東至遼東接夫餘濊貊爲東部 二十餘邑 其大人曰彌加 闕機 素利 槐頭).

우북평에서 서쪽으로 상곡에 이르는 지역을 중부(中部)라 하며 십여 읍이 있다. 중요 인물은 가최(柯最), 궐거(闕居), 모용(慕容)이며 대수(大帥)가 되었다(從右北平 以西至上谷爲中部 十餘邑 其大人曰柯最 闕居 慕容等 爲大帥).

상곡에서 서쪽으로 돈황에 이르는 지역은 오손과 접(接)하여 서부(西部)라 하고 2십여 읍이 있다. 중요 인물은 치건낙라(置鞬落羅), 일률추연(日律推演), 연려유(宴荔遊) 등으로 모두 대수가 되며 단석괴에 속하며 통제된다(從上谷以西至燉煌 西接烏孫爲西部 二十餘邑 其大人曰置鞬落羅 曰律推演 宴荔游等 皆爲大帥 而制屬檀石槐).

* 정령 흉노의 북방에 위치한 유목민족인 정령족(丁零)을 말함.
* 오손 흉노의 서쪽에 있던 중앙아시아 일대의 유목민족.
* 중랑장(中郞將) 중앙의 호위 장군으로 황제나 중요한 인물의 호위나 중요한 군사 임무를 수행하기 위해 설치된 직책. 중랑장 장환은 흉노의 정벌을 위한 군사적 임무를 맡았다.
* 인수 관직의 상징물인 도장과 끈.
* 대수 큰 장수 곧 고위 지휘관을 뜻하며, 흉노의 특정 부대를 이끌거나 그 지역을 지휘하는 역할을 맡았다.

포함한 10여 개 성읍, 서부는 상곡에서 서쪽으로 돈황군(敦煌郡)과 오손 등에 흩어져 있었던 탁발부(拓跋部)를 포함한 20여 개의 성읍이었다. 탁발부 동부 밖으로는 고구려와 백제가 자리 잡고 있었다.

선비족 단석괴(137~181년)는 2세기에 등장한 대군장으로 북방 여러 유목민족을 통일하여 선비족 최초의 제국을 세웠다. 단석괴가 사망하자 선비는 순식간에 여러 집단으로 분할되었고, 특히 탁발부(拓跋部), 모용부, 우문부, 단부 등이 선비족에서 독립하여 세력을 이뤘다. 중국에서는 한나라가 망하고 그 뒤를 이어 동탁, 원소, 조조, 유비 등 군웅이 패권을 놓고 다투는 삼국시대와 그 뒤를 이은 위진(魏晉)이 붕괴하면서 중원이 혼란에 빠진다. 선비족은 그 틈을 이용하여 대거 북중국으로 밀고 들어갔다.

그런데 『사기』와 『한서』에 의하면 장성 북쪽에 있었던 부여가 단석괴에 쫓겨 2세기 중반에 장성 동남쪽으로 이동한다. 즉 단석괴 침공에 따라 2세기 중반 당시 일시적으로 부여가 우북평에서 요동 가운데 지역에 있었다. 『한서』에서 한나라 우북평군에 무종(無終), 토은(土垠), 서무(徐無), 준미(俊靡), 백랑(白狼), 석성(石成), 려성(驪成) 등 16개 현(縣)이 속했다. 특히 고대 우북평군 무종현(無終縣) 위치가 지금 하북성 보정시 완현이고, 우북평군 토은현이 현재 보정시 만성현으로 비정한다.

부여 이동 경로를 순서대로 살펴보면, 『삼국지』 위서 부여전[20]을

---

20 『삼국지』 위서 부여전 부여는 본래 현토에 속하였다. 부여는 장성의 북쪽에 있다. 현토에서 천 리를 간다. 남으로 고구려가 있고, 동쪽으로 읍루가 있으며, 서쪽으로 선비가 있고, 북쪽으로 약수가 있다. 영토는 사방이 가

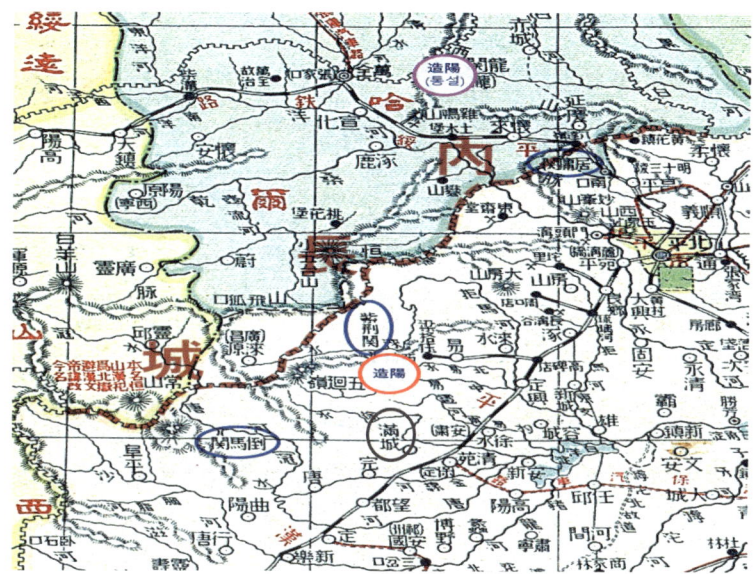

부여의 위치: 상곡군 조양(造陽) 동북쪽과 우북평군 만성(滿城)현 근처
* 내장성(內長城), 도마관(倒馬館), 자형관(紫刑關), 조양(造陽), 거용관(居鏞關), 북평(北平), 백양정(白洋淀)

보면, 부여가 전한 때는 본래 현토에 속하였고, 『삼국지』 오환선비열전에서는 부여가 후한 때는 우북평 근처에 있었다. 그리고 『삼국

히 이천리이다. 호수는 팔만 호다. 백성들은 원래 그 땅에 살던(土著) 사람들이다(夫餘本屬玄菟 夫餘在長城之北 去玄菟千里 南與高句麗 東與挹婁 西與鮮卑接 北有弱水 方可二千里 戶八萬 其民土著).

한말(漢末)에 공손도가 크게 일어나, 요동 동쪽(해동)에서 세력을 확장하여 이민족(외이, 外夷)을 위력으로 복속시키자, 부여왕 울구태(蔚仇台)는 소속을 바꾸어 요동에 복속하였다(漢末 公孫度雄張海東 威服外夷 夫餘王 蔚仇台 更屬遼東).

이때 고구려와 선비가 강성해지자, 공손도는 부여가 두 오랑캐의 틈에 있자 이것을 기화로 종실의 딸을 시집보냈다(時句麗鮮卑彊 度以夫餘在二虜之間 妻以宗女).

3부 부여

지』 위서 부여전에서 일시적으로 우북평에 있던 부여가 후한 말기에 공손도가 크게 일어나자, 다시 현토에서 북쪽으로 천 리를 이동하여 장성 북쪽에 있다고 기록하였다. 여기서 장성은 명나라 때 축성한 내장성이 아니라 진시황이 임조(臨洮)에서 시작하여 갈석산에 이르기까지 쌓았던 만리장성을 말한다. 요약하면 동명 부여가 전한 시대는 상곡군 조양 북쪽 현토 근처에 있었고, 후한 시대는 우북평군 만성현 일대를 점거하고 있었다.

그래서 후한 마지막 헌제(獻帝, 재위 189~220년) 때에 공손도가 크게 일어나 요동 동쪽(해동)에서 세력을 확장하여 이민족(외이, 外夷)을 위력으로 복속시키자, 부여왕 울구태가 요동에 예속되기를 요청하였고, 공손도 딸을 아내로 삼았다고 하였다. 190년을 전후로 공손도는 요동군을 장악하였는데, 요동은 후한 왕도와 너무 떨어져 있어 사실상 독립 정부에 가까웠다. 『삼국지』에 따르면 당시 구태의 후손 가운데 권력자는 울구태라고 하였다. 울구태는 부태의 아들로 보이지만 언제 왕위에 올랐는지 기록에는 없다.

동명 부여와 후한 사이에는 밀접한 관계가 지속되었지만, 2세기 말경 공손도가 요동에 독자적인 세력을 형성하여 동방의 패자로 군림했을 때 부여는 화친 관계를 유지하였으며, 공손도의 종녀(宗女)와 결혼하여 일종의 혼인동맹을 맺었다. 『삼국지』와 『북사』 기록을 보면, 공손도는 구태와 함께 동으로 고구려를 치고, 서로는 오환을 공격하여 요동에서 큰 세력을 형성하였다고 한다. 그리고 『삼국지』 위서 공손도전(公孫度傳)에 따르면 190년경에는 이들은 중원으로 진출하여 천하통일의 대업을 이루려고 획책하고 있었다. 공손도가 요동 태수가 되는 시기는 한나라에서 동탁(董卓)의 집권 시기였다.

그러면 옛 예족의 땅이었던 현토 북쪽으로 천여 리에 있었던 막북의 땅이 어디인지 살펴본다.『임하필기(林下筆記)』부상개황고(扶桑開荒攷)21에 따르면, 예국은 본래 막북에 있었는데, 동호에 쫓겨 강릉부(江陵府)로 옮겼다. 따라서『임하필기』22에 따르면, 예(濊)는 막북에 있던 본래 예(濊)와 이후 호(胡)에 쫓겨 동남쪽으로 이동하여 하북성 보정시 동남쪽에 있었던 예(濊)로 구분할 수 있다. 따라서 막북에 있던 예 땅을 부여가 차지했다는 가설을 세울 수 있다. 그러면 현토 북쪽으로 천 리에 있었던 부여 위치가 어디인지 살펴본다.

『신당서』발해전23을 보면, 발해 수도였던 상경용천부(上京龍泉

---

21 『임하필기』부상개황고　예국은 본래 막북에 있다가 호(胡)에 쫓겨 지금의 강릉부로 옮겼다. 한무제 원삭 원년 예국의 임금 남려가 내속(內屬)하자, 그에게 땅을 주어 창해군으로 만들었다(濊國本在漠北 爲胡逐遷于今江陵 漢武帝元朔元年 濊君南閭 內屬以其地爲蒼海郡).

22 『임하필기』조선 후기 문신 이유원(李裕元)이 다양한 분야에 걸쳐 자유롭게 정리한 기록(수의, 隨意)이거나 또는 체계적으로 기록(수록, 隨錄)한 것을 모아 엮은 종합서. 1871년 천마산에서 탈고하였다 한다. 권 11~24에 문헌지장편(文獻指掌編)은 이 책에서 가장 많은 부분을 차지하는데, 단군조선에서부터 고려시대에 이르기까지의 흥망성쇠·관제·정치·산업·교육·풍속·천문·지리·궁중 제도 등 광범한 분야를 해설하고 있다. 권 36 부상개황고편(扶桑開荒攷編)에서는 단군조선부터 고려에 이르기까지의 역사를 다루었다. - 출처: 한국민족문화대백과사전

23 『신당서』발해전　부여의 옛땅으로 부여부를 삼아 부주, 선주 등 2주를 거느리고 항시 강한 군사를 주둔시켜 거란을 막게 하였다.

府) 용주(龍州)의 속현으로 황룡(黃龍), 천민(遷民), 영평(永平) 등 3현(縣)이 있다. 또한 발해는 부여의 옛 땅을 차지하여 부여부(扶餘府)를 삼아 부주(扶州), 선주(仙州) 등 2주를 거느리고, 항시 강한 군사를 주둔시켜 거란을 막게 하였다. 즉 발해 부여부 서쪽으로 거란이 있었다.

거란이 세운 요(遼)나라가 926년 7월 발해를 멸망시켰다. 거란주(契丹主)가 발해와 거란은 대대로 원수를 지어 해마다 침벌(侵伐)하였으니, 대대로 내려오는 원수를 갚지 않고서 어찌 편안히 살 수 있겠는가 말하고, 곧 그 나라 서쪽 변방 여러 부(部)를 대거 공격하였다. 드디어 부여성(扶餘城)으로 나아가 함락하고, 군사를 전진시켜 홀한성(忽汗城)을 포위하였다.

부여의 땅이었던 발해 부여부를 찾기 위해『요사』지리지24를 보

---

24 『요사』지리지 동경도(東京道) 통주(通州) 안원군(安遠軍)은 본디 부여국의 왕성이다. 발해 때에는 부여성(夫餘城)이라고 불렀다(通州 安遠軍 節度 本扶餘國王城 渤海號扶餘城).
태조가 용주로 고쳤고, 성종(聖宗)이 다시 지금 이름으로 고쳤다. 보녕(保寧) 7년(975년) 황룡부(黃龍府)에서 반란을 일으킨 연파(燕頗)의 잔당 1,000여 호로 설치했다. 현(縣) 4곳을 통할한다. 통원현(通遠縣)은 본래 발해 부여현(扶餘縣)이며, 포다현(布多縣)을 병합하여 설치하였다. 안원현(安遠縣)은 본래 발해 현의현(顯義縣)이며, 작천현(鵲川縣)을 병합하여 설치하였다. 귀인현(歸仁縣)은 본래 발해 강수현(强帥縣)이며, 신안현(新安縣)을 병합하여 설치하였다. 어곡현(漁谷縣)은 본래 발해 현이었다(太祖改龍州 聖宗更今名 保寧七年 以黃龍府叛人燕頗餘黨千餘戶置 升節度 統縣四 通遠縣本渤海扶餘縣 並布多縣置 安遠縣本渤海顯義縣 並鵲川縣置 歸仁縣本渤海强帥縣 並新安縣置 漁穀縣本渤海縣).
용주 황룡부는 본래 발해 부여부이다. 보녕 7년(975년) 이후 일시 폐해졌

면, 요나라 용주 황룡부가 발해 부여부(夫餘府)였다. 요(遼)나라가 발해를 멸한 뒤 발해 상경용천부 용주의 속현 주민들을 부여부 지역으로 옮겼고, 이들과 부여부 원주민을 합쳐서 용주 황룡부로 귀속시켰다. 용주 황룡부란 명칭에서 알 수 있듯이 용주는 상경용천부 용주에서 나왔고, 황룡부는 부여부를 개명(改名)한 것으로 서로 이웃한 지역에 있었다.

용주를 요나라 성종 때 통주 안원군으로 바꾸었는데 본디 부여국 왕성이라고 하였다. 아마도 975년 황룡부를 폐할 때 반란에 연루된 부(府)의 발해 주민 천여 호(千餘戶)를 옮겨서 통주를 설치했던 것으로 보인다. 통주 주민이 발해 부여부 속현의 주민으로 구성되었음은 그러한 면을 말해준다. 따라서 황룡부와 통주는 별개(別個) 지역으로 보인다. 실제 요대(遼代)에는 반란 지역의 주민에 대한 벌(罰)로 다른 지역에 강제 이주시키는 일은 흔히 있었다. 975년 황룡부에서 반란을 일으킨 연파를 진압하기 위한 상황을 보면, 요군(遼軍)이 반란군을 압록강(鴨綠江)에서 격파했다고 하였다. 그러면 발해 부여부 즉 황룡부 위치는 발해 압록강 북쪽 및 요나라 상경임황부(上京臨潢府) 동북방에 있어야 하므로 현재 북경시 서쪽으로 추정된다.

그런데 요나라 통주 안원군의 4개 속현은 통원현, 안원현, 귀인

다가 개태 9년(1013년) 그 동북방(東北方)으로 성을 옮겨 재차 설치하였다(龍州 黃龍府本渤海扶餘府 太祖平渤海 還至此崩 有黃龍見更名 保寧七年 軍將燕頗 叛 府廢 開泰九年 遷城于東北 以宗州檀州漢戶一千戶復置 統州五 縣三).

현, 어곡현이다. 통주 지명이 하북성 북경시 동남쪽에 남아있다. 『금사(金史)』25에 따르면, 요나라 귀인현은 본래 발해 강사현(強師縣)이었다. 금나라 말기 야율유가(耶律留哥)26가 이끄는 거란 부흥군과 금나라 장군 만노(萬奴)의 군대가 싸운 곳이 바로 귀인현 북쪽이다.

『원사(元史)』27에 따르면, 금나라 장군 선무만노(宣撫萬奴)는 병사 40여 만을 이끌며 요(遼) 부흥군을 공격했지만 패배한다. 이에 만노는 금나라 군대를 이끌고 동경에서 동진국(東眞國)이란 나라를 세우고 몽골에 저항하다가 결국 멸망하고 만다. 그리고 요 부흥군을 이

---

25 『금사』 귀인현은 요나라 통주 안원군에 속했다. 본래 발해 강사현이다 (歸仁 遼舊隸通州安遠軍 本渤海強師縣 遼更名 金因之 北有細河).

26 야율유가 야율유가(1165~1220년)는 금나라 말기의 장군이자 동요국 설립자. 거란인들은 몽골계 언어를 사용했기 때문에 퉁구스계 언어를 사용하는 여진족보다는 몽골족과 더 친밀한 유대감을 가지고 있었다. 금시왕자(金始王子)는 금나라가 쇠퇴하자 몽골과 손을 잡고 금나라에 반기를 들었으며, 대요수국을 세웠다.

27 『원사』 금나라 황제가 노하여 선무만노에 병사 40여 만을 이끌고 공격하게 했다. 야율유가가 귀인현 북쪽 하상에서 전투를 벌여 금나라 군대를 무너뜨렸다. 선무만노가 흩어진 병사를 모아 동경으로 달아났다. 안동동지 아령(阿憐)이 두려워 사람을 보내 항복하기를 구하였다(金主怒 複遣宣撫萬奴領軍四十余萬攻之 留哥逆戰于歸仁縣北河上 金兵大潰 萬奴收散卒奔東京 安東同知阿憐懼 遣使求附).

그리하여 요동 주군(州郡)이 대부분 상실되었다. 야율유가는 도읍을 함평에 했는데 중경이라고도 한다. 금나라 좌복원사 다라도(移剌都)가 10만 병력으로 유가(留哥)를 공격했으나 패배했다(於是盡有遼東州郡 遂都咸平 號為中京 金左副元帥移剌都以兵十萬攻留哥 拒戰 敗之).

* 안동동지 아령 금나라 관리로 전세가 불리해지자 몽골 측에 항복을 요청함. 안동동지는 동경 지역의 관리를 의미할 수 있다.

끌던 야율유가와 금산왕자(金山王子)는 금나라가 함평(咸平)이라 부르던 지역 일대를 점거하였고, 야율유가는 함평에 동요국(東遼國)을 세웠다. 사실상 야율유가는 요동의 지배자가 되었지만, 황제가 되는 것을 포기하고 몽골에 스스로 복속하였다.

1215년 야율유가가 칭기즈 칸에 의해 요왕(遼王)에 봉해지자, 부하들이 반란을 일으켰다. 1216년 야율유가 동생 야율시불(耶律厮不)은 야율걸노, 야율통고여, 청구의 추대를 받아 징주(澄州)에서 대요수국(大遼收國)을 건국하였다. 야율시불은 아아(鵝兒), 걸로(乞奴)를 파견해 수만 명을 거느리고 압록강을 건너 고려 영삭진과 정융진을 침략하였으며, 건국된 지 한 달 만에 청구가 배반해 금나라에 귀부하는 사태가 일어나고, 야율시불은 부하에게 살해당했다. 『고려사절요』[28]에서 야율시불의 아들 금산왕자와 금시왕자가 하삭(河朔)에서 금나라를 괴롭혔다고 하니 기록이 일치한다.

7. 동명 부여와 요서백제(遼西百濟)의 관계

『삼국지』 부여전은 부여에 관한 최초의 열전으로 위치와 강역을

---

[28] 『고려사절요』 1216년 북계 병마사(北界兵馬使) 독고정(獨孤靖)이 아뢰기를, 금나라 군사 3만 명이 거란과 개주관(開州館)에서 싸웠으나 이기지 못하고 달아나서 대부영(大夫營)을 지킨다고 하였다.
처음에 거란의 남은 후손(유종, 遺種)인 금산왕자와 금시왕자가 아아, 걸로 두 사람을 장수로 삼아 하삭 즉 황하 이북의 백성을 위협하여 스스로 대요수국왕(大遼收國王)이라 일컫고, 연호를 천성(天成)이라 하였다.

비롯하여 관제, 의식, 의례, 풍속, 산물 등 부여의 생활 습속에 관한 상세한 기술과 현토군, 후한, 공손씨 등의 여러 세력과 관련 기사로 구성되어 있다. 『삼국지』에 따르면, 부여는 전성기에 인구 8만 호에 사방 2,000리의 영토를 가진 큰 나라였다. 당시 인구 3만 호에 불과한 고구려보다 국력이 훨씬 강대한 나라였다. 그래서 부여는 매우 부유하였고, 선조 이래 적에게 패한 일이 없었다고 기록했다. 부여를 다루는 역사 기록은 상당히 적으며, 그렇기에 부여의 역대 왕들이 누구였으며 그 수가 얼마나 되는지는 알 길이 없다. 『삼국지』 부여 전에도 부여의 위치나 지리, 풍속 등만 기록되어 있을 뿐 왕 계보는 자세한 기록이 없다.

한편 『삼국지』는 백제 건국 과정을 명확하게 밝히고 있지 않지만, 부여왕 울구태에 의해서 백제가 건국되었다는 기록이 남아있다. 부여왕이 백제 건국 시조라는 기록이 등장하므로 동명 부여가 요서백제와 깊은 관련을 맺고 있었음을 짐작할 수 있다. 이에 대한 근거로 동명 부여는 단석괴 침공에 따라 2세기 중반 당시 일시적으로 우북평에서 가까운 지역에 있었다. 이처럼 동명 부여는 끊임없이 고구려의 위협과 선비의 압박을 받아왔던 만큼 공손씨 정권과는 더욱 우호 관계를 유지하였다.

백제 건국 시조가 『삼국지』는 울구태, 『북사』는 동명의 후손 구태, 통전은 위구태 후손으로 각각 나온다. 이들 사서를 종합해 보면, 부여 시조 동명의 후손으로 위구태가 있었다. 위구태 후손 중에서 울구태가 공손도의 딸과 결혼하면서 요서 지역 일대에서 큰 세력이 되었고, 울구태는 이를 바탕으로 대방 고지에서 요서백제를 건국했다고 보인다.

요약하면 백제는 기원전 1세기경 온조(溫祚) 백제가 먼저 건국되어 발전하다가, 2세기 후반에 부여 울구태 세력이 기존 온조 백제를 합병했다고 볼 수 있다. 백제 건국 과정을 상세하게 기록한 사서는 『북사』와 『수서』이고, 『통전』과 『송서(宋書)』에는 당시 요서백제 위치와 치소가 나온다. 『북사』 기록이 비교적 그 시대에 가깝고 여러 사서의 내용을 결집하고 있어서 초기 백제의 실상을 파악하기에 도움이 된다.

『북사』 열전 백제전[29]을 따르면 백제가 2세기 말~3세기 초 구태에 의해 건국된 것으로 나타난다. 구태가 공손도 사위라고 하므로 공손도 아들 공손강과 세대가 같고, 활동 시기를 2세기 후반~3세기 초로 추정할 수 있다. 『수서』도 대동소이하다. 두 기록 모두 동명왕 후손 구태가 공손도의 딸과 결혼하여 백제를 건국한 것으로 되어 있다.

요서 백제 건국 위치에 대해서 『통전』[30]은 후한 말 부여왕 위구

---

[29] 『북사』 열전 백제전 동명 후손으로 구태가 있었는데 어질고 신의가 깊어 따르는 사람들이 많아 처음 나라를 대방 고지에 세웠다. 한나라 요동태수 공손도가 딸을 그의 아내로 주어 드디어 동이는 강국이 되었다(東明之後 有仇台 篤於仁信 始立國於帶方故地 漢遼東太守 公孫度 以女妻之 遂東夷强國).

[30] 『통전』 백제전 백제는 후한 말 부여왕 위구태 후손이다(百濟 即後漢末 夫餘王尉仇台之後).
후위 때 백제왕이 표를 올려 말하기를 신과 고구려의 선조는 부여에서 나왔다고 하였다. 처음 백가가 바다를 건넜으므로 백제라 칭하였다(後魏時 百濟王上表云 臣與高麗先出夫餘 初以百家濟海 因號百濟).
진(晉)나라 때 구려가 앞서 요동을 경략하여 차지하자, 백제도 요서와 진

태 후손으로 백제가 요서와 진평(晉平) 2군을 차지했다고 하면서, 그 위치가 당나라 시대 유성과 북평 사이라고 구체적으로 기록하였다. 그리고 『송서』[31]는 고려가 요동을 공략해 영유하자 백제는 요서를 공략해 영유하였고, 백제의 치소가 진평군 진평현이라고 하였다.

이와 같은 요서 백제 기록은 5세기부터 7세기까지 거의 300년에 걸쳐 편찬 주체를 달리하는 중국 정사들에 계속 소개되었다. 즉 488년에 편찬된 『송서』로부터 200여 년 후 당나라 초기에 편찬된 『남제서』나 『양서』는 물론이고 역시 당나라 두우도 이의를 제기하지 않고 『통전』에서 소개했을 정도이다. 이는 5~7세기 당시 중국인들은 고구려와 백제의 요동과 요서 점유를 보편적 사실로 받아들이고 있었다는 것을 의미한다.

그런데 요서 백제는 건국 이후 동명 부여와 상당한 갈등이 있었던 것으로 보인다. 그래서 『자치통감』 346년 기록에 부여가 원래 녹산(鹿山)에 있다가 백제의 침략을 받아 선비족 모용부가 세운 전연(前燕) 가까이 이주했다가 결국 전연에 의해 멸망했다고 한다. 당시 백제는 346년 9월 온조왕 계통의 계왕이 재위 3년 만에 죽었으

평 2군(二郡)의 땅을 점거하여 차지하였다. 지금의 유성(柳城)과 북평 사이이다(晉時 句麗旣略有遼東 百濟亦據有遼西晉平二郡 今柳城北平之間).

31 『송서』 백제국은 본래 고려와 함께 모두 요동 동쪽 천여 리 되는 곳에 있었다. 그 뒤에 고려는 요동을 침략해서 소유했고 백제는 요서를 침략해서 소유하였다. 백제의 치소는 진평군(晉平郡) 진평현(晉平縣)이다(百濟國本與高驪俱在遼東之東千餘里 其後高驪略有遼東 百濟略有遼西 百濟所治 謂之晉平郡晉平縣).

며, 왕위는 다시 동명 부여 계통인 비류왕의 아들 근초고왕(부여 구)에게 돌아갔다.

8. 『진서』에 기록된 부여

위(魏)나라 초기 중요한 역사적 사건으로 백제 고이왕 즉위 원년(236년)은 위나라 황제 조예가 공손연의 토벌을 명한 해이고, 이에 따라 237년 위나라 명장 관구검은 요동 입구인 요수까지 출병했으나 가을장마 때문에 부득이 철군했다. 마침내 238년 사마의는 고구려의 도움을 받아서 공손연을 토벌하고 가족과 장수들을 색출하여 참형에 처한다.

동명 부여는 왕이 위구태 이후 부태, 울구태 순서로 왕위가 승계되었다. 그리고 『삼국지』 부여전[32]에 울구태 이후 계보에 관한 기록이 있다. 울구태가 죽고 간위거로 왕위가 이어진다. 간위거와 백

---

32 『삼국지』 위서 부여전 울구태가 죽고 간위거(簡位居)가 왕이 되었다. 간위거에게는 적자가 없고 서자 마여(麻餘)가 있었다. 간위거가 죽자, 제가들이 함께 마여를 옹립하여 왕으로 삼았다(蔚仇台死 簡位居立 無適子 有孽子麻餘 位居死諸加共立麻餘).

우가(牛加) 형(兄)의 아들도 이름이 위거였다. 대사가 되어서 재물을 아끼지 않고 남에게 베풀어 주기를 좋아하니 국인들이 그를 따랐다. 해마다 위나라에 사신을 보내어 공물을 바쳤다(牛加兄子名位居 爲大使 輕財善施 國人附之 歲歲遣使詣京都貢獻).

마여가 죽고, 아들인 여섯살 의려(依慮)를 세워 왕으로 삼았다(麻餘死 其子依慮年六歲 立以爲王).

제 건국자 울구태가 부자 관계인지 아닌지 확실한 기록이 없다. 간위거 사후 적자를 남기지 못하고 죽었으므로 제가(諸加)가 협의하여 서자인 마여를 후계자로 추대하였다. 동명 부여는 간위거 사후 왕위 계승에 혼란이 발생하면서 국력이 급속히 약화되었다. 부여왕 간위거와 부여 대사 위거(位居), 고구려 고추가 박위거(駁位居) 및 동천왕의 이름 우위거(優位居) 등에 들어가는 위거를 통해 부여어가 고구려는 물론이고 고조선과도 언어적 유사성이 있었음을 확인할 수 있다.

246년 간위거가 왕위에 있었을 때 부여가 고구려를 정벌하는 위(魏)나라를 지원하였다. 즉 『삼국지』 위서 부여전[33]을 보면, 위나라 유주자사 관구검이 고구려를 칠 때, 현토태수 왕기(王頎)를 부여에 보내어 왕을 뵙게 하니, 간위거는 대가를 보내어 왕기를 맞게 하고 군량을 공급하여 주었다. 아마도 공손연이 토벌되자 사돈 국가인 동명 부여도 곤란한 상태에 빠지게 되었을 것이다. 이런 상황에서 위(魏)나라의 고구려 침공에 대해 직접적인 이해관계가 없는 동

---

[33] 『삼국지』 위서 부여전 정시 연간(246년) 유주자사 관구검이 고구려를 토벌하면서 현토태수(玄菟太守) 왕기를 부여에 파견하였다. 위거는 대가를 보내어 교외에서 맞이하게 하고 군량을 제공하였다(正始中 幽州刺史毋丘儉 討句麗 遣玄菟太守王頎詣夫餘 位居遣大加郊迎 供軍糧).

계부인 우가가 다른 마음을 품자, 위거는 계부 부자를 죽이고 그들의 재산 목록을 만들어 관에 보내었다. 옛 부여의 풍속에는 가뭄이나 장마가 계속되어 오곡이 영글지 않으면, 그 허물을 왕에게 돌려 왕을 마땅히 바꾸어야 한다고 하거나 죽여야 한다고 하였다(季父牛加有二心 位居殺季父父子 籍沒財物 遣使簿斂送官 舊夫餘俗 水旱不調 五穀不熟 輒歸咎於王 或言當易 或言當殺).

명 부여는 관계를 개선하기 위해 군량 지원을 한 것으로 보인다.

265년 위나라가 사직을 닫고, 사마의 손자 사마염(司馬炎)이 진(晉)나라를 건국하였다. 하지만 306년 서진 말기 영가(永嘉)의 난[34]에 의해 낙양이 함락되었고, 흉노족에 의해 회제(懷帝)가 포로가 되면서 멸망하였다. 서진 왕조가 유연(劉淵)의 전조(前趙)에 멸망하자, 사마의 증손자 사마예(司馬睿)가 강남(江南)에 망명하여 세워진 왕조가 동진이다. 효무제(孝武帝) 때 무장 환현(桓玄)이 거병하여 집권하자 유유(劉裕)가 이를 진압하고 송(宋)나라를 세워 제위에 오르면서 동진은 멸망한다. 송나라는 남북조 시대에 강남에 세워진 남조의 첫 왕조이다.

『진서』는 265~420년 서진 무제 사마염부터 동진 마지막 효무제까지 기록하였다. 『진서』에는 주위 나라에 관한 기사가 많이 있는데 고구려, 백제, 신라 등의 국명으로 나오지 않고, 『삼국지』와 『후한서』와 마찬가지로 마한, 진한, 변한으로 기록되어 의문을 가지게 한다.

---

[34] 영가의 난(永嘉之亂) 중국 서진 말기 혜제(惠帝) 치세 때 일어난 팔왕의 난(300년) 이후 회제(懷帝) 연호였던 영가(永嘉, 307~312년) 때 이민족이 서진의 수도를 정복한 난을 말함. 311년 갈족 석륵군에 의해 서진 군이 대패하여 한족 장병 10여만이 학살당하거나 포로가 되었고, 흉노 유연의 아들이자 후계자였던 유총은 서진의 낙양을 함락시키고, 회제를 연행했다. 회제의 부인과 어머니는 유총의 노비가 되었다. 회제의 사후 장안에서 민제가 옹립되었으나, 얼마 안 가 흉노족에 의해 살해되었다. 화북은 이후 본격적인 오호십육국 시대가 시작되었다. 이민족들이 한족들을 유린하기 시작한 것이 사건이 바로 영가의 난이다. - 출처: 위키백과

『진서』를 보면 진(晉)나라 때도 부여는 현토 북쪽 천여 리에 있었다. 『진서』 동이전 부여국35 전반부는 『삼국지』와 『후한서』에서 기술된 부여 기사의 축소된 내용이고, 후반부는 진(晉)나라 당시 부여와 관계된 내용이다. 『진서』에서 부여가 진나라에 자주 조공했다고 하는데, 무제 사마염이 265년 진나라를 세운 이후부터 태강 6년(285년)까지 『진서』에 조공(朝貢)했다는 기록은 없다.

마여(麻余)는 생몰 연도나 재위 기간 모두 불명이다. 유일하게 부

---

35 『진서』 동이전 부여국 부여국은 현토 북쪽 천여 리에 있다. 남쪽은 선비에 접하고, 북쪽은 약수에 있고, 그 땅은 이천여 리이며, 호는 팔만 호이다. 성읍과 궁실이 있으며, 땅은 오곡에 마땅하다(夫餘國在玄菟北千餘里 南接鮮卑 北有弱水 地方二千里 戶八萬 有城邑宮室 地宜五穀).

사람들이 강하고 용감하며 모임에서 서로 읍하고, 사양의 예의는 중국과 같음이 있다. 나타날 때는 옷은 비단으로 하고, 금은으로 허리띠를 꾸민다. 법은 살인한 자는 죽이고, 집을 압수한다. 도둑질한 자는 하나로 인해 열두 사람을 꾸짖고, 남녀가 음탕하고 부인이 시샘하면 모두 죽인다(其人強勇 會同揖讓之儀有似中國 其出使 乃衣錦 以金銀飾腰 其法 殺人者死 沒入其家 盜者一責十二 男女淫 婦人妬 皆殺之).

군사를 일으키면, 소를 죽여 하늘에 제사하고, 굽을 보아 길흉을 점치는데, 굽이 흩어지면 흉하고, 합해지면 길하다. 주인이 죽으면 산 사람을 순장하고, 곽은 있으나 관은 없다. 상을 당하면, 남녀는 모두 순백색의 옷을 입고, 부인은 베를 짜서 얼굴을 가리고, 옥노리개를 댄다. 좋은 말과, 담비, 아름다운 진주가 나온다. 진주는 크기가 대추만 하다(若有軍事 殺牛祭天 以其蹄占吉凶 蹄解者爲凶 合者爲吉 死者以生人殉葬 有無棺 其居喪 男女皆衣純白 婦人著布面衣 去玉佩 出善馬及貂美珠 珠大如酸棗).

나라가 성하고 부유하였다. 선대부터 내려오니, 그 나라를 아직 깨뜨리지 못하였다. 왕의 도장을 예왕의 도장이라 말한다. 나라 가운데에 예로부터 예성(穢城)이 있었는데, 본래 예맥의 성이었다(其國殷富 自先世以來 未嘗被破 其王印文稱穢王之印 國中有古穢城 本穢貊之城也).

여 내정에 대한 기록이 남아있는 왕인데, 마여왕 시기 대사 위거가 국정을 주도했다고 기록되어 있다. 마여 사후 아들 의려를 세워 왕으로 삼았는데 겨우 6세였다. 의려왕 즉위 이후 285년 세력을 확장하던 선비족 모용외가 부여를 공격했고, 부여는 이 싸움에서 대패하고 말았다. 모용외는 선비족 모용부의 부흥기를 가져온 영웅으로 칭송받는다. 모용외는 대인(大人)이 되자 아버지의 원한을 풀고자 서진에 표문을 보내서 우문부 정벌을 허락해 달라 요청했지만, 무제 사마염은 이를 불허하였다. 분노한 모용외는 요서를 침략하여 백성들을 죽이고 약탈을 자행하였고, 동시에 예맥계 국가인 부여와 고구려를 공격했다.

『진서』 동이전 부여국36에 따르면, 285년 부여는 선비족 모용외

---

36 『진서』 동이전 부여국 무제 때는 자주 와서 조공을 바쳤는데, 태강 6년 (285년) 이르러 모용외의 습격을 받아 패하여 왕 의려는 자살하고, 그의 자제들은 옥저로 달아나 목숨을 보전하였다(武帝時 頻來朝貢 至太康六年 爲慕容廆所襲破 其王依慮自殺 子弟走保沃沮).
무제는 다음과 같은 조서를 내렸다. 부여왕이 대대로 충성과 효도하다가 몹쓸 오랑캐에게 멸망되었음을 매우 가엾게 생각하노라. 만약 그의 유족으로서 복국할 만한 사람이 있으면 마땅히 방책을 강구하여 나라를 세울 수 있도록 하게 하라. 이에 유사가 보고하기를, 호동이교위 선우영이 부여를 구원하지 않아서 기민하게 대응할 기회를 놓쳤다고 하였다. 조서를 내려 선우영을 파면시키고 하감(何龕)으로 교체하였다(帝爲下詔曰 夫餘王世守忠孝 爲惡虜所滅 甚愍念之 若其遺類足以復國者 當爲之方計 使得存立 有司奏護東夷校尉鮮于 不救夫餘 失於機略 詔免 以何龕代之).
이듬해 부여 후왕 의라(依羅)는 하감에 사자를 파견하여, 현재 남은 무리를 이끌고 돌아가서 다시 옛 나라를 회복하기를 원하며 원조를 요청하였다. 하감은 전열을 정비하고 독우고침(督郵賈沈)을 파견하여, 군사를 거느

(慕容廆)가 침입하자 수도가 함락되어 국왕 의려가 자살하고, 1만여 명의 주민이 포로로 잡혀가는 등 큰 피해를 보았다. 그리고 의려 아들을 비롯한 귀족 세력이 옥저 방면으로 피난했다고 하였다. 진(晉)나라 황제는 부여를 가엾게 여기어 많은 도움을 주었다고 기록하였으나, 실상은 부여를 가엾게 생각했다기보다는 고구려의 실지 회복을 막고, 새로이 발흥하는 선비족 모용부, 단부, 우문부[37] 세력을 견제하기 위한 수단으로 이용했다고 생각된다.

286년 의라가 돌아가서 옛 나라를 회복할 뜻을 밝히며 서진(西晉) 동이교위 하감에 도움을 청했다. 289년 서진 무제는 부여에 원군을 파견하여 모용외를 격파했다고 하였다. 마침내 의라는 의려왕(依慮王)의 뒤를 이어 왕위에 올랐으며, 선비족에게 상실했던 부여를 재탈환하였다.

리고 호송하게 하였다. 모용외 또한 그들을 길에서 기다리고 있었으나, 고침이 모용외와 싸워 크게 깨뜨리니, 모용외의 군대는 물러가고 의라는 나라를 회복하였다(明年 夫餘後王依羅遣詣龕 求率見人還復舊國 仍請援 龕上列遣督郵賈沈以兵送之 又要之於路 沈與戰 大敗之 衆退 羅得復國).

그 후에도 모용외는 매번 부여인을 잡아다가 중국에 팔아먹었다. 황제는 그것을 가엾게 여기어 다시 조서를 내려 국가의 비용으로 속전을 주고 그들을 부여로 되돌려 보내었으며, 사(司)와 기(冀) 2주에 명하여 부여인의 매매를 금지하였다(爾後每爲 掠其種人 賣於中國 帝愍之 又發詔以官物贖還 下司冀二州 禁市夫餘之口).

37 모용부, 단부, 우문부는 3세기 후반에서 4세기 초에 걸쳐 선비족(鮮卑族) 내부에서 새롭게 발흥하며 중원과 요동 일대의 정세를 크게 뒤흔든 주요 세력.

9. 『자치통감』에 기록된 부여

동명 부여의 왕통은 의려에서 의라로 이어졌고, 이후 현(玄), 여울(餘蔚)로 계승된다. 310년대 진(晉)나라가 북방 민족에게 쫓겨서 남쪽으로 천도하면서 요동 일대에 대한 중국 세력의 영향력이 사라짐에 따라서 부여는 고립무원의 상태에 처하고 전연, 고구려, 백제의 위협에 직면하였다.

모용외의 뒤를 이은 모용황(慕容皝)은 333년 내분을 진압하고 337년 연왕을 칭제하니 바로 오호십육국 시대(五胡十六國時代) 전연이다. 341년에는 용성(龍城)으로 수도를 정했다. 342년 전연 모용황의 침략으로 고구려는 국내성과 환도성이 함락되어 고국원왕은 피신했고, 아버지 미천왕릉이 도굴당해 시신을 빼앗겼다. 미천왕의 태후와 고국원왕의 왕후를 비롯해 남녀 5만여 명이 포로로 끌려가는 치욕을 당했다. 또한 동명 부여도 346년 다시 전연 초대 황제 모용황 침공으로 왕인 현(玄) 이하 5만 명이 끌려가면서 멸망하게 된다.

『자치통감』 진기(晉紀)[38]에 따르면, 부여가 원래 녹산에 있었다

---

[38] 『자치통감』 진기 영화 2년(346년) 앞서 부여는 녹산에 자리 잡고 있다가, 백제의 침략을 받아 부락(部落)이 쇠산해졌다. 그래서 서쪽으로 연나라에 가까운 곳으로 근거지를 옮겼는데, 대비하지 않았다(初夫餘居於鹿山 爲百濟所侵 部落衰散 西徙近燕 而不設備).
연왕 모용황이 세자 모용준에게 모용군, 모용각, 모여근 세 장군과 함께 1만 7천 기병을 이끌고 부여를 습격하도록 하였다. 모용준은 중군에서 지휘하고, 군사는 모두 모용각이 맡았다. 드디어 부여를 멸하고 그 왕 현

가 백제의 침략을 받자, 모용선비39가 세운 전연 가까이 이주했다가 대비하지 않아 모용황 침공으로 멸망했다고 하였다. 여기서 녹산(鹿山)은 백록산(白鹿山)의 약자로 보인다. 백록산(白鹿山)의 다른 이름이 백랑산(白狼山)이다. 하북성 보정시 역현(易縣) 당호진(塘湖鎭) 공산촌(孔山村) 인근에 320m 높이의 굴륭산(窟窿山)이 있다. 흰색 바위로 이루어진 산 정상부에 커다란 구멍이 뚫려있어 공산(孔山)이라고도 부른다. 굴륭산이 바로 고대의 백랑산(白狼山)으로 추정되는데, 그 이유는 산 정상부의 모습이 주둥이를 길게 내밀고 입을 벌린 채 납작 웅크리고 있는 흰색 이리의 형상이기 때문이다. 그리고 부여왕 현(玄)은 전연으로 끌려간 이후 진동장군에 임명되고, 모용황 딸과 결혼할 정도로 상당한 입지를 확보했다.

전연은 요서를 근거지로 발흥하여 모용외 재위 때부터 성장하기 시작하여 337년 모용황 때는 칭제건원을 할 정도로 성장했고, 348년 모용황 뒤를 이어 즉위한 모용준은 후조(後趙) 멸망의 혼란을 틈타 350년 유주 일대를 점령하고 기주를 공격하였다. 352년에는 염위를 멸망시키고 하북 지역을 점령하였으며 황제로 즉위하였다. 353년에는 업(鄴)으로 천도하였다. 이후 영토 확장에 주력하여 화

(玄)과 부락 5만여 구를 포로로 하여 귀환하였다(燕王皝遣世子俊帥慕容軍 慕容恪 慕輿根三將軍 萬七千騎襲夫餘 俊居中指授 軍事皆以任恪 遂拔夫餘 虜其王玄及部落五萬餘口而還).

황(皝)은 현(玄)을 진군장군으로 삼고 딸을 처로 삼게 하였다(皝以玄爲鎭軍將軍 妻以女).

39 **모용선비** 선비족 중에서 모용씨(慕容氏)가 이끄는 집단으로 전연, 후연(後燕)을 건국했다.

북의 동쪽 지역을 장악하였다. 하지만 370년 전진(前秦) 부견의 침입을 받아 항복함으로써 멸망하였다.

그런데 『진서』 재기(載記)[40]에 따르면, 전연 도성에 고구려, 백제, 우문(宇文), 단부의 사람들이 잡혀 왔었다고 하면서 이들을 경계하는 기록이 보인다. 당시 전연 도성은 요서군 용성현(龍城縣) 화룡궁(和龍宮)이었다. 따라서 요서군 주위에 부여, 고구려, 백제, 우문, 단부가 접하고 있었던 것으로 보인다.

『자치통감』[41]에 따르면, 370년 11월 전진(前秦)[42] 부견(符堅)의 대

---

40 『진서』 재기 고구려, 백제, 우문과 단부의 사람들은 모두 병세를 옮겼는데, 군사적 힘(병세, 兵勢)으로 이주한 것이지 의를 내세워 중국에 온 것이 아니니 모두 고향으로 돌아갈 마음을 품고 있습니다(句麗百濟及宇文段部之人 皆兵勢所徙非如中國慕義 而至咸有思歸之心).
지금 호가 10만이나 도성에 몰려 좁을 지경이니 장차 국가에 깊은 해가 될까 두렵습니다. 마땅히 그 형제 종속을 나누어서 서쪽 경계의 여러 성으로 옮겨 이들을 은총으로 위로하면서 안정시키고 법으로 단속해야 할 것입니다(今戶垂十萬狹湊都城恐方將國家深害 宜分其兄弟宗屬 徙于西境諸城撫之 以恩檢之以法).
* 재기 황제의 기사를 기록한 본기와는 별도로, 황제 이외의 중요한 왕족이나 제후 또는 인물이나 사건을 기록했다.
41 『자치통감』 태화 4년 연나라 산기시랑(散騎侍郎) 여울이 부여, 고구려, 상당의 인질 오백여 인을 거느리고 밤에 업(鄴)의 북문을 열어 전진의 군대를 맞아들였다. 여울은 부여 왕자다. 그런 까닭으로 은밀히 여러 인질을 거느리고 성문을 열어 병사들을 맞아들인 것이다(燕散騎侍郎餘蔚 帥扶餘高句麗及上黨質子五百餘人 餘蔚扶餘王子 故陰率諸質子開門以納秦兵 夜開鄴北門納秦兵)
연왕은 상용왕 평, 낙안왕 장, 정양왕 연, 좌위장군 맹고, 전중장군 애랑 등과 함께 용성으로 달아났다(燕主暐與上庸王評 樂安王臧 定襄王淵 左衛將軍

군이 전연의 수도 업(鄴)을 포위하자, 산기시랑 여울은 부여, 고구려, 상당 일대에서 끌려온 500여 명의 질자(質子)와 함께 업의 북문을 열고, 전진의 군대를 맞이하여 전연 멸망에 기여한다. 사마광의 『자치통감』에서 여울이 옛 부여 왕자로 기록된 것으로 보아 현왕의 아들로 추정된다. 다만 부여에서 현왕과 같이 끌려온 것인지 아니면 현왕이 모용황의 딸과 결혼해 낳은 아들인지는 알 수 없다.

이후 여울은 전진에서 지내다 383년 부견이 비수(淝水) 전쟁[43]에서 패배하자, 여울은 후연의 모용수 휘하에 들어가 측근으로 활동했다. 여울을 형양태수(滎陽太守)로 삼자, 창려의 선비족이 모두 모용수에게 항복했다는 기록을 주목할 필요가 있다. 여울이 요서 지역인 창려 일대에 영향력을 가지고 있었음을 알 수 있다. 이후 모용수는 여울을 동장군(征東將軍) 통부좌사마(統府左司馬) 부여왕으로 봉했다.

孟高 殿中將軍艾朗等奔龍城).

42 전진(351~394년) 중국 오호십육국 시대 때 티베트인 저족(氐族)에 의해 건국된 나라. 국호는 진(秦)이지만 같은 이름의 나라(384~417년)와 구별하여 이 나라를 전진이라 부른다. - 출처: 위키백과

43 비수대전(淝水大戰) 383년 오호십육국시대(五胡十六國時代) 전진의 부견이 천하통일을 목표로 100만 대군[1]으로 남하하여 동진을 공격했다가 비수에서 크게 패한 전투이다. 비수는 현재 안후이성(安徽省)에 있는 회하 지류이다. 비수의 패전으로 전진은 혼란에 빠졌으며 하북에서는 선비족 모용수가 후연을 건국하고 관중에서는 요장(姚萇)의 후진(後秦), 걸복국인의 서진(西秦), 여광의 후량(後凉), 모용홍의 서연(西燕) 등이 건국되었다. 385년 부견은 서연의 공격을 받자, 장안을 버리고 도주하였으며, 요장에 체포되어 살해되었다. - 출처: 위키백과

모용황 5남으로 태어난 모용수는 전진에서 독립하여 385년 연나라를 재건하여 화북 중산에 후연을 건국한다. 후연 황제 모용수는 선비족 탁발부 성장에 위협을 느끼고 침략했지만, 도리어 395년 참합피 전투[44]에서 대패하며 제대로 자존심을 구겼다. 북위는 이를 계기로 힘의 균형이 역전되기 시작한 틈을 타 397년 후연 수도 중산을 무너뜨리면서 본격적으로 화북에 진출하기 시작했다. 북위 팽창에 밀려 후연은 도읍 중산을 버리고, 397년 천도하여 새로이 자리 잡은 두 번째 도읍이 용성이다. 하지만 고구려는 고국원왕 때 전연에 당한 패배를 거울삼아 광개토대왕과 장수왕 시대에 후연을 정벌하고 요동을 차지하며 원수를 갚는다. 407년 고구려 왕족 출신 고운(高雲)이 북연(北燕)을 세워 명맥을 유지한다.

북위는 5호 16국 시대 말기 선비족 탁발부가 세운 왕조로 중국 중세사의 한 흐름을 만들었다. 315년 사마씨 서진 정권으로부터 하사받았던 기존 국호인 대(代)를 386년 태조 도무제 탁발규가 위(魏)로 바꾸고 칭제건원을 했다. 432년 북위가 북연의 유성을 점령하였다. 유성을 먼저 함락시키고 4년간 유성 북쪽에 있는 용성에서 대치 국면을 취하여 화룡궁(和龍宮)은 점령하지 못하였다. 436년 북위 도무제 탁발규가 마침내 용성을 점령하여 북연이 멸망한다.『삼국사기』에 따르면, 이때 장수왕이 장수 갈로(葛盧)와 맹광(孟光)에게 군사 수만 명을 거느리고 사신 양이(陽伊)를 따라 화룡(和龍)에 가서

---

44 참합피 전투(參合陂之戰) 395년 참합피(參合陂), 즉 산시성 대동시 삭현(朔縣)에서 벌어진 후연과 탁발규(拓跋珪) 북위의 군사적 충돌을 말함.

유성, 용성, 용산, 백랑산, 마수산의 위치
당군 주둔지였던 마수산은 보정시 서수구 맹촌 인근의 상산으로, 용성은 지금 상산 동북쪽 5㎞ 지점의 보정시 서수구 동부산향(東釜山鄕) 일대로 추정된다.
* 석성천수(石城川水), 위자평산(衛自平山), 백랑현(白狼縣), 백랑산(白狼山), 백랑수(白狼水), 마수산(馬首山), 용산(龍山), 유성(柳城), 용성(龍城), 요수(遼水), 남역수(南易水)

북연 왕을 맞이하도록 했다. 북연 왕 풍홍(馮弘)이 용성에 남아있는 주민들을 동쪽 고구려로 옮기고, 궁전에 불을 질렀고, 불길은 열흘 동안 꺼지지 않았다고 하였다.

전연, 후연, 북연의 수도였던 용성이 어디에 있었는지 살펴본다.

『통전』45에 따르면, 전연 모용황이 한 유주 요서군 유성현(柳城縣)을 첫 도읍으로 삼고, 유성 북쪽과 용산(龍山) 남쪽이 복과 덕이 있는 땅이라 하여 궁묘를 짓고 용성으로 고쳤다. 용성으로 도읍을 옮기고 새로운 궁을 화룡궁으로 불렀다.

또한 『한서』 지리지46에 따르면, 한나라 유주 요서군 속현 유성현은 마수산(馬首山)의 동북 방면에 있었다. 그런데 유성현과 관련하여 언급된 마수산은 바로 고당(高唐) 전쟁 때 당군(唐軍)이 요동성 공략의 최전방 기지로 삼았던 마수산과 같은 산이다. 당군 주둔지였던 마수산이 보정시 서수구 맹촌(孟村) 인근의 상산(象山)으로 추정된다.

그렇다면 고대 유성현과 용성 위치는 『한서』 지리지 기록에 따라 지금 상산 동북쪽 5km 지점의 보정시 서수구 동부산향 일대가 틀

---

45 『통전』 모용황은 유성 북쪽, 용산 남쪽이 복과 덕이 있는 땅이라 하여 궁묘를 짓고 유성을 용성으로 고쳤다. 용성으로 도읍을 옮기고 새로운 궁을 화룡궁으로 불렀다. 황은 이때 흑룡과 백룡 각 1마리가 용산에서 싸우므로, 신하들을 거느리고 구경하며 태뢰(太牢)를 지냈다. 두 마리 용이 서로 머리를 꼬며 희롱하다가 뿔을 풀고 가버렸다. 황이 크게 기뻐하며 화룡궁이라 불렀다(慕容皝以柳城之北 龍山之南 所謂福德之地也 乃營制宮廟 改柳城爲龍城 遂遷都龍城 號新宮曰和龍宮 皝時有黑龍白龍各一 鬪於龍山 皝率羣僚觀之 祭以太牢 二龍交首嬉戲 解角而去 皝大悅 號曰和龍宮).
후연 모용보(慕容寶)와 북연(北燕) 풍발(馮跋)이 서로 이어서 수도로 삼았다. 모용운이 풍발에 멸하고, 풍홍에 이르러 후위에 멸망했다(後燕慕容寶 北燕馮跋 相繼都之 至慕容雲 爲馮跋所滅 至馮弘 爲後魏所滅也).

46 『한서』 지리지 유성현, 마수산이 유성현의 서남쪽에 있다. 참류수(參柳水)가 북쪽에서 해(海)로 들어간다. 서부도위(西部都尉)의 치소다(柳城 馬首山在西南 參柳水北入海 西部都尉治).

림없을 것이다. 또한 상산이 한 시대의 요수로 비정되는 남역수 서쪽 건너편의 가까운 거리에 있었다는 점을 고려하면, 상산 일대가 한 유주 요서군의 영역이었을 개연성이 짙다.

　동명 부여에서 갈라져 나온 요서 백제는 대륙에서 점차 세력과 판도를 넓히고, 한반도를 거쳐 일본 열도까지 정벌해 나간 엄청난 비밀을 간직하고 있는 고대국가였다. 고구려와 달리 백제와 신라는 건국 시조 설화부터 엇갈린다. 특히 백제는 건국 설화가 다양하고 건국 시조에 대한 이견이 많은 점은 백제를 형성한 지배 집단의 계통이 복잡하다는 방증이다. 『삼국사기』에서 백제 시조는 온조라고 하였고, 이설(異說)은 시조가 비류로 기술되어 있다. 하지만 중국 사서인 『북사』, 『주서』, 『수서』 등은 백제 건국 시조를 구태(仇台)라고 기록하였다. 즉 백제가 2세기 말~3세기 초기에 동명 후손인 구태에 의해 건국된 것으로 나타난다. 구태 설화의 앞부분에 동명 신화가 등장하는데, 그 이유는 백제가 부여로부터 비롯되었다는 점을 강조하기 위해서 동명 신화가 앞머리를 장식한 것으로 보인다.

　백제라는 국호가 등장하는 시기도 『삼국사기』에 의하면 비류 세력이 온조 세력으로 통합한 뒤의 일이고, 『북사』에 의하면 백가제해한 다음이다. 즉 『북사』와 『수서』는 백가(百家)로 대표되는 세력이 해를 건너가서 비로소 국호가 백제로 되었다고 하였다. 따라서 중국 사서는 백제라는 국명이 있기 전에 존재하는 어떤 실체를 전제로 하고 있다. 달리 말하면 백가가 해를 건너오기 이전에 이미 모종의 건국 실체가 있었다는 사실이다. 아마도 동명 부여 계통의 구태 집단이 기존의 온조 집단을 통합했다는 사실을 말한 것으로 보인다.

95쪽 연과 조선 경계

113쪽 연장성(燕長城)과 요수(遼水, 빨간색)로 추정하는 연 5군의 위치

349

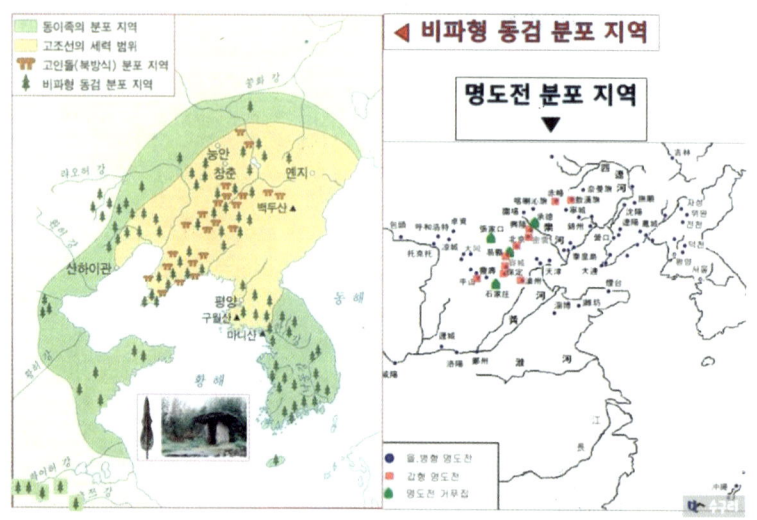

119쪽 비파형 동검과 명도전

150쪽 왕검성과 패수(계조하, 鷄爪河) 위치

350

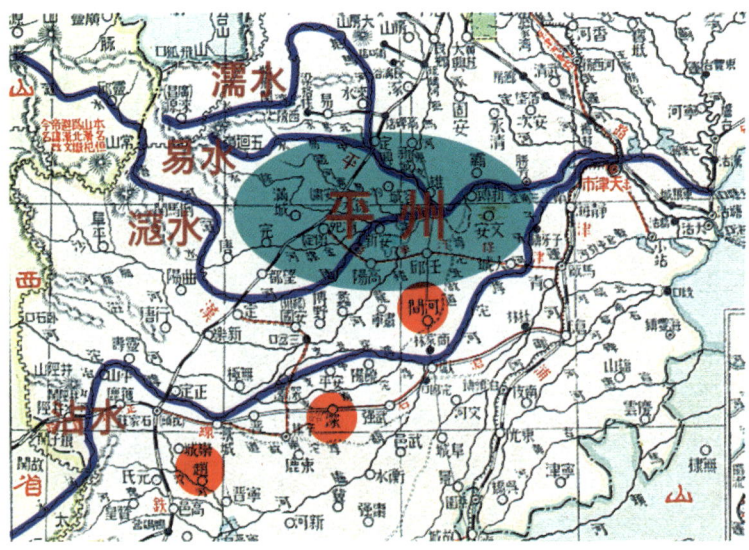

164쪽 평주 위치

199쪽 패수와 패수현

351

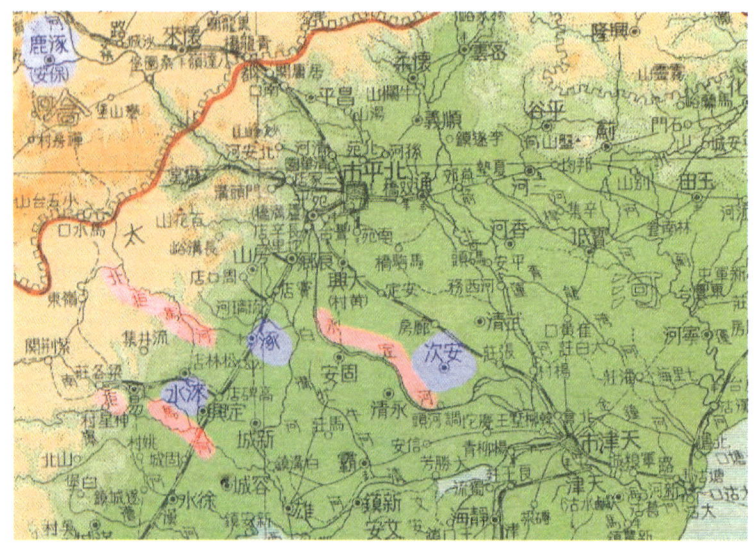

210쪽 탁주(涿州)를 흐르는 북거마하(北拒馬河)와 남거마하(南拒馬河)

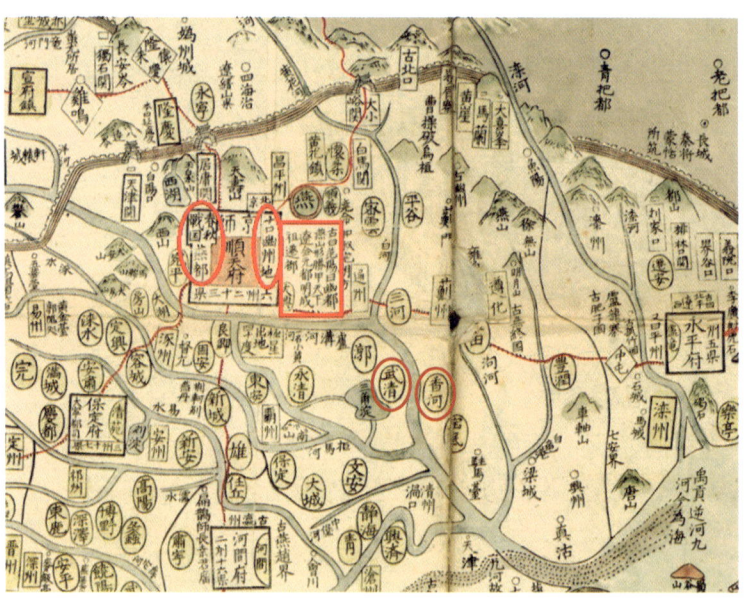

274쪽 발해 염주성이 있었던 무청현